GEORGE W. BUSH

41

George W. Bush fue el presidente número 43 de los Estados Unidos. Sirvió entre 2001 y 2009 y, anteriormente, fue gobernador de Texas. Vive con Laura, su esposa, en Dallas, donde han establecido el Centro Presidencial George W. Bush en SMU (Universidad Southern Methodist). Su libro anterior, *Decision Points*, es la biografía presidencial más vendida de la era moderna.

41

41

UN RETRATO DE MI PADRE

GEORGE W. BUSH

Traducción de Claudia Casanova

Vintage Español
Una división de Random House LLC
Nueva York

A mi madre y a mi padre con amor

ÍNDICE

NOTA DEL AUTOR

POCOS MESES DESPUÉS DE IRNOS DE la Casa Blanca, Laura y yo invitamos a Tim Lawson y a su esposa, Dorie McCullough Lawson, a nuestra finca en Crawford, Texas. Le había encargado a Tim, que es un verdadero artista, no un aficionado como yo, que pintara varias escenas del paisaje que tanto amamos. Mientras Tim observaba las verdes praderas y los robles de la propiedad, Dorie y yo hablamos de su padre, David McCullough. Le comenté que uno de los momentos más importantes de mi presidencia fue conocer a un historiador tan destacado, que ganó el premio Pulitzer por su aclamada biografía de John Adams.

Después de actualizarme acerca de la salud y los proyectos de su padre, Dorie dijo: "Una de las cosas que más lamentó mi padre durante la época en que estudió la vida de John Adams fue que su hijo John Quincy Adams no dejó ningún escrito serio sobre él".

Por supuesto, Dorie conocía mi conexión con John Quincy: somos los dos únicos hijos de presidentes que también han llegado a la presidencia. "Por el bien de la Historia", me dijo, "creo que deberías escribir un libro sobre tu padre".

Por ese entonces, yo estaba trabajando en un proyecto sobre

mi propia etapa como presidente. Pero el comentario de Dorie plantó una semilla que, eventualmente, dio sus frutos: este libro.

Imagino que a lo largo de los años se escribirán muchos libros acerca de George Herbert Walker Bush, el hombre y su presidencia. Algunas de esas obras serán objetivas, pero la mía no lo es. Este libro es una historia de amor, un retrato personal del hombre extraordinario al que tengo la bendición de llamar padre. No es mi intención cubrir cada uno de los aspectos de su vida o todos sus años en el servicio público. Sí espero demostrar por qué George H. W. Bush fue un gran presidente y aún mejor padre.

Disfruté mucho escribir este libro, y espero que ustedes también disfruten leerlo.

41

PRINCIPIOS

A FINALES DE MAYO DE 2014, RECIBÍ una llamada de Jean Becker, jefe de personal de mi padre desde hace años. No se anduvo con rodeos.

—Tu padre quiere saltar en paracaídas para celebrar sus noventa años. ¿Qué opinas?

Unos dieciocho meses antes, Jean había llamado para revisar las disposiciones funerarias para mi padre. Se había pasado casi un mes internado en un hospital por neumonía, y muchos temían que ese buen hombre ya se acercaba a la eternidad. Prácticamente no podía caminar y se cansaba rápidamente. Sin embargo, durante nuestras conversaciones telefónicas jamás se quejó: la autocompasión no está en el ADN de George Bush. Ahora quería saltar en paracaídas, por octava vez en su vida, contando el salto que hizo en 1944 cuando su bombardero fue abatido por la artillería antiaérea japonesa en el Pacífico.

—¿Estás segura de que eso es lo que quiere? —pregunté.

—Completamente —dijo ella.

—¿Qué dicen los médicos?

—Unos dicen que sí, otros que no.

—¿Y mamá?

—Está preocupada. Sabe que él quiere hacerlo, pero le preocupa que el salto lo deje muy cansado, y que no pueda disfrutar de la fiesta de cumpleaños que planeó para esa noche.

Después de pensarlo, le dije:

—Creo que debería hacerlo.

—¿Por qué?

—Porque lo hará sentir más joven.

La verdad es que mi opinión no importaba mucho. Después de saltar en paracaídas al cumplir ochenta y cinco años, mi padre había anunciado que volvería a hacerlo cuando cumpliera los noventa. Y George H. W. Bush cumple su palabra.

Unas semanas más tarde, Laura y yo llegamos a Kennebunkport, Maine, para celebrar su cumpleaños. La logística del salto ya estaba organizada, la fiesta también, y mamá había accedido a ello. La tarde antes de saltar, me senté al lado de mi padre en el porche de su querida casa en Walker's Point, un saliente rocoso sobre el Atlántico. Yo había estado pintando un cuadro con el océano de fondo y mis pantalones estaban manchados de pintura. Nos quedamos mirando el mar en silencio durante algunos minutos.

—¿En qué piensas, papá? —pregunté.

—Es simplemente hermoso —me dijo, aún mirando el océano. Parecía que no iba a añadir nada más. Permanecimos en silencio durante unos instantes más. ¿Estaría pensando en el salto? ¿Su vida? ¿La gracia divina? No quise interrumpirlo.

Luego dijo:

—Esos pantalones también vienen sin manchas, ¿no?

Me reí, algo que llevo haciendo con mi padre toda mi vida. Esa observación era típica de él. No estaba nervioso por el salto, ni su vida. Estaba en paz consigo mismo y compartía su alegría con los demás.

La mañana del 12 de junio, el día del cumpleaños de mi

padre, amaneció fresca y gris. Soplaba una modesta brisa, a unas quince millas por hora. Al principio, pensamos que las nubes quizá nos obligarían a cambiar de planes. Por suerte, los veteranos paracaidistas que coordinaron el salto, los *All Veteran*, decidieron que había suficiente visibilidad. La misión tenía luz verde.

El helicóptero Bell 429 estaba aparcado en la pradera verde frente a la cabaña de madera de dos pisos que papá utilizaba como oficina en Walker's Point. La tripulación encendió el motor. Papá llevaba un uniforme de paracaidista negro hecho a medida con una etiqueta que decía "41 a los 90". Antes de despegar, tenían que analizar los datos meteorológicos para reconfirmar que disponíamos de luz verde, luego verificar la seguridad del arnés, y mi hija Jenna, corresponsal del programa de televisión *TODAY*, iba a entrevistarlo. Incluso pocos minutos antes de su gran salto, mi padre estaba dispuesto a compartir su tiempo para ayudar a su nieta.

—¿Cuál es tu deseo de cumpleaños al llegar a los noventa? —le preguntó Jenna.

—Que mis nietos sean felices —dijo él—. Espero que disfruten de la misma vida que yo he tenido: noventa años llenos de felicidad. —Y añadió un último deseo: —Que el paracaídas se abra.

Familiares y amigos nos reunimos en la zona de aterrizaje: el césped frente a la iglesia de mis padres, St. Ann, el mismo lugar donde papá había aterrizado cinco años antes y donde sus padres se habían casado noventa y tres años antes. (Como dijo mamá, si el salto no hubiera ido bien, al menos no habría tardado mucho en llegar a su funeral). A eso de las diez y cuarenta y cinco de la mañana, uno de los miembros del equipo paracaidista se acercó a mí.

—Señor Presidente —dijo— su padre ya está en el aire.

Minutos más tarde, divisamos una pequeña marca en el cielo, el helicóptero, a 6.500 pies de altura. Este voló en círculos alrededor de la iglesia y pronto se abrieron varios paracaídas. Dos pertenecían a los camarógrafos de video, cuya tarea consistía en grabar el salto. El otro era uno más grande, rojo, azul y blanco, el de papá y el experto saltador Mike Elliott, que saltaba por tercera vez con mi padre, y había saltado 10.227 veces en toda su carrera. Aplaudimos a medida que el tándem se acercaba a nosotros.

—Están llegando muy deprisa —comentó mi hermano Marvin, con una ligera preocupación.

Y tenía razón. El viento había empujado a los saltadores fuera del curso establecido. Mike lo corrigió con un giro brusco durante el descenso final. Papá se estampó en el suelo, rodó unos cuantos pies y se quedó plantado en la hierba, boca abajo.

Nos quedamos todos callados. ¿Se levantaría? ¿Estaba herido? Nadie se movió hasta que la tripulación de tierra lo levantó y lo sentó en su silla de ruedas. Para disimular la ansiedad, sus nietos empezaron a cantar el cumpleaños feliz.

Finalmente, el mar de uniformes se apartó y vimos a George H. W. Bush con una sonrisa de oreja a oreja.

Acompañé a mi madre hacia él. Se inclinó y le dio un beso. Yo le estreché la mano y lo abracé.

—¿Cómo se sintió? —pregunté.

—Frío —dijo.

—Estoy muy orgulloso de ti, papá —dije—. Ha sido un salto asombroso.

Él señaló a su compañero y agregó:

—Mike hizo todo el trabajo.

Esta escena muestra la esencia de George Bush. Valiente y

arrojado, siempre en busca de nuevas aventuras y nuevos retos. Siempre humilde, y rápido a la hora de compartir los honores con su equipo. Nunca quiso ser el foco de atención y se negaba a alardear sobre sus logros. Confiaba en los demás e inspiraba su lealtad. Y por encima de todo, su familia y su fe han sido fuentes inagotables de alegría. Nada lo hacía más feliz que estar rodeado por su mujer, sus hijos y sus nietos, en un lugar que atesoraba tantos y maravillosos recuerdos.

Después del salto, papá regresó a Walker's Point para comer, echar una siesta y prepararse para la fiesta de más de doscientos cincuenta invitados, entre ellos familiares, amigos y ex miembros de la administración Bush, que asistirían esa noche. Como premio, se tomó un Bloody Mary durante el almuerzo. Luego llamó su amigo Arnold Schwarzenegger, la estrella de cine y ex gobernador de California.

—Feliz cumpleaños —dijo Arnold— para el nonagenario más fantástico que conozco.

Estoy de acuerdo con la descripción de Arnold. George H. W. Bush ha sido un ejemplo para mucha gente, en muchos sentidos. Y está decidido a vivir su vida a pleno, hasta el final.

WALKER'S POINT, DONDE mi padre aterrizó en su paracaídas a los noventa años, es un lugar apropiado para empezar a narrar la historia de George Herbert Walker Bush. Los deslumbrantes once acres de terreno que componen la propiedad se extienden sobre un abrupto acantilado que sobresale sobre el Atlántico en la costa sureste de Maine, cerca del pueblo de Kennebunkport. El abuelo de mi padre, que llevaba su mismo nombre, George Herbert Walker, compró los terrenos a principios de siglo. Su familia y sus amigos lo llamaban Bert, y G. H. Walker fue un hombre competitivo en todos los aspectos de su vida. De joven, fue jugador de polo profesional y, brevemente, campeón de boxeo de Missouri en la categoría de pesos pesados. Más tarde, fue un exitoso golfista y fundó la Walker Cup, junto con otros aficionados norteamericanos y británicos.

Pero el impulso competitivo de Walker también se extendió al ámbito de los negocios, donde demostró ser un emprendedor con todas las de la ley. A los veinticinco años fundó su propia compañía de inversiones en su ciudad natal, Saint Louis. Años más tarde, se trasladó a un escenario mayor, la ciudad de Nueva York. Allí unió fuerzas con otro astuto inversor, William Averell Harriman, y se convirtió en presidente de W.A. Harriman & Co. A Bert Walker no le daba miedo arriesgar dinero, y desde luego tampoco gastarlo. Poseía un yate, varios Rolls-Royce y casas por toda la costa este, incluyendo la de Walker's Point, la única que sigue perteneciendo a la familia.

Como padre, Bert Walker fue firme con sus hijos. El más joven, Lou, apareció un día borracho en unos campeonatos dobles de tenis en el club de Kennebunkport. Toda la familia se había reunido para presenciar el partido. Cuando Bert Walker, enfundado en su traje y corbata, descubrió la borrachera de su hijo, lo sacó de la cancha de tenis. Más tarde, en Walker's Point, Lou fue llamado a la oficina de su padre, quien le dijo que su lamentable espectáculo había manchado la reputación de la familia. Luego dictó su sentencia: en lugar de volver el siguiente semestre a Yale, Lou se pasaría un año trabajando en las minas de carbón de Pennsylvania. Aparecer borracho para jugar un partido de tenis era de mala educación y mostraba una gran falta de respeto, y eso era inaceptable en su familia.

En un notable contraste con la manera en que trataba a sus

hijos, Bert Walker mimaba a sus dos hijas sin límites. Mostraba un especial cariño hacia su hija más joven, Dorothy, que nació en Kennebunkport en 1901; por consiguiente, Dorothy Walker adoraba a su padre. Y de alguna manera logró heredar sus mejores cualidades, suavizando sus características más duras. Eventualmente, transmitió esas cualidades a su hijo, George Herbert Walker Bush.

Como su padre, mi abuela era altamente competitiva, casi hasta un punto insaciable. Mi madre dijo de ella una vez que "era el ser humano vivo más competitivo", un título que se ganó en torneos de tenis (era una jugadora destacada a nivel nacional en el pequeño mundo del tenis femenino no profesional) hasta el juego de las pulgas (*tiddlywinks*). Una vez retó a una amiga a nadar desde Walker's Point hasta el Kennebunk River Club, a una milla de distancia. Pensando que bromeaba, la amiga se dio por vencida después de unos cientos de yardas. Pero mi abuela atravesó las frígidas aguas atlánticas. En su hito más legendario, jugó un partido de softball embarazada de nueve meses, obtuvo un *home run* en su último turno, y luego anunció, después de cruzar la línea, que estaba de parto.

Por supuesto, su celo por ganar se matizaba gracias a una genuina humildad, y le pedía a todos sus hijos que actuaran igual. Esperaba que se comportaran con elegancia en la victoria y en la derrota y que siempre hicieran "lo mejor posible" en todo momento. Enseñó a sus hijos a quitarle importancia a sus logros y a reconocer el trabajo de los demás. Y su regla más importante fue: nunca se debía alardear. Desde su punto de vista, la arrogancia no era atractiva, y una persona con verdadera autoconfianza no necesitaba regodearse. "A nadie le gustan los fanfarrones", solía decir.

Cuando mi padre era niño en Greenwich, Connecticut, mi abuela le preguntó cómo había ido un partido de béisbol en el que había jugado.

—Fantástico —dijo él—. He logrado un *home run*.

—Esto está muy bien, George —respondió ella. Y luego le remató:— Pero, ¿cómo le fue al *equipo*?

En otra ocasión, papá nos contó que había perdido un partido de tenis porque no había jugado a su nivel habitual.

—Tú no tienes un buen nivel —le dijo su madre sin perder un segundo—. Si trabajas más duro, quizá tu juego mejore.

Las lecciones de su madre acerca de la importancia de la humildad se grabaron en mi padre para el resto de su vida. Durante su campaña presidencial de 1988, lo acompañé al Club Nacional de Prensa en Washington, D.C. Había asistido para compartir su experiencia en política extranjera y contestar preguntas del público. George Bush conocía los temas que se debatirían al pie de la letra. La manera en que respondió a las preguntas sobre las relaciones soviéticas y América Central fue magnífica. Finalmente, para cerrar con una pregunta ligera, el moderador le dijo:

—Díganos, ¿por qué lleva usted una corbata roja?

La pregunta le tomó desprevenido. Desde mi silla, cerca del podio, vi que se devanaba los sesos por encontrar una respuesta. Discretamente le susurré: "Porque me he manchado la azul con salsa".

Papá aceptó la sugerencia salvadora, y la sala se inundó de risas ante su comentario burlón para consigo mismo. Luego estropeó el momento al agregar: "Para eso tiene uno hijos". Típico de mi padre. A mí no me importaba que reconociera a quién se le había ocurrido lo de la salsa; sólo quería que quedara bien. Pero George Bush era simplemente demasiado humilde como para fingir.

Dorothy Walker Bush era una mujer de profunda y fuerte fe. Leía versículos de la Biblia a sus hijos a la hora de desayunar cada mañana. Uno de sus pasajes favoritos era Proverbios, 27:2: "Que te alabe el extraño, y no tu boca". Cada domingo, esperaba que toda la familia asistiera a la iglesia, generalmente en Christ Church en Greenwich, o St. Ann en Kennebunkport.

Aunque la religión desempeñaba un papel muy importante en su vida, jamás usó sus creencias para juzgar con dureza a los demás. Su fe era sólida y duradera, y le dio una enorme capacidad para amar. Cuando pienso en ella, las palabras *angelical* y *santa* acuden a mi mente. Uno de mis recuerdos favoritos de pequeño es el de visitar a ella y a mi abuelo en Greenwich. Me hacía cosquillas en la espalda cuando nos arrodillábamos para rezar juntos antes de ir a dormir: "Ahora me voy a dormir, Señor".

Mi abuela reservaba un tipo de amor muy especial para mi padre. Como su hermano Jonathan me dijo una vez: "Mamá nos quería a todos, pero a tu padre más". Y prosiguió: "Lo más asombroso era que ninguno de nosotros se lo reprochaba. Porque también le queríamos más a él". Dice mucho de mi abuela y de mi padre que la familia se sintiera así. Cuando Dorothy Walker Bush murió a la edad de noventa y un años, papá dijo que había sido "el faro de la familia... La vela alrededor de la cual todos revoloteábamos como polillas". Nadie moldeó tanto su carácter como su madre, la mayor influencia en toda su vida.

EN EL OTOÑO de 1919, poco después de celebrar su decimoctavo cumpleaños, Dorothy Walker conoció a Prescott Bush en su ciudad natal de Saint Louis. Medía seis pies y cuatro pulgadas de altura, pesaba más de doscientas libras y no tenía un gramo de grasa. Tenía el pelo moreno, una profunda voz de barítono y una sonrisa grande y deslumbrante. Había venido a casa de mi abuela a visitar a su hermana mayor, Nancy, a quien había conocido hacía poco en un club social de Saint Louis. Pero cuando vio entrar a Dottie Walker, que llegaba de jugar un·partido de tenis, se quedó prendado. Y ella no tardó en estarlo también.

Como Dorothy Walker, Prescott Bush había nacido y crecido en el Medio Oeste. Su padre, S. P. Bush, era el dueño de una fábrica en Columbus, Ohio, llamada Buckeye Steel. Era un ávido deportista, y había contribuido a organizar una liga local de béisbol; era entrenador asistente del equipo de rugby del estado de Ohio, y cofundador del Scioto Country Club, que poseía un campo de golf diseñado por Donald Ross, donde Bobby Jones ganó el US·Open en 1926 y un joven Jack Nicklaus aprendía a jugar.

Después de su infancia en Columbus, Prescott Bush se fue al este, para asistir al internado St. George's en Rhode Island. Allí obtuvo excelentes notas y, como su padre, se destacó fácilmente en los deportes; jugaba muy bien al béisbol y al golf. Aunque no era exactamente un campeón profesional, mi abuelo sigue siendo el mejor golfista de toda la familia. Mantuvo un hándicap casi profesional durante la mayor parte de su vida, compitió en el US Senior Open, y más de una vez su marca no superó su edad.

Prescott Bush fue a Yale para su formación universitaria. (Su abuelo James Smith Bush ya había fundado esa tradición familiar). Fue un primer base estrella en el equipo de béisbol y un gran golfista, a quien el equipo de golf de Yale reclutaba para sus partidos más duros. Algunos días durante la primavera por la mañana se iba al campo de golf y por las tardes al de béisbol. También tenía una buena voz: cantaba con el Glee Club de Yale y el grupo The Whiffenpoofs. Aunque todos heredamos algunos de los rasgos de Prescott Bush, la rama familiar de mi madre no conservó su talento para el canto.

En 1916, justo antes de empezar su último año, mi abuelo estuvo entre el puñado de estudiantes de Yale que se presentaron como voluntarios para el servicio activo en la Guardia Nacional de Connecticut. Cuando Estados Unidos entró en la Primera Guerra Mundial, el teniente Bush fue destinado a Francia como oficial de artillería de campo. Se pasó diez semanas en el frente, bajo el mando del general John "Black Jack" Pershing. Cuando Alemania se rindió, formó parte del ejército de ocupación antes de volver a casa con el rango de capitán. La decisión de Prescott Bush de presentarse como voluntario marcó profundamente a mi padre, que haría una elección similar una generación más tarde.

Después de la guerra, Prescott Bush obtuvo un puesto de adjunto a dirección en Simmons Hardware, en Saint Louis, donde pronto conocería a Dorothy Walker. Se casaron en agosto de 1921 en la iglesia de St. Ann, en Kennebunkport. (En ese momento, dudo que se imaginaran algo como el salto en paracaídas que tuvo lugar allí noventa y tres años más tarde). Como regalo para la pareja de recién casados, Bert Walker les construyó una cabaña en las tierras de Walker's Point. La casa aún existe, y ahora la ocupa mi hermana Dorothy, que fue bautizada con ese nombre en honor a nuestra abuela.

Mis abuelos se pasaron los primeros años de su vida de casados mudándose continuamente. Prescott Bush tuvo trabajos en Saint Louis; Kingsport, Tennessee y Columbus, Ohio. Finalmente aceptó un empleo de ejecutivo en una fábrica de goma llamada Stedman en South Braintree, Massachusetts. Mis abuelos encontraron una casa en Milton, en la calle Adams, que recibía ese nombre por la familia política de los presidentes John y John Quincy Adams. Allí, el 12 de junio de 1924, nació George Herbert Walker Bush.

Prescott Bush no tardó en ponerse de nuevo en marcha. En 1925 aceptó un nuevo puesto, esta vez en la empresa U.S. Rubber Co. en la ciudad de Nueva York. Su familia le siguió y se instaló en Greenwich, Connecticut, a unas treinta y cinco millas al noreste de Manhattan. Mi padre se criaría en Greenwich, y allí vivirían mis abuelos durante el resto de sus vidas.

UNA DE LAS LECCIONES que mi padre y yo aprendimos de Prescott Bush fue la importancia y el valor de hacer y conservar a los amigos. Durante su etapa en Yale, Prescott había conocido y se hizo amigo de Roland Harriman, más conocido como "Conejito". (Aunque yo nunca he comprendido como se puede apodar a un hombre "Conejito"). Poco después de que mi abuelo llegara a Nueva York, su amigo le propuso que se fuera con él a la firma de inversiones W.A. Harriman, que su hermano mayor Averell había fundado, y donde Bert Walker había aterrizado como presidente de la compañía. Mi abuelo aceptó la oferta. Confiaba plenamente en su amigo, y eso eliminó su reticencia ante la idea de trabajar para su suegro. Así, una buena amistad le abrió la puerta a mi abuelo y le permitió disfrutar de una carrera de treinta años en la banca de inversión.

Prescott Bush terminó por convertirse en uno de los principales socios de la firma, que se fusionó con Brown Brothers y se convirtió en Brown Brothers Harriman, una de las más respetadas y exitosas compañías de su estilo en Wall Street. La firma también era bipartisana. Averell Harriman, demócrata, fue más tarde gobernador de Nueva York, y un miembro destacado de las administraciones de Roosevelt y de Truman, mientras que Prescott Bush y su hijo y nietos siempre fueron muy activos en el lado republicano del Congreso.

Prescott Bush enseñó a sus hijos que la medida de una vida con sentido no era el dinero, sino el modo de ser. Les dejó muy claro que el éxito financiero conllevaba la obligación de servir a la comunidad y a la nación que hacían posible dicha prosperidad. Aunque estuvo muy dedicado a su carrera en Wall Street, siempre encontró tiempo para las causas que le importaban. Fue uno de los primeros líderes que impulsaron la organización de fiestas para recaudar fondos para la USO, que apoya a nuestros militares y veteranos de guerra. Fue oficial en la Asociación de Golf de los Estados Unidos, y terminó por convertirse en su presidente (cargo que su suegro, Bert Walker, también ocupó), y era un firme defensor del Fondo Universitario Unido para gente de color, la UNCF por sus siglas en inglés. Durante dos décadas fue moderador del Consejo Ciudadano de Greenwich, una tarea que realizaba gratuitamente y que exigía grandes cantidades de su tiempo. Mientras sus amigos cenaban afuera, o jugaban a las cartas, él se pasaba horas al teléfono tratando de convencer a los propietarios de las tierras que cedieran parcelas para la construcción de la carretera Merritt, una importante vía de conexión entre Connecticut y Nueva York. La entrega en el servicio a los demás fue uno de los valores más importantes que Prescott Bush imbuyó en sus hijos, y que mi padre me transmitió, a mí y a mis hermanos.

Mi abuelo era de los que creía que cuando uno da su palabra, tiene que respetarla. En 1963, Nelson Rockefeller se divorció de su esposa y se casó con una antigua voluntaria de campaña que había abandonado a su marido e hijos para casarse con él. Aunque él y Rockefeller compartían partido político, mi abuelo lo criticó públicamente en un discurso en la escuela femenina de Greenwich, texto que la revista *TIME* calificó de "una de las afrentas más airadas proferida en público que se recuerdan".

Mi abuelo se preguntaba si el país había llegado al punto de nuestra vida como nación en que "el gobernador de un gran estado, alguien que quizá aspira a ser candidato a presidente de los Estados Unidos, puede abandonar a una buena mujer, la madre de sus hijos ya crecidos, divorciarse, y su vez convencer a la joven madre de cuatro niños de que abandone a su marido e hijos para casarse con él". Claramente, Prescott Bush no temía expresar su opinión. No quiero ni imaginar lo que diría si pudiera ver lo que sucede en la sociedad de nuestros días.

Aunque mi abuelo tenía puntos de vista muy estrictos sobre temas morales, también tenía un lado más juguetón. Le gustaba mucho cantar, y disfrutaba mucho cuando la familia pasaba la tarde cantando, o ensayaba con los cuartetos vocales que él mismo organizaba. Tenía una risa estentórea y le encantaban las bromas, aunque tenían que ser de buen gusto. Más de una vez, salía furioso de una sala si alguien decía algo que lo ofendía. En 1959, mi abuelo fue nombrado "candidato presidencial" del Club Alfalfa, una asociación representativa y emblemática de la vida social de Washington. Su discurso de aceptación fue acogido con un aplauso atronador.

"Le he pedido a mi equipo la misma dedicación al deber que yo he demostrado", dijo. "En mi oficina, el hándicap de todo el mundo está por debajo de ochenta. Siguiendo la gran tradición de Thomas Jefferson, nos hemos esforzado por respetar el axioma de que el mejor gobierno es el que menos gobierna". Cuando habló de los sacrificios que hizo mi abuela para mudarse a Washington, parafraseó a Nathan Hale: "Lamento no tener más que una esposa para dar a mi país". Años más tarde, mi hermano Jeb y yo seguimos sus pasos como candidatos a la presidencia del Club Alfalfa.

Papá idolatraba a su padre. En muchos sentidos, vivió su vida según el modelo de la de Prescott Bush: se ofreció como voluntario para ir a la guerra, fue un gran hombre de negocios y luego dedicó su vida a servir a sus conciudadanos. Recuerdo la mirada de orgullo que se pintaba en el rostro de mi padre cuando le contaba a sus amigos que Prescott Bush era senador. Sospecho que uno de sus primeros pensamientos cuando juró como presidente en 1989 fue lo mucho que le hubiera gustado compartir ese momento con su padre. Por eso, cuando en 2001 y 2005 pude abrazar al mío durante mi propio juramento como presidente, esos momentos tuvieron un significado tan especial para mí.

DE PEQUEÑO, A papá le encantaba compartirlo todo con su hermano mayor, Pres (su nombre completo era Prescott Bush Jr., como mi abuelo). Siempre que le regalaban algo, mi padre iba corriendo a buscar a Pres, le ofrecía el objeto y decía: "Qué date la mitad". Cuando le dieron una bicicleta nueva, trató de prestarle la mitad a Pres, dejando que empujara uno de los dos pedales. Mi abuelo bromeaba, llamándolo "Mitad".

Prescott y Dorothy Bush insistieron en que sus hijos recibieran una educación rigurosa. Papá se pasó los ocho primeros años de su escolaridad en la escuela Greenwich Country Day, una institución privada fundada por un conjunto de familias de la localidad. La experiencia educativa de su infancia contrasta notablemente con la mía. Muchos de los niños llegaban a la escuela Greenwich Country Day en un coche conducido por el chófer de la familia. A la Sam Houston Elementary de Midland, Texas, la mayoría de los niños iban a pie o en bicicleta.

La escuela secundaria que Prescott y Dorothy Bush escogieron para sus dos hijos mayores fue la Academia Phillips en Andover, Massachusetts. La escogieron por su fama de excelencia académica y porque querían que sus hijos conocieran chicos de otras partes del país.

Andover fue una experiencia valiosa para mi padre, como también lo fue para mí cuando estudié allí una generación más tarde. Tanto mi padre como yo nos beneficiamos mucho de la disciplina y del reto académico que Andover ofrecía, y aprendimos lecciones importantes, no solamente en las aulas. Éramos adolescentes y estábamos solos por primera vez en nuestras vidas, y aprendimos a ser más independientes, a trabajar más y hacer amigos.

En Andover, papá demostró su talento natural para el liderazgo. La gente se acercaba a él y quería seguirlo. Sus compañeros del equipo de béisbol lo escogieron capitán, y también los de fútbol americano y baloncesto, donde fue entrenador. Se encargó de conseguir fondos para la capilla de la escuela, y lo eligieron presidente de la clase durante su último año.

Aunque mi padre era, por así decirlo, famoso en el campus, nunca dejó que su reputación se le subiera a la cabeza. Un día, un grupo de estudiantes mayores estaba acosando a un chico más joven llamado Bruce Gelb, posiblemente porque era uno de los pocos alumnos judíos de la escuela. Cuando papá lo vio, les dijo que lo dejaran tranquilo, y ellos le hicieron caso. George Bush siguió su camino y no le dio más importancia al incidente. Bruce Gelb, en cambio, sí lo recordó: uno de los chicos más populares del campus no miró hacia otro lado cuando a Gelb lo estaban haciendo sufrir. Se convirtió en un firme defensor de mi padre a lo largo de toda su vida, y más tarde mi padre lo nombró para diversos cargos gubernamentales de importancia, desde embajador en Bélgica hasta Director de la Agencia de Información de los Estados Unidos.

EN ANDOVER LES gustaba poner de relieve su lema: "El fin depende del principio". George Bush recibió la bendición de un buen principio. Su familia lo quería, le dio una espléndida formación y le inculcó una buena educación. Hizo muchos amigos, impresionó a sus profesores y también se destacó en el aspecto deportivo. Allí también fijó el siguiente paso en su carrera. Fue aceptado en Yale, donde siguió los pasos de su padre.

Entonces, el domingo 7 de diciembre de 1941, todo cambió. Papá y algunos de sus compañeros estaban cruzando el campus de Andover cerca de la capilla, cuando se enteraron de que Japón había atacado Pearl Harbor. Al día siguiente, largas colas de voluntarios esperaban frente a las oficinas de reclutamiento por todo el país.

Todos los chicos de la edad de mi padre se enfrentaban a la misma elección: alistarse e ir a la guerra, o seguir con su vida tal y como estaba planificada. El consejo que papá recibía por parte de todos era el mismo. El encargado de pronunciar el discurso de inauguración del curso en Andover era Henry Stimson, el Secretario de Guerra del Presidente Roosevelt, y ex alumno de Andover. Stimson aconsejó a los estudiantes a ir a la universidad, asegurándoles que ya tendrían ocasión de alistarse más adelante. Prescott Bush estaba de acuerdo con esa posición, y le dijo a papá que fuera a Yale, para encontrar su manera de servir a su país desde allí.

Había otra razón por la que mi padre tenía que quedarse lo más cerca posible de casa. Durante las vacaciones de Navidad de su último año en la secundaria, asistió a un baile en el club de campo de Greenwich. Mientras charlaba con sus amigos, le llamó la atención la belleza de una joven que estaba en la sala. Barbara Pierce tenía dieciséis años, y él diecisiete. Quiso pedirle que bailara con él, pero tenía un problema: no sabía bailar el vals. Así que no bailaron; se limitaron a hablar. Papá descubrió que ella era de Rye, Nueva York, y que estaba pasando unos días en casa porque asistía a un internado en Carolina del Sur. Se entendieron de maravilla y quedaron en verse al día siguiente, en una fiesta de Navidad en el Club Apawamis de Rye.

Esa noche, la banda no tocó ningún vals y George H. W. Bush y Barbara bailaron. Surgió un instantáneo afecto entre ambos, y acordaron seguir en contacto. Se vieron de nuevo en el baile de graduación de Andover, después del cual él le dio un beso de buenas noches. (Y ella insiste en que fue su primer beso). Ninguno de los dos recuerda con exactitud de qué hablaron durante aquellos primeros días de su romance, pero sí que se reían mucho juntos. No tardaron en enamorarse.

Hablaron, naturalmente, de la decisión de George Bush de alistarse. Como le dijo mi padre a mi madre, el ataque a Pearl Harbor le había resultado repugnante. El asesinato de más de 2.400 ciudadanos inocentes le produjo el mismo tipo de indignación que muchos americanos, incluso yo, sentimos después de los ataques terroristas del 11 de septiembre de 2001. También experimentaba un sentido del deber. Su padre siempre le había dicho que las comodidades de las que disfrutaban venían de la mano de una responsabilidad, de la necesidad de devolver a la sociedad lo que ésta les había dado.

Como dice la Biblia: "A quien se le da mucho, mucho se le pedirá". George Bush sabía que había recibido mucho. Estaba físicamente sano y podía alistarse, y sintió que era su deber. Le dijo a mi madre que había decidido unirse a la Armada como aviador.

Hasta ese momento en su vida, George Bush no se había enfrentado a muchas decisiones difíciles. Jamás había desafiado a su padre. Pero papá había tomado una decisión, y no flaqueó. Tras graduarse de la secundaria, miró a su padre de frente y le dijo que pensaba alistarse. Mi abuelo le estrechó la mano. Respetó su decisión, y desde ese momento le prestó su apoyo absoluto.

George H. W. Bush se alistó el 12 de junio de 1942, el día de su decimoctavo cumpleaños. Dos meses más tarde, su padre lo acompañó a Penn Station en Nueva York, donde tomaría un tren hacia Carolina del Norte para empezar su entrenamiento. Mientras mi padre permanecía en el andén, el adusto e imponente Prescott Bush abrazó con fuerza a su hijo. Por primera vez en su vida, papá vio llorar a su padre.

GUERRA

TODOS LOS PILOTOS RECUERDAN SU PRIMER vuelo. El mío fue en 1968, en un Cessna 172 en la base Moody de las Fuerzas Aéreas, en Valdosta, Georgia. El de mi padre fue en 1942, en un Stearman de cabina abierta N2S-3 en la base aérea naval Wold-Chamberlain, en Minneápolis. Los cadetes habían bautizado al avión el "Peligro Amarillo" porque estaba pintado de ese color y pilotarlo era bastante peligroso. También lo apodaron la "Lavadora", en referencia al número de cadetes que palidecían al bajarse del aparato, como si se hubieran desteñido después de muchos lavados.

Mi padre describió su primer vuelo en solitario como "uno de los momentos más emocionantes" de su vida. Sé exactamente lo que quiso decir con eso. Produce pura euforia estar sentado al mando del avión, acelerar por la pista y elevarse en el aire. Al avión no le importa de dónde vienes, o dónde estudiaste, o quiénes son tus padres. Lo único que importa es tu habilidad para pilotar, "lo que hay que tener", como lo describió Tom Wolfe. El alférez George Bush voló casi cada día contra el amargo viento de Minnesota. Aprendió a sentirse cómodo en el aire, y dominó el aterrizaje sobre nieve y hielo, una técnica muy valiosa, pero que no le serviría de mucho en el Pacífico sur.

Los pilotos dicen que aprender a volar te hace sentir más alto. Sin duda fue así en el caso de mi padre. Para cuando su oficial al mando le otorgó las alas de oro en la estación aérea de Corpus Christi en junio de 1943, había crecido exactamente dos pulgadas desde alistarse, y medía ya seis pies y dos pulgadas. Aún no tenía diecinueve años, y se convirtió en el piloto más joven de la Armada de los Estados Unidos.

Después de la escuela de vuelo, papá disfrutó de una breve licencia antes de su siguiente destino. Lo pasó con su familia, en Maine, y su madre fue muy generosa pues invitó a una persona muy especial: a Barbara Pierce, que estaba de vacaciones de verano. Durante dos semanas en Maine, mis padres pasaron casi todo el tiempo juntos. Hacia el final de su licencia, habían decidido comprometerse en secreto.

Pero el secreto no duró mucho. En diciembre de 1943, poco antes de la ceremonia de comisionado del portaaviones *USS San Jacinto*, que iba a llevar a mi padre hasta el frente, mis padres decidieron informar a sus respectivas familias de sus planes. Para sorpresa de ambos, todos lo sabían ya. El amor que sentía el uno por el otro era obvio. Como mi padre le escribió a mi madre: "Te quiero, hermosa mía, con todo mi corazón, y saber que tú me correspondes lo significa todo para mí. A menudo pienso en la infinita alegría que algún día viviremos juntos. Nuestros hijos tendrán mucha suerte de tener una madre como tú". (Es una de las pocas cartas que le mandó durante la guerra que aún conservamos; el resto se perdieron, desgraciadamente, durante una de las múltiples mudanzas de mis padres). Después de la ceremonia, mi abuela le entregó discretamente a mi padre un anillo de compromiso: un zafiro en forma de estrella que había heredado de su hermana Nancy. Ese mismo día, mi padre se lo ofreció a Barbara. Aún lo sigue llevando hoy en día (aunque, aparentemente, sospecha que en vez de zafiro podría tratase de vidrio azul).

EN ENERO DE 1944, después de completar un año y medio intensivo de entrenamiento militar, el alférez Bush se presentó según sus órdenes en el *USS San Jacinto*. El *San Jac* recibía su nombre por la batalla en la que el general Sam Houston derrotó al caudillo mexicano Santa Anna. En un destello de lo que sería el futuro de mi padre, el portaaviones ostentaba tanto la bandera de los Estados Unidos como la de Texas.

El joven piloto de la Armada se unió a un grupo de pilotos que formaría el escuadrón de bombarderos VT-51. Jack Guy procedía de la Georgia rural y había dejado su trabajo como contador para unirse a la Armada. Lou Grab se crió en Sacramento, California, donde su padre era dueño de una gasolinera. Stan Butchart era oriundo de Spokane, Washington, y siempre había soñado con ser piloto. Los miembros del escuadrón eran muy distintos entre sí. En Andover, George Bush había aprendido a relacionarse con compañeros de estudio procedentes de distintas partes del país. En el ejército, descubrió que también podía llevarse bien con gente de orígenes muy diferentes.

Mi padre sabía hacer reír a la gente. Solían ocurrírsele apodos para todo el mundo. (¿Les recuerda a alguien?). Stan Butchart era "Butch", Jack Guy "Jackoguy", utilizando la inicial de su segundo nombre. A mi padre también lo bautizaron debidamente. Durante un vuelo de entrenamiento en la costa de Maryland, estaba muy cerca de la playa y observó que un circo estaba montando su carpa. Aparentemente, los animales no habían oído muchos aviones, porque el rugido del aparato propulsó a uno de los elefantes en una estampida nerviosa por el pueblo. Desde ese momento, los amigos de papá lo llamaron "Ellie el Elefante". Y él se ocupó de perfeccionar un rugido que imitaba al de un elefante, sonido que practicó durante toda la guerra. Jamás le oía desatar la llamada del elefante en casa, aunque seguramente le hubiera venido bien cuando fue presidente del Comité Nacional Republicano.

El avión que tanto alarmó a los animales del circo fue el TBF/TBM Avenger, un bombardero de torpedos. El Avenger era el avión bombardero de un solo motor más grande de la Armada. Podía transportar un piloto, dos tripulantes y cuatro bombas de quinientas libras. Para acomodar la tonelada de artillería, el avión tenía un vientre abombado, y por eso afectuosamente los chicos lo llamaban "Pavo Embarazado".

El Avenger era una aeronave pesada, y un reto para el piloto que lo gobernaba. Lo más difícil era aterrizar en la estrecha e inestable pista de aterrizaje del portaaviones. Un aterrizaje como es debido exigía concentración, precisión y trabajo en equipo. El piloto tenía que aproximarse al portaaviones con el ángulo adecuado, respetar las señales de bandera del oficial de aterrizaje y luego lograr engarzar el aparato en uno de los ganchos de cola, para evitar que el aparato se saliera de la cubierta. Cuando fui presidente, volé como pasajero en el aterrizaje de un avión S 3B Viking a bordo del USS *Abraham Lincoln*. Me había criado respetando inmensamente la labor de los pilotos de portaaviones, pero después de ese aterrizaje, mi respeto se duplicó con creces.

Hacia la primavera de 1944, el *San Jac* se dirigía al Pacífico. Mi padre estaba al mando de su Avenger para su primer lanzamiento por catapulta del portaaviones. Como le escribió a mi madre, se alegró mucho de que la máquina funcionara. Hacia el 20 de abril de 1944, el portaaviones había viajado desde Norfolk, Virginia, a través del canal de Panamá y hacia Pearl Harbor, en medio del Pacífico. La tripulación vio los restos de los barcos bombardeados, el *USS Utah* y el *USS Arizona*, un vivo recordatorio del motivo por el cual habíamos entrado en guerra, y del enemigo al que estaban a punto de enfrentarse.

Los meses posteriores a Pearl Harbor habían sido desalentadores, pues la maquinaria de guerra japonesa había logrado expandir su avance por todo el Pacífico. Hacia la primavera de 1942, solamente Australia y Nueva Zelanda eran firmes aliados de Estados Unidos. La marea empezó a cambiar en mayo de ese año, cuando las fuerzas navales norteamericanas y australianas detuvieron el avance japonés en la batalla del Mar del Coral. Un mes después, Estados Unidos ganó su primera victoria importante en la batalla de Midway. La Armada empezó a saltar de isla en isla, en una campaña que liberó a los territorios ocupados por los japoneses uno por uno, con el objetivo último de atacar Japón.

La primera misión del *San Jac* fue atacar las instalaciones japonesas en la isla de Wake. Tuvieron éxito, pero la realidad de lo que significaba combatir fue un duro impacto. En un vuelo de vigilancia, el compañero de camarote de papá y su amigo más cercano en el portaaviones, Jim Wykes, desapareció de la pantalla del radar. Las unidades de búsqueda no lograron localizarlo, y él y sus dos tripulantes aparecieron en la lista de desaparecidos en combate. Pronto, quedó dolorosamente claro que no volverían. Mi padre sabía que la muerte forma parte de la guerra, pero esta pérdida fue personal.

Unos días más tarde, le escribió una emotiva carta a la madre de Jim. "Conocí bien a su hijo y hace tiempo que me considero afortunado por poder considerarlo uno de mis amigos más íntimos", escribió. "Su naturaleza amable y su bondad sin excep-

ción hicieron que se ganara la amistad y el respeto de todos los
oficiales y soldados del escuadrón". Y añadió: "Usted ha perdido a un hijo amado; nosotros a un querido amigo".

Fue la primera de muchas cartas que mi padre escribiría a los
familiares de los camaradas caídos durante la guerra. Décadas
más tarde, las escribió en calidad de presidente, y yo también
lo hice. Por supuesto, nada de lo que uno dice en una carta así
puede compensar la pérdida de un ser querido. Pero el simple
acto de escribir unas líneas, de demostrar que te importa lo
sucedido, puede ayudar a aliviar la pena de una familia.

Después de los combates en la isla de Wake, el *San Jac* prosiguió hasta Saipán. A mediados de junio, el portaaviones fue
repentinamente atacado por aviones japoneses. Cuando la catapulta arrojó al Avenger de mi padre al aire, la presión del combustible bajó súbitamente. El motor fallaba. La única opción
era amerizar (aterrizar en el agua). El alférez Bush condujo el
avión hacia el océano y lo aterrizó con la cola sobre el agua.
Él y su tripulación saltaron de la cabina y se subieron a un ala,
inflaron el bote salvavidas y se alejaron remando a la vez que
las bombas del Avenger explotaban bajo el agua. Un buque des-
tructor americano, el *USS Clarence K. Bronson*, los rescató con
una red de carga. No sería la última vez que George Bush tendría que dar las gracias por tener a mano un bote salvavidas.

Volar era peligroso, pero la vida en el barco también lo era.
Una noche mi padre estaba de servicio en la cubierta del portaaviones cuando un avión se aproximó para aterrizar. El piloto
no calculó bien la distancia, no logró engarzar su aparato con
el gancho de cola y se estampó contra uno de los cañones. El
piloto, su tripulación y un puñado de testigos murieron en el
acto. Papá observó la pierna cortada del piloto, y sus espasmos
musculares, como si aún estuviera unida al cuerpo del malo-

grado soldado, hasta que un cabo ordenó a los soldados que se ocuparan de limpiar la cubierta y se prepararan para el siguiente aterrizaje.

Esas experiencias debieron afectar profundamente a un joven de veintiún años. Cuanto más sé de los horrores de la Segunda Guerra Mundial, más admiro a George Bush y los otros miembros de su generación que lucharon en ella.

NINGÚN DÍA FUE tan dramático para George H. W. Bush como el 2 de septiembre de 1944, sin embargo. Los pilotos del escuadrón se habían levantado temprano para el informe sobre su próxima misión: derribar la torre de emisiones de radio de la isla de Chichi Jima, altamente defendida. La estructura era el nodo de comunicaciones más importante de la islas Bonín, clave para la protección del corazón del imperio japonés.

Mi padre casi siempre volaba con los mismos tripulantes, el artillero Leo Nadeau y el radio operador John Delaney. Pero ese día, el subteniente Ted White preguntó si podía ocupar·la función de artillero. White, que era el oficial de artillería del escuadrón y ex alumno de Yale, quería ver el sistema de armas en acción. Papá le advirtió que no sería un vuelo fácil. Ya les habían disparado desde Chichi Jima el día antes. White insistió, mi padre aceptó y el oficial al mando, el teniente Don Melvin, dio su visto bueno.

Cerca de las siete y quince de la mañana, cuatro Avengers despegaron del *San Jac* y volaron en formación hacia Chichi Jima. Los aviones de caza Hellcat los cubrían desde arriba. El avión de mi padre, con White como artillero y Delaney de radio operador, era el tercero en línea en dirección al objetivo. A medida que iniciaron su descenso, la artillería antiaérea japonesa se desató sobre ellos. Los disparos iluminaron el cielo, y los proyectiles explotaron llenando el aire de humo negro. De repente, el Avenger se estremeció con fuerza y se inclinó hacia delante. Le habían dado. El humo invadió la cabina y el fuego devoraba las alas en dirección a los depósitos de combustible.

Papá estaba decidido a completar la misión. Mantuvo su descenso a doscientas millas por hora, lanzó las bombas, dio en el objetivo y se retiró bruscamente de la isla. Su idea era aterrizar nuevamente en el agua, pero el avión estaba en llamas y no había tiempo. La única opción era saltar.

—¡A los paracaídas! —gritó a su tripulación por el intercomunicador.

Luego giró ligeramente el avión para reducir la presión sobre la puerta de cabina de la tripulación. Supuso que Delaney y White ya habían saltado. En los escasos segundos que le quedaban, se deshizo de su arnés, saltó de la cabina y tiró del cordel de su paracaídas.

El salto no salió bien. Mi padre se cortó la cabeza y desgarró su paracaídas con la cola del avión. Cayó con fuerza en el agua y se sumergió. Cuando logró volver a la superficie, sangraba abundantemente, vomitaba a causa del agua de mar que había tragado y lo había picado una especie de medusa conocida como carabela portuguesa. Nadó furiosamente tratando de alejarse de la isla, que quedaba a unas millas de distancia.

Entonces divisó a Doug West, uno de los pilotos del escuadrón de Avengers. Señalaba con las alas del avión un objeto en el agua. Se trataba de un bote salvavidas inflable amarillo. Uno de los pilotos lo había arrojado al agua después de ver al avión estrellarse. Se subió en él y empezó a remar con las manos. Sobre su cabeza, los pilotos norteamericanos lanzaban torpedos sin descanso a un convoy de pequeños botes que los japoneses habían enviado para capturar al piloto caído.

Durante las siguientes tres horas, bajo el ardiente sol de verano, mi padre remó contracorriente y rezó para que lo rescataran. De alguna manera, logró encontrar fuerzas suficientes para seguir. Nunca sabré del todo qué pasó por su cabeza en esos momentos. Creo que debió recordar las lecciones que sus padres le enseñaron: intentarlo con todas tus fuerzas, no abandonar jamás, tener fe en que Dios encontraría la manera de protegerlo.

Agotado después de remar durante tanto tiempo, por fin vio una mancha negra en el agua. Al principio pensó que lo había imaginado, pero pronto se dio cuenta de que era un periscopio. Temió que perteneciera a un submarino japonés, pero a medida que se acercó a él, reconoció la enseña del ejército americano. El *USS Finback* rescató a mi padre unos minutos antes de las doce del mediodía. Dos marineros lo agarraron por los brazos y lo sacaron del bote salvavidas, subiéndolo al barco. "Bienvenido a bordo, señor", dijo uno de los dos marinos. "Estoy muy contento de estar a bordo", respondió él, lo que era casi un eufemismo.

En un notable giro de la historia, el alférez Bill Edwards capturó en imágenes la llegada de mi padre al *Finback* con una cámara de video portátil Kodak. Décadas más tarde, el público nacional pudo ver el rodaje de esa mañana en el Pacífico: marineros norteamericanos que salvaban la vida de un piloto de veinte años que se convertiría en presidente de los Estados Unidos, y en el padre de otro presidente.

EN LOS DÍAS POSTERIORES a esa batalla, mi padre pensó constantemente en su tripulación, los soldados Delaney y White. No habían encontrado sus cuerpos. A bordo del *Finback*, tuvo pesadillas sobre el accidente. Se despertaba preguntándose si podría haber hecho algo más por sus hombres. El día después de su rescate, escribió una carta a sus padres contándoles que se sentía "terriblemente responsable por el destino de su tripulación". Finalmente se enteró de que los testigos de la caída del avión habían visto a uno de los soldados saltar del aparato, pero que se había precipitado a su muerte cuando su paracaídas no se abrió. El otro casi con toda seguridad falleció a bordo del avión.

Mi padre escribió cartas a las familias de Delaney y White, expresando sus condolencias y su deseo de haber podido hacer más. La hermana de Del, Mary Jane, le respondió: "¿Dice usted que le gustaría ayudarme de alguna manera? Pues hay una, y es que deje de sentirse responsable de que su avión se estrelló y de lo que le sucedió a sus hombres. Quizá yo lo creería así, si no fuera porque mi hermano Jack siempre habló de usted como el mejor piloto del escuadrón".

A pesar de sus palabras, mi padre siguió sintiéndose responsable de la muerte de esos soldados. Siguió en contacto con sus familias durante décadas. Cuando fue elegido presidente, más de cuarenta años después del accidente, invitó a las hermanas de Delaney y de White a una visita privada a la Casa Blanca. Durante la entrevista que le hizo Jenna cuando cumplió noventa, casi setenta años después del accidente, ésta le preguntó si aún pensaba en sus compañeros.

—Pienso en ellos todo el tiempo —respondió.

MI PADRE PASÓ cerca de un mes en el *Finback* antes de volver con su escuadrón. Incluso a pesar de que no tenía responsabilidades oficiales, se volcó en la vida del submarino. Se hizo amigo de la tripulación y se esforzó por aprender tanto como pudo acerca del funcionamiento del sumergible. Entre otras tareas, se ofreció como voluntario para controlar las cartas enviadas para evitar la difusión de información clasificada. Así, leyó cartas y cartas de hijos de granjeros que preguntaban acerca de la última cosecha, y de marineros solitarios que profesaban su amor a la novia que los esperaba en casa. El ejército le estaba dando una educación adicional, que no se ofrecía ni en Andover ni en Yale.

También se ofreció para participar en las guardias del *Finback*, incluyendo el turno de noche. Años más tarde, recordaría esos momentos a solas en la cubierta del submarino, bajo el manto negro de la noche en medio del Pacífico, como instantes de importante lucidez en su vida. Pensaba mucho en el agradecimiento que sentía por su familia. Le daba gracias a Dios por haber escuchado sus plegarias cuando más lo necesitaba. Y soñaba con Barbara, la chica que amaba y con la que planeaba casarse.

Después del tiempo que pasó en el *Finback*, mi padre tenía la opción de irse a casa de licencia. Aunque estoy seguro de que le habría encantado ver a Barbara y a su familia, sintió que su deber era regresar junto a su escuadrón. Volvió al *San Jac* a principios de noviembre y en diciembre, toda la tripulación recibió un mes de licencia.

El teniente Bush llegó a la estación de tren de Rye, Nueva York, la Nochebuena de 1944. Cuando descendió al andén, vio a la mujer que tantas veces había imaginado durante esos largos meses en el mar. Mamá y papá habían planeado casarse después de la guerra. Pero los meses que habían pasado separados les habían hecho cambiar de idea, y acordaron casarse tan pronto como él regresara a casa. Como había muy poco tiempo, tuvieron que escribir a mano la fecha en la invitación de boda: 6 de enero de 1945.

Cuando le preguntaron al cumplir los noventa cuál había sido el día más feliz de su vida, papá respondió: el día en que se casó con mi madre. Mis padres tuvieron una boda típica de tiempos de guerra. Papá se casó de uniforme y mamá lució un vestido blanco con un velo que le había prestado Dorothy Walker Bush. Varios de los compañeros de la Armada de mi padre, junto con su hermano más pequeño, Jonathan, fueron los padrinos de boda. Su hermano mayor, Pres, que acababa de casarse una semana antes, fue el responsable de entregarle los anillos. Mi padre aceptó un baile, pero le advirtió a mi madre que sería la primera y última vez que bailaría en público. Obviamente, no imaginaba que un día tendría que bailar en doce bailes inaugurales.

DESPUÉS DE UNA BREVE luna de miel en Sea Island, Georgia, mi padre se reincorporó al ejército. Su misión era prepararse para la etapa final de la guerra: la invasión de Japón continental. Los japoneses habían defendido ferozmente sus islas, y la operación prometía ser sangrienta. Mientras se preparaba en una base aérea en Maine, el 12 de abril de 1945, mi padre se enteró de que Roosevelt había fallecido. Si bien no estaba de acuerdo con algunas de las políticas nacionales de Roosevelt, que habían incrementado notablemente el tamaño y alcance del gobierno federal, mi padre respetaba a su comandante en jefe, y lamentó la pérdida de un líder de nuestra nación en un tiempo tan peligroso como el que estábamos viviendo.

El vicepresidente Harry Truman juró como presidente ese mismo día. Después de haberme sentado en la misma silla que él, me resulta difícil imaginar lo abrumador que debió ser tomar las riendas del gobierno en mitad de dos importantes campañas militares, y a continuación recibir la información, por primera vez, del programa secreto que estaba desarrollando la bomba atómica. En pocos meses, Truman se enfrentó a una de las decisiones más difíciles que un presidente tuviera que tomar. Cuando el bombardeo sistemático de Tokio no quebró la resistencia de Japón, dio la orden de lanzar la bomba atómica en Hiroshima y Nagasaki. Sabía que el costo en términos de vidas humanas sería devastador. La introducción de la nueva y horrenda arma atómica erradicó la voluntad del enemigo de seguir luchando y salvó la vida de muchos ciudadanos norteamericanos, y posiblemente también la de mi padre. Éste siempre defendió la decisión de Harry Truman, calificándola de correcta y valiente.

Mamá y papá se mudaron a Virginia Beach, donde esperaba ansioso su despliegue. Allí se enteraron de que Japón se había rendido. Corrieron a las calles junto a sus compañeros de escuadrón y sus familias para celebrarlo. Luego fueron a la iglesia para dar gracias a Dios.

El 2 de septiembre de 1945, un año después del incidente de Chichi Jima, la delegación japonesa llegó a bordo del USS *Missouri* para firmar la declaración formal de rendición. En conjunto, mi padre se pasó unas 1.200 horas volando durante su carrera en el ejército, voló en 58 misiones de combate y llevó a cabo 126 aterrizajes exitosos en el portaaviones. Pero su familia recuerda sobre todo un vuelo muy distinto. Para celebrar el fin de la guerra, voló hacia Walker's Point en su Avenger. Su familia lloró y vitoreó desde abajo. El 18 de septiembre de 1945, tres años y tres meses después de alistarse al cumplir los dieciocho años, George H. W. Bush fue licenciado con honores de la Armada. Lo había dado todo por la guerra y había sobrevivido; y Estados Unidos había ganado.

* * *

COMO MUCHOS VETERANOS, mi padre no hablaba mucho de la guerra. No quería revivir los desagradables detalles del combate, y no se consideraba un héroe. En su opinión, simplemente había cumplido con su deber, y quería seguir adelante con su vida. También creía que lo que él había hecho era poco en comparación con los que habían dado su vida por la nación. Así, creía que contar historias de sus días en combate a amigos y familiares era como deshonrar a los que habían hecho el sacrificio más doloroso.

Mamá sí que quería compartir las experiencias de mi padre. Ella y yo solíamos sentarnos en el suelo y repasar el álbum de fotos que había creado de sus años en la Armada. Había fotos de sus compañeros en el *San Jac*, caracolas que mi padre coleccionaba para ella en las hermosas islas del Pacífico y un pedazo de goma del bote salvavidas que le permitió sobrevivir. Yo le pedía que me contara cosas, pero él no quería. Tardé años en comprender el impacto que la guerra había tenido en su vida.

Para mi padre, la guerra tuvo otra consecuencia, como le sucedió a todos los jóvenes de su generación: crecieron muy deprisa. A los veintiún años, ya había combatido, y había visto morir a amigos suyos. Había arriesgado su vida y casi la había perdido. Sabía, pues, que era capaz de aguantar la presión y el riesgo. Y así fue como descubrió la satisfacción de servir desinteresadamente a los otros, algo que lo impulsó durante el resto de su vida.

En 2002, mi padre volvió a viajar al lugar de su batalla, con la presentadora de la CNN Paula Zahn y el historiador James Bradley, autor de *Flyboys*, un buen libro sobre los pilotos norteamericanos que murieron abatidos por el fuego enemigo en Chichi Jima. A medida que se acercaban a la isla, el hombre de setenta y ocho años que una vez fue el piloto más joven de la Armada depositó dos coronas de flores en el océano, en honor de sus tripulantes Delaney y White. Cuando llegó a Chichi Jima, lo recibieron dos mil habitantes de la isla.

En la isla conoció al hombre responsable de defender la base japonesa, el militar que estaba a cargo el día en que papá fue abatido. El hombre había sido testigo directo de la tortura y ejecución, y en ocasiones de la práctica de canibalismo, sobre los pilotos norteamericanos capturados. Su hermano había muerto en Hiroshima. Y sin embargo, no sentía ningún rencor hacia Estados Unidos. Al contrario: las acciones del gobierno japonés durante la guerra lo habían enfurecido tanto que había adoptado el nombre de uno de los marines ejecutados en Chichi Jima. Trabajaba ahora en la embajada norteamericana en Tokio, ayudando a mejorar las relaciones entre ambos países.

Los dos antiguos enemigos se sentaron lado a lado, las sienes de ambos pintadas de canas grises, y el hombre le contó a mi padre más detalles acerca del día en que se había estrellado. Confirmó que los japoneses habían enviado botes para capturar al piloto caído, y que lo más probable era que mi padre hubiera sufrido el mismo horrendo destino que los demás prisioneros norteamericanos. Describió cómo los botes japoneses dieron media vuelta cuando los pilotos norteamericanos los ametrallaron desde arriba. Cuando el *Finback* se expuso al fuego enemigo para rescatar a mi padre del agua, uno de los soldados japoneses expresó su sorpresa ante el hecho de que el ejército de Estados Unidos dedicara tantos esfuerzos para salvar a un único piloto. El hombre añadió que estaba seguro de que su propio gobierno no lo habría hecho por él. Qué naciones más distintas. Estados

Unidos tiene la honrosa tradición de no abandonar a sus soldados en el campo de batalla, y eso jamás debería cambiar.

George Bush fue un hombre que desde el principio valoró
la valentía, la lealtad y la dedicación al otro. Fueron los rasgos
que su padre y su madre le habían inculcado. Los Estados Unidos, especialmente sus militares, representaban esos ideales a la
perfección. Era el país por el cual mi padre lo había arriesgado
todo por defenderlo. Y era el país que un día gobernaría.

HACIA EL OESTE

UNA VEZ LE PREGUNTÉ A MI madre cómo habían logrado conservar un matrimonio feliz durante casi setenta años. "Los dos siempre hemos estado dispuestos a recorrer no la mitad, sino tres cuartos del camino", me dijo. Quería decir que ambos estaban más comprometidos con el matrimonio que consigo mismos. Estaban dispuestos a modificar sus propias necesidades para satisfacer las del otro.

A lo largo de mi vida, mamá y papá siempre han demostrado ese amor desprovisto de egoísmo. Al principio de su vida de casados, mamá era quien más lo demostraba. Después de todo, estaba dispuesta a recorrer tres cuartos del camino por todo el país.

La decisión de mudarse de New Haven, Connecticut, donde mi padre se graduó de Yale en 1948, al oeste de Texas, configuró la vida de mis padres. Al conducir su Studebaker rojo lejos de las oportunidades que lo esperaban en Wall Street, George W. H. Bush desafió las convenciones, se arriesgó y siguió sus instintos independientes. Mis padres aprendieron que podían sobrevivir y prosperar en un clima duro y entre gente desconocida. Trabajaron en una industria competitiva, conocida por sus violentos altibajos. Allí sentaron las bases de un matrimonio sólido, un equipo de dos que duró toda la vida y que soportó profundos momentos de dolor, les dio también grandes alegrías y constituyó un ejemplo y una inspiración para mis hermanos y para mí. También me dieron otro regalo: durante toda mi vida, les he estado muy agradecido a George y Barbara Bush por criarme en el oeste de Texas.

EN NOVIEMBRE DE 1945, George H. W. Bush colgó el uniforme y se registró en Yale. Como muchos jóvenes de su generación, había demorado su educación universitaria para alistarse. Muchos de los estudiantes de primer curso ya eran padres. Mamá y papá se unieron a ese grupo el 6 de julio de 1946, cuando nací en el hospital de Grace-New Haven. Me bautizaron George Walker Bush, por mi padre y mi abuelo, menos el nombre de pila Herbert. Recuerdo haber preguntado a mi madre por qué no me habían llamado como mi padre, y así sería George H. W. Bush Jr. "Hijo, en la mayoría de los formularios no caben cinco nombres", me dijo. Tardé en llegar al mundo, y sólo después de que mi abuela Dorothy Walker Bush le administrara una notable dosis de aceite de castor a mi madre por fin nací. (Mi primera experiencia en el negocio del óleo).

Mamá y papá vivían a menos de una hora de sus padres en Greenwich, pero la vida en New Haven debía ser muy distinta de la de Prescott y Dorothy Bush en Grove Lone. Al principio, mis padres alquilaron un diminuto apartamento en Chapel Street, donde vivían con su cachorro negro, Turbo. Cuando yo nací, tuvieron que mudarse porque el dueño del departamento permitía perros, pero no niños. Encontraron otro sitio en Edwards Street, donde sí permitían niños, pero no perros. Por suerte, se quedaron conmigo y mandaron a Turbo a vivir a Grove Lane.

En el último año que pasaron en New Haven, mis padres se mudaron a una casa grande en Hillhouse Avenue, donde vivía también una docena de familias con hijos. Mamá aún se ríe al recordar que tendía mis pañales en un tendedero que quedaba justo delante de la casa del presidente de Yale, que vivía al lado.

Mis padres disfrutaron de los años en New Haven. El estrés de estudiar palidecía en comparación con lo que mi padre había vivido durante la guerra. Eso no quiere decir que papá no se esforzara. Como de costumbre, George Bush se dedicó a la tarea que tenía entre manos con todas sus energías. Estudió mucho, y obtuvo la distinción académica Phi Beta Kappa, graduándose en dos años y medio. Fue miembro de la fraternidad Delta Kappa Epsilon. Era muy sociable e hizo muchos amigos. El primer Día de Acción de Gracias que pasó en Yale, papá se enteró de que algunos de sus compañeros no podían viajar a casa para pasar el día con sus familias. Así que decidió invitarlos, y esa noche reunió a unos diez amigos en su mesa. Mamá le recordó que no tenían comedor, pero eso no importó. Mis padres y sus amigos se sentaron en cojines y en el suelo y disfrutaron del primer pavo de Acción de Gracias que mi madre había cocinado. Esa comida improvisada era una indicación de lo que sucedería después. A lo largo de los años, los múltiples hogares de mis padres siempre estuvieron abiertos a sus familiares y amigos. Y aunque mamá ocasionalmente se quejaba de la hilera sin fin de visitantes, siempre fue una anfitriona cordial para todos.

Mi padre no sólo hacía amigos: también los conservaba. Décadas más tarde, seguía en contacto con sus amigos de la universidad. Uno de ellos era Lud Ashley, de Toledo, Ohio. Como papá, Lud terminó dedicándose a la política, pero a diferencia de él, era un demócrata liberal. En Washington, estaban en el lado contrario de algunas de las cuestiones políticas más debatidas de su época, pero eso no afectó la amistad entre ellos. Pasaban tiempo juntos y compartían risas como lo habían hecho en los años cuarenta en Yale. Una vez que te hacías amigo de George Bush, lo eras de por vida.

La iniciativa favorita de mi padre durante la universidad tenía lugar en las tardes de primavera en el campo de Yale. Como solía decir, se licenció en Economía, especialidad béisbol. Era el capitán del equipo y, como su padre, jugaba de primera base. Mamá y yo asistíamos a casi todos los partidos locales que jugaba. Durante su embarazo, mi madre se sentaba en un asiento extra grande diseñado por el profesor de Derecho de Yale William Howard Taft. Le encantaba seguir el partido, y llevar un recuento de la clasificación, y una de las cosas que más me gustaba hacer cuando era pequeño en Texas era repasar sus libretas para ver cómo iba el equipo de papá. El equipo de Yale pasó a la liga de las universidades en 1947 y 1948. Terminaron segundos por detrás de la Universidad de California-Berkeley el primer año, y en la misma posición al año siguiente, tras la Universidad de California del Sur. (Para los verdaderos aficionados al béisbol, los Cal Bears ese año estaban capitaneados por Jackie Jensen, el jugador más valorado de la liga norteamericana en 1958, y los USC Trojans por el legendario Rod Dedeaux).

El momento más famoso de mi padre como jugador de béisbol tuvo lugar en el montículo del bateador. Allí conoció a Babe Ruth durante la primavera de su último año en la universidad, y recibió un ejemplar firmado de la autobiografía de Babe para la biblioteca de Yale. Más tarde, un fotógrafo sacó una imagen que se convertiría en icónica: un gran hombre casi al final de su vida, otro a punto de embarcarse en la suya.

Es difícil adivinar cómo lograba hacerlo todo: ser un estudiante destacado, una estrella del deporte, tener tantos amigos y además ser un marido y padre devoto de su familia. Como mamá dijo con su característica franqueza: "Trabajaba muy duro". Es verdad. George Bush no perdía el tiempo. Llenaba cada minuto de su día con actividad.

AUNQUE EL MOMENTO más famoso en el campo de béisbol lo vivió con Babe Ruth, su héroe en ese deporte era Lou Gehrig. Papá admiraba la capacidad, consistencia y modestia de Gehrig. Soñaba con seguir sus pasos y convertirse en un jugador de béisbol de primera división. Después de uno de sus partidos en Yale, vinieron a verlo algunos *scouts* interesados. Aunque la marca de mi padre como lanzador era excelente, no era un bateador lo suficientemente bueno como para dar el salto al deporte profesional. Su entrenador, Ethan Allen, describió a papá con una brevedad típica de los jefes: "Lanza bien, pero no batea".

Mi padre también descartó otras opciones. En junio de 1948, recibió una sorprendente carta de un amigo de la infancia, Gerry Bemiss. Evidentemente, por el contenido de la carta, Bemiss creía que papá iba a hacerse pastor. Aunque mi padre era un hombre religioso, no contemplaba una carrera como clérigo: "Nunca he pensado en tomar los hábitos, aparte de los que tengo en mi vida cotidiana", escribió.

Otra alternativa era trabajar para su tío George Herbert Walker Jr., más conocido como Herbie. Éste adoraba a mi padre. Más tarde, me di cuenta de que en parte el cariño que volcaba sobre mi padre era en detrimento del amor que demostraba hacia sus propios hijos. Le aseguró a mi padre que tendría un buen puesto de trabajo en su firma en Wall Street. También los ejecutivos de Brown Brothers Harriman, la firma de Prescott Bush, le hicieron una propuesta de trabajo seria.

No resulta sorprendente que George H. W. Bush tuviera tantas ofertas sobre la mesa. Había pocos que como él podían afirmar ser un héroe de guerra, un Phi Beta Kappa y capitán del equipo de béisbol. Papá estudió las ofertas de trabajo que le llegaron de Wall Street con mucha seriedad. Respetaba el trabajo de su padre, y quería utilizar su licenciatura en Economía. Además, un trabajo en el sector financiero seguro que le garantizaría un buen sueldo para mantener a mi madre y a mí.

No obstante, algo empujaba a mi padre en una dirección distinta. Wall Street era el camino convencional. Después de pilotar bombarderos, aterrizar en portaaviones y trabajar con gente de orígenes muy diferentes, la idea de tomar cada día un tren desde Connecticut hasta Nueva York, y allí pasarse el día sentado frente a un escritorio no le resultaba muy atractiva. No quería apilar expedientes, sino construir algo. Quería hacer algo distinto con su vida, y no tenía miedo de arriesgarse para ello.

También quería demostrar que podía tener éxito en la vida sin ayuda de su familia. Ese rasgo de independencia lo llevaba en la sangre, pues su tatarabuelo Obadiah Bush había viajado al oeste durante la época de la fiebre del oro. Su abuelo G. H. Walker se había alejado del negocio familiar de Saint Louis para abrir su propia compañía en Nueva York y su propio padre, Prescott Bush, se enorgullecía de no haber tomado prestado ni un centavo de sus padres.

Aún tenía que decidir exactamente a qué quería dedicarse. Mis padres habían leído *La granja* de Louis Bromfield, que trataba sobre la experiencia clásica americana de cuidar tus propias tierras. Durante un tiempo jugaron con esa idea, pero finalmente decidieron que se trataba de un estilo de vida que no era para ellos. Yo tampoco puedo imaginar a mi madre ordeñando una vaca.

En febrero de 1948 falleció el abuelo de papá, S. P. Bush. Mi abuelo voló hacia Columbus con un grupo de familiares y amigos para asistir al funeral. Por el camino, habló con Neil Mallon, íntimo amigo de Prescott Bush de su época en Yale. Neil tenía una compañía llamada Dresser Industries, que vendía equipamiento para perforar pozos y otros suministros a los operadores que trabajaban en el sector del petróleo. Neil mencionó que papá debería considerar trabajar para Dresser. Allí aprendería cómo funciona una empresa desde abajo: revisaría el inventario, vendería y lanzaría productos al mercado. Y conocería de primera mano la industria fascinante del petróleo. Solamente había un pero: tendría que mudarse a los campos petrolíferos de la Cuenca Permiana, un territorio aislado, polvoriento y con un calor tremendo en el oeste de Texas, donde sobre todo vivían rancheros y gente de pueblo, pero que estaba llena de petróleo.

La oportunidad intrigó a papá. Había leído artículos acerca del *boom* del petróleo en Texas, donde emprendedores de los más pintorescos, como H. L. Hunt y Clint Murchison, estaban ganando fortunas. También recordaba haber disfrutado de su breve paso por Corpus Christi, durante su entrenamiento para la Armada. Y estaba seguro de una cosa: tendría que arreglárselas sólo. La sombra de Prescott Bush y G. H. Walker era alargada, pero no llegaba a Odessa, Texas.

Así que poco después de su graduación, Neil le ofreció a papá un trabajo en una filial de Dresser llamada Ideco, la International Derrick & Equipment Co. Mi padre aceptó, y claramente no hay duda de que obtuvo el puesto gracias a las conexiones de la familia. Yo también me he beneficiado de eso a lo largo de mi vida. Tuve la gran suerte de que los miembros de mi familia y mis amigos crearon oportunidades que no dudé en aprovechar.

Pero hay un límite al poder de las conexiones. Abren puertas, pero no garantizan el éxito.

En el caso de mi padre, Neil Mallon le abrió la puerta a un puesto de administrativo de equipamiento en el almacén de Ideco en Odessa, con un salario de 375 dólares mensuales. Las tareas diarias de un administrativo incluían barrer el suelo, revisar el inventario, y pintar las unidades de bombeo. Allí conocería a tipos muy interesantes, y decidiría si le gustaba o no la industria del petróleo. Más allá de eso, no había garantías de nada.

Por segunda vez en su corta vida, George H. W. Bush tomó una decisión valiente y que lo cambiaría todo. Cuando estaba en su último año de la secundaria, sacrificó la seguridad de la universidad para ir a la guerra. Ahora dejaría atrás las comodidades de Greenwich, Connecticut, y se mudaría con su joven esposa y su bebé recién nacido al oeste de Texas.

GEORGE BUSH NO tomó esa decisión sólo, por supuesto: Barbara Bush también la tomó. Mudarse al oeste de Texas no era un cambio natural para mi madre. Había crecido en una familia relativamente acomodada del condado de Westchester, Nueva York. Su padre, Marvin Pierce, procedía de Ohio, donde había sido una estrella deportiva de la Universidad de Miami (Ohio). Era un hombre grande y fornido que utilizó su feroz ética de trabajo y su encanto del Medio Oeste para conseguir una exitosa carrera como presidente de la McCall Corporation, en ese momento una de las principales casas editoriales de los Estados Unidos.

Su madre, Pauline Robinson Pierce, descendía de James E. Robinson, juez de la Corte Suprema de Ohio. Disfrutaba de la posición de su familia en la jerarquía social y le gustaba gastar el dinero en las cosas "buenas" de la vida. Educó a sus hijos con un férreo control: compraba toda la ropa de mamá y decidió a qué secundaria y a qué universidad iría mi madre. Le tenía mucho cariño a la hermana mayor de mamá, Martha, una modelo que apareció en la revista *Vogue*. La señora Pierce creía en lo que se suele llamar una vida refinada. No puedo sino imaginar su horror ante la idea de que una de sus hijas se fuera a vivir a Texas, donde lo único refinado es el petróleo.

Afortunadamente, mi padre no tuvo que convencer a Pauline Pierce, solamente a mi madre. No le resultó difícil. Como más tarde me dijo ella: "Era joven y estaba enamorada. Habría ido a cualquier lugar que tu padre quisiera".

Sin embargo, creo que mi madre se mudó por algo más que por el amor que sentía por mi padre. "La Navidad era una pesadilla", me dijo. "Pasábamos la Nochebuena en Greenwich con los Bush. Luego la mañana de Navidad con mis padres en Rye. Luego volvíamos a Greenwich para el almuerzo de Navidad". Al mudarse al oeste, se librarían de las presiones de las familias que competían por el tiempo de la joven pareja.

Aunque quizá no se diera cuenta entonces, mamá también era independiente. De otro modo, no se habría avenido fácilmente a la búsqueda de nuevas aventuras. No puedo imaginarme cómo habría sido la vida de mi padre si su esposa no hubiera estado abierta al cambio. La historia quizá habría sido muy distinta.

Una de mis anécdotas favoritas de la familia tuvo lugar poco después de que mis padres se casaran. Mamá encendió un cigarrillo y mi abuelo Prescott Bush le preguntó en broma:

—¿No te he dado permiso para fumar, verdad?

—Bueno, no me he casado contigo, ¿verdad? —dijo mi madre, sin dudarlo un instante.

Normalmente nadie le hablaba así a mi abuelo. La mordaz réplica surgió simplemente así. Por suerte, se limitó a soltar una gran carcajada. Estaba claro que Barbara Bush diría lo que pensaba, y lo hizo con frecuencia en los años venideros. La agudeza de mi madre y su humor, siempre capaz de reírse de sí misma, hicieron que se ganara el cariño de millones de americanos. Su determinación a la hora expresar su opinión contrasta con la de algunas cónyuges políticas cuyos discursos parecen guiones escritos por otros. Fruto del apoyo que se ganó, ayudó a muchos americanos a entender y amar a su marido. Muchas personas me han dicho que cualquier hombre que se casara con Barbara Bush tenía que ser bueno.

EN VERANO DE 1948, George H. W. Bush tenía dos tareas por delante: empezar a trabajar y encontrar una casa para mamá y para mí. Mientras visitaba casas en Odessa, nosotros nos alojamos con mi bisabuelo G. H. Walker en su casa de verano de Kennebunkport, Maine.

La vida era mucho más cómoda en Walker's Point que en el oeste de Texas. Por aquél entonces, Odessa era una pequeña ciudad de menos de treinta mil habitantes situada a veinte millas de su ciudad hermana de Midland, y a más de trescientas cincuenta millas del aeropuerto más cercano, Dallas. La mayoría de las calles aún no estaban pavimentadas, y había pocos edificios de más de un piso: el horizonte estaba salpicado de grúas perforadoras de pozos de petróleo. En verano, las temperaturas alcanzaban los tres dígitos en la escala de Fahrenheit, a veces antes del mediodía, y las largas sequías eran habituales. El terreno llano no ofrecía ningún alivio, ni había ningún tipo de sombra natural, puesto que el oeste de Texas no posee árboles nativos. Y el viento rugía, trayendo consigo a menudo castigadoras mareas de polvo.

Odessa tomó su nombre de la ciudad ucraniana al borde del Mar Negro, y al principio mi padre debió pensar que estaba en otro país. No conocía a nadie en absoluto. Sus habitantes eran más parecidos a los marinos que había conocido en la Armada que a los de su infancia y juventud en Andover y Yale. Odessa era una ciudad de trabajadores, donde vivían los que se ganaban la vida con las plataformas petrolíferas: los mecánicos que arreglaban las máquinas y los obreros que las utilizaban para perforar los pozos. Uno de los compañeros de mi padre le preguntó una vez si había ido a la universidad. Papá le contestó que acababa de graduarse en Yale. El tipo lo pensó un segundo y dijo: "Nunca he oído hablar de ese sitio".

También la moda en Texas era distinta. Una vez papá salió de casa con unas bermudas. Después de que varios conductores de camiones le pitaran al pasar, volvió a casa a cambiarse y tiró las bermudas para siempre. Hasta la comida era diferente. Mi padre siempre recordó la primera vez que vio a alguien pedir una *delicatessen* propia de Texas: bistec de pollo frito.

Papá encontró una casa en East Seventh Street. La buena noticia era que tenía baño, a diferencia de muchas otras residencias de esa calle, que tenían pequeños cubículos en el jardín. La mala noticia era que teníamos que compartir el baño con dos mujeres que vivían al otro lado del dúplex, una madre y una hija que se ganaban la vida recibiendo a clientes a lo largo de la noche. La casa con trece familias al lado de la del presidente de Yale no parecía tan mala, en comparación.

La vida en Texas requirió otros ajustes. Poco después de que mi madre y yo nos mudáramos a Odessa para instalarnos, un día mamá se despertó en mitad de la noche a causa del olor a gas. Pensando que la casa estaba a punto de explotar, me agarró y salió corriendo a la calle. Al ver nuestra rápida evacuación, un vecino le explicó amablemente que solamente era el olor de los campos petrolíferos que un golpe de viento había empujado hacia la ciudad. No pasaba nada y todos podíamos volver a dormir a salvo. La experiencia de mamá confirma una verdad esencial acerca del oeste de Texas: la vida gira alrededor del petróleo. Estaba bajo nuestros pies, en el aire y en la mente de todos los que allí residen. Creo que la clave de la exitosa transición de mis padres a su nuevo entorno fue su actitud. No consideraron que la vida en Texas fuera un obstáculo que superar sino que la asumieron como una aventura, la primera de las muchas que vivirían como pareja. Se interesaron por la gente que los rodeaba e hicieron amigos. Comprendieron que no necesitaban choferes ni criadas francesas para disfrutar de la vida. Se tenían el uno al otro, y sabían salir adelante en cualquier situación.

Los tres pasamos la Navidad de 1948 en Odessa. En Nochebuena, la compañía de papá daba una fiesta para sus clientes y él se presentó como voluntario para servir las bebidas. Y para demostrar su espíritu navideño, se tomaba una copa casi por cada una que servía. Hacia el final de la velada, al alegre *barista* tuvieron que ayudarlo a subir a una camioneta de la compañía y uno de sus compañeros de trabajo lo depositó en el césped de delante del porche de casa. Los Bush estaban encajando de maravilla en Texas.

LA HISTORIA DE la fiesta de Navidad en Odessa, que mamá nunca ha dejado que papá olvide, es un ejemplo de cómo abordaba su trabajo. Cuando se decidía a hacer algo, lo hacía por completo. Si le encargaban a George Bush que barriera el almacén, el supervisor se encontraría con el suelo más limpio que hubiera visto en su vida. Si tenía que pintar las unidades de bombeo, venía a trabajar el sábado por la mañana para pasar una capa extra de pintura para que quedaran perfectas. Mi padre disfrutaba trabajar duro, y le gustaba ver el resultado de sus esfuerzos. Las lecciones que su madre le había inculcado no habían sido en vano: hazlo lo mejor que puedas. No seas arrogante. Nunca te quejes.

Al cabo de un tiempo, sus superiores notaron que el recién llegado podía hacer más cosas. Así que en 1949, cuando yo tenía tres años, lo transfirieron a California. Allí trabajaba siete días a la semana en una fábrica de bombeado de petróleo y luego hizo de vendedor para las filiales de Dresser. Viajaba todo el tiempo vendiendo maquinaria petrolífera y otros suministros. Vivimos en cuatro ciudades distintas ese año: Whittier, Ventura, Bakersfield y Compton. En Whittier y Ventura alquilamos habitaciones en los hoteles locales durante bastante tiempo. En Bakersfield vivimos durante unos meses en una casita de madera blanca de 950 pies cuadrados. En Compton, nos instalamos en un apartamento en el complejo Jardines de Santa Fe. (Lamentablemente, el complejo fue derruido muchos años después tras haber caído en manos de traficantes de drogas y convertirse en un nido de violencia).

Para mamá no era fácil seguir el ritmo de nuestra vida nómada en California, y constantemente hacía maletas, las deshacía y se ocupaba de mí. Además, estaba ya embarazada de mi hermana más joven, Robin, que nacería alrededor de la Navidad de 1949. En ese entonces vivíamos en Compton. Mamá quería asegurarse de que habría alguien disponible para cuidar de mí mientras estaba en el hospital, así que se lo pidió a nuestra vecina, de la que se había hecho amiga. Ésta aceptó, pero poco antes de entrar en parto, mamá se enteró de que la vecina había huido con sus hijos, cansada de que el marido que la maltratara cuando volvía borracho a casa. Me quedé sin niñera, claro está. De alguna manera, mamá logró encontrar a alguien que se ocupara de mí (nadie recuerda quién) y mi hermana Robin nació el 20 de diciembre de 1949.

A Robin la bautizaron por mi abuela Pauline Robinson Pierce, que había muerto en un accidente de tráfico tres meses antes. Mi abuelo se negó a que mamá viajara para asistir al funeral por miedo a que el viaje pusiera al bebé en peligro. Fue duro para ella estar tan lejos de su padre, a quien adoraba, en un momento tan triste para él.

El año que pasamos en California tampoco fue fácil para mi padre. Estaba de viaje casi todo el tiempo. Llegó a estimar que cada semana viajaba unas mil millas en coche. No era un vendedor charlatán, sino que desarrolló un enfoque comercial que demostró ser muy eficaz. Procuraba forjar relaciones personales, como lo había hecho en la universidad y en el ejército. Al cabo de un tiempo, lo que les ofrecía a sus clientes era algo más que piezas para perforar: se ganaba su confianza.

En primavera de 1950, a mi padre le dijeron que Dresser había decidido trasladarlo de nuevo al oeste de Texas. Podía optar entre vivir en Odessa o Midland. Como padre de veinticinco años con dos niños, quería instalarse de una vez por todas. Él y mamá escogieron Midland, que en ese entonces acogía a 215 compañías petrolíferas y cerca de 21.000 personas. Durante los siguientes nueve años, Midland fue nuestro hogar. Es la primera ciudad de la que tengo recuerdos, y siempre será el lugar que consideraré mi ciudad natal.

* * *

MIDLAND, TEXAS DEBÍA su nombre al hecho de que se encontraba en el punto medio entre Fort Worth y El Paso, en la vía del ferrocarril Texas y Pacífico. Como Odessa, Midland desprendía un cierto aire fronterizo. Recuerdo que mi padre en una ocasión tuvo que ir al patio trasero de nuestra casa en Midland y enfrentarse con una escoba a una enorme tarántula que había en el porche. El peludo bicho pegó un enorme salto, e hizo falta toda la habilidad de papá como bateador para evitar que se le escapara y se introdujera en la casa.

Aunque la topografía de Midland y de Odessa son similares, la composición demográfica de las ciudades es distinta. La mayor parte de la gente de Odessa trabaja en los campos petrolíferos, mientras que en Midland son más bien oficinistas. Como Odessa, Midland era una ciudad hija de un *boom*, y no resultó fácil encontrar casa. Vivimos brevemente en un hotel y luego nos mudamos a una casa de 847 pies cuadrados en las afueras de la urbe. El vecindario se llamaba Easter Egg Row, porque el constructor había escogido vibrantes colores de pintura para ayudar a los inquilinos a distinguir sus casas, como los brillantes colores de los huevos de pascua. El nuestro, en el 405 de East Maple, era azul brillante.

En los años 50, Midland contaba con un colorido abanico de habitantes. Había gente que un día estaba arruinada y al siguiente era rica. Estaban las antiguas familias de rancheros que habían vivido en esas tierras desde mucho antes de que se descubriera petróleo. Luego, también estaban los texanos procedentes de otras partes del estado, especialmente estudiantes licenciados de la Universidad de Texas y de Texas A&M. Mi padre formaba parte de un reducido contingente de licenciados de las mejores universidades del país, las *Ivy League*, que habían rechazado ofertas y oportunidades en la costa este para poder seguir sus instintos de emprendedores en el sector del petróleo. Había profesionales que prestaban sus servicios a la industria petrolera: doctores, banqueros, abogados, médicos y constructores, incluyendo un hombre muy amable llamado Harold Welch con cuya única hija, Laura Lane, me casaría muchos años después en la Primera Iglesia Metodista Unida de Midland.

Midland era un lugar competitivo. Los petroleros que trabajaban en la industria se espabilaban para ganarles de mano a sus competidores, obteniendo vitales arrendamientos a condiciones beneficiosas y derechos de uso de la tierra. La incertidumbre del negocio tenía un efecto nivelador: cualquiera podía dar con una veta, y cualquiera podía perforar y terminar en un dique seco. A pesar de todo el esfuerzo y la ciencia que comporta este negocio, todos los que luchaban por hacerse ricos con el petróleo lo hubieran cambiado todo por garantizar su buena suerte. Y sin embargo, en Midland se percibía un sentido de comunidad. La gente se unía para superar el entorno aislado y agreste.

La vida en el oeste de Texas era sencilla, como los nombres de los pueblos que había a lo largo de sus polvorientas carreteras: Big Lake (que apenas era un lago), Big Spring (ni siquiera un riachuelo) y Notrees (no, ni siquiera un árbol). Mis amigos y yo nos pasábamos el día al aire libre, jugando al béisbol o al fútbol americano. Los viernes de otoño la gente se apiñaba en el Midland Memorial Stadium para observar a los Midland High Bulldogs. Uno de mis jugadores favoritos en el Midland era Wahoo McDaniel, que más tarde sería la estrella de los Oklahoma Sooners, los Jets de Nueva York e incluso el circuito profesional de lucha libre. Los domingos por la mañana la mayoría de la gente asistía a la iglesia. Recordando esos tiempos, entiendo por qué a mis padres les gustaba tanto Midland. La mezcla de competitividad y comunidad era un reflejo perfecto de la educación que había recibido mi padre. Se había llevado consigo los valores que había aprendido de niño y los estaba disfrutando en mitad del desierto de Texas.

Unos pocos meses después de llegar a Midland, mi padre recibió una carta inesperada de Tom McCance, un alto ejecutivo de Brown Brothers Harriman. La firma repetía su oferta. El conocimiento que ahora tenía mi padre del negocio del petróleo en Texas era muy valioso en Wall Street. Esa oferta podía haber constituido una huida perfecta. Mis padres podían decir que habían disfrutado de la vida en el oeste de Texas, que habían aprendido algo nuevo y que ya estaban listos para volver a sus raíces; pero no lo hicieron. Mi padre le agradeció al señor McCance su generosidad, pero declinó la oferta. Había decidido quedarse en el oeste de Texas de una vez por todas.

ALGUNOS DE LOS recuerdos más cálidos que conservo de los años en Midland son del tiempo que pasaba con mi padre. Estaba ocupado construyendo su negocio y viajando. Participaba activamente en la comunidad, enseñaba en la escuela dominical de la Primera Iglesia Presbiteriana y contribuía a recaudar fondos para United Way y el YMCA. Pero nunca percibí ninguna ausencia. Siempre se preocupaba de pasar la mayor cantidad de tiempo posible con sus hijos. Como mi hermano Jeb decía, George H. W. Bush fue quien se inventó eso del "tiempo de calidad". Volvía a casa del trabajo, sacaba un guante y jugaba al béisbol conmigo en el patio de nuestra casa en el 1412 de West Ohio Avenue, a donde nos mudamos en 1951. Esa casa es hoy patrimonio protegido, la Casa de la Infancia de George W. Bush. (Siempre me he preguntado por qué no la llaman la Casa de George H. W. Bush Donde George W. Bush Vivió de Niño).

Algunos fines de semana, papá y sus amigos me llevaban a cazar pichones, un ritual para mucha gente en el oeste de Texas. Yo llevaba un arma de calibre 0,41 que me había regalado para Navidad después de convencerse de que ya dominaba el manejo de un arma con la suficiente seguridad. Nos congregábamos alrededor de un agujero de agua en mitad de un terreno baldío, cocinábamos hamburguesas en una barbacoa portátil y esperábamos hasta la puesta de sol con la esperanza de que los pichones salieran a apagar su sed. También me llevaba a los campos petrolíferos, donde vi las enormes torres y las grúas y las unidades de bombeo de cerca. Esos viajes despertaron en mí un interés por el negocio del petróleo que más tarde se plasmaría, a mediados de los años 70, cuando me convertí en un empresario petrolero independiente.

Nuestra casa era un centro de actividad. Un día mi padre trajo a casa un ingeniero de Yugoslavia a quien había conocido a través de su trabajo. Se quedó con nosotros durante una semana, y mi padre lo llevó de visita por los campos petrolíferos del oeste de Texas. Durante uno de nuestros veranos en Midland, el hermano más joven de mi padre, Bucky, a quien le llevaba catorce años, y un amigo suyo de la universidad, Fay Vincent, quien más tarde sería el comisionado de la Liga de Béisbol, vinieron a vivir con nosotros mientras trabajaban los duros campos de petróleo.

Constantemente, mis padres invitaban a los vecinos a barbacoas o cócteles. Recuerdo que una Navidad me regalaron un cuerno. Lo soplé demasiado, y mi padre me lo quitó y lo rompió. Unos días más tarde, uno de nuestros vecinos compró el mismo modelo, llamó a casa hasta que mi padre contestó y le sopló el cuerno por teléfono. En otra ocasión, mi padre gastó una broma a su buen amigo y compañero de Yale, Earle Craig, que solía morder la cebollita que flotaba en su martini con grandes florituras. Un día, papá mezcló en la bebida una cebollita de goma. Cuando el Earle de Craig (como algunos lo llamaban) mordió dramáticamente la falsa cebollita, el círculo de amigos (que seguramente ya llevaba varios martinis de más) se pegó unas buenas risas. Earle sabía que no había maldad en ello. La vida en Midland era agradable y despreocupada.

No recuerdo mucho de nuestras conversaciones de aquellos años, pero seguramente nos pasamos la mayor parte del tiempo hablando de la escuela o de deportes. Mi padre no nos daba sesudas lecciones sobre política o filosofía; él no era así. Creía en liderar con el ejemplo. Si yo tenía una pregunta, allí estaba él para contestar. Y siempre me daba buenos consejos.

Cuando yo tenía unos seis años de edad, fui con unos amigos a unos almacenes de Midland. Vi un par de soldaditos de plástico en un contenedor que había en una estantería. Decidí ponerlos en mi bolsillo y salir de la tienda sin pagar. Ese mismo día, más tarde, me vio jugar con esos soldaditos en el patio delantero.

—Hijo, ¿qué haces? —preguntó.

—Juego a los soldados —dije.

—¿De dónde los has sacado?

Vacilé. Volvió a preguntármelo.

Después de dudarlo durante unos instantes, confesé:

—Me los llevé de la tienda.

—Ven conmigo —dijo.

Nos fuimos en su carro hacia la tienda. Me dijo que entrara, devolviera los soldaditos y me disculpara con el encargado por haberlos robado. Hice lo que me dijo y sentí verdaderos remordimientos. Cuando volví al carro, papá no dijo ni una palabra más. Sabía que yo le había entendido.

En mamá recaía la mayor parte de la tarea de criarnos a mí

y a mis hermanos. Me llevaba en carro a las clases de béisbol y también llevaba la cuenta de mis resultados, como lo había hecho con papá. Era la mamá gallina que se llevaba nuestra tropa de Cub Scouts a las cavernas de Carlsbad y al parque de Monahan Sandhills. Mamá siempre tenía la puerta abierta para mis amigos a la hora de comer o cenar, entre las maratonianas sesiones de béisbol o rugby. Por supuesto, cuando era necesario recurría a la disciplina. A diferencia de mi padre, no creía en la sutileza. Una de sus tácticas favoritas cuando yo era pequeño era lavarme la boca con jabón cada vez que hacía o decía algo "sucio", como la vez en que me pilló orinando en los arbustos de nuestro jardín. Pero en conjunto, creo que me permitió vivir una infancia feliz y divertida, como un niño de espíritu libre.

La manera en que mis padres enfocaron la educación de sus hijos es un reflejo de la actitud de su generación. Mi padre pasaba más tiempo con nosotros del que su padre había pasado con él, pero en aquellos días los padres no estaban tan implicados en la crianza de los hijos. Y la mayoría tampoco eran tan expresivos. En nuestros primeros años, mi padre no era muy proclive a los abrazos, ni tampoco decía "te quiero" a menudo, pero no hacía falta. Siempre supimos que nos amaba incondicionalmente.

También sabíamos que mis padres se querían el uno al otro. En los sesenta y nueve años en que he podido observar el matrimonio de mis padres, jamás he oído que se hablaran con dureza. Por supuesto, a veces habrá habido un comentario irónico por aquí o una diferencia de opiniones cordial por allá. Pero nunca percibí ni ira ni frustración. Su lazo era sólido y los unía firmemente, y era un origen de estabilidad para mí cuando yo era niño, y una fuente de inspiración cuando me casé con Laura.

En ese momento, ni yo ni mis hermanos sabíamos valorar la suerte que teníamos. Otros sí lo hacían. En la reunión del cincuenta aniversario de la graduación de la secundaria de Laura, mi amigo de la infancia Mike Proctor se puso a conversar conmigo. Mike vivía en la casa de enfrente de la nuestra cuando crecíamos. Teníamos la misma edad e íbamos al mismo curso. Mike se pasaba mucho tiempo en nuestra casa, íbamos juntos en bicicleta, jugábamos al fútbol americano juntos y pertenecíamos al mismo escuadrón de *scouts*. Pero yo ignoraba que la familia de Mike tenía serios problemas.

En esa reunión, Mike me dijo:

—Hay algo que siempre he querido decirte. Necesito que me hagas un favor.

—Pues claro, Mike —dije—. ¿De qué se trata?

—Dile a tu madre que gracias. —Y prosiguió —: Supongo que entonces no te diste cuenta de lo disfuncional que era mi familia. Gracias a la amabilidad de tu madre, pude ver cómo era una familia de verdad.

Al día siguiente llamé a mi madre y le dije lo que Mike me había pedido. Supe que la expresión de gratitud de aquél muchacho la había conmovido.

—Dile a Mike que le mando un cariñoso recuerdo —dijo.

CUANDO MI HERMANA Robin tenía tres años, mamá notó que le faltaba energía. Ella le preguntaba qué quería hacer y Robin decía que sentarse en la cama o en el césped. Eso no parecía normal, al menos no para una niña de tres años, así que llevaron a Robin al médico de familia que teníamos en Midland, Dorothy Wyvell.

La doctora Wyvell le hizo algunos exámenes. Mamá se preocupó mucho cuando la doctora llamó y le pidió que fuera a verla al día siguiente, acompañada de su marido. Todos los que han tenido hijos pueden imaginarse la agonía de la conversación que mantuvieron a continuación. La doctora Wyvell les dijo que los análisis de sangre de Robin revelaban que padecía de leucemia. No sólo estaba gravemente enferma, sino que su recuento de leucocitos estaba descontrolado, el más alto que la doctora Wyvell había visto jamás.

Mis padres pensaban que algo no iba bien, pero no se habían imaginado algo así ni por asomo. Finalmente, mi padre preguntó:

—¿Cuál es el siguiente paso? ¿Qué tratamiento seguimos?

Cuando iba a contestar, los ojos de la doctora Wyvell se llenaron de lágrimas. No sólo era el médico de familia de mis padres; en la estrecha comunidad de Midland, también era una amiga.

—No hay nada que puedan hacer —dijo—. Probablemente sólo le queden unas semanas de vida. Deben llevarla a casa y hacer que las pase de la manera más cómoda posible.

Mi padre se negó a aceptar que no había esperanza para su hijita pequeña. Fue a casa y llamó al hermano de su madre, el doctor John Walker, del Memorial Sloan Kettering, el mejor hospital para tratamientos de cáncer en Nueva York en aquella época. Su tío le habló de algunos avances recientes en el tratamiento contra el cáncer que quizá podrían ayudar a Robin. También confirmó lo que la doctora Wyvell le había dicho: la leucemia infantil no tenía cura.

Mis padres llevaron a Robin a Nueva York. Sabían que las probabilidades estaban en su contra, pero se negaron a abandonar la lucha por la vida de su hija. Como el doctor Walker le dijo a mi padre: "Nunca podrás perdonarte si no lo intentas".

Mis padres nunca me dijeron lo que sucedía. Sólo me contaron que Robin estaba enferma y que ella y mamá irían a Nueva York para ver al tío John e intentar que se curase. Mi padre iba y venía entre Nueva York y Midland. A veces el cáncer de Robin remitía, y volvía a casa de nuevo durante unas semanas. Luego mi hermana volvía a recaer y volaba a Nueva York para seguir con el tratamiento. Cuando mis padres no estaban, mi hermano Jeb, que había nacido unos meses antes, y yo nos quedábamos con amigos y vecinos de Midland. Se convirtieron en nuestros padres adoptivos sin pensarlo dos veces.

Mis padres hicieron frente a la enfermedad de Robin de maneras distintas. Mi padre era un torbellino de actividad. Cuando estaba en Nueva York, se reunía con los médicos, comprobaba los resultados de los análisis y preguntaba sobre nuevos tratamientos. En Texas salía corriendo de casa cada mañana, se detenía en la iglesia para rezar por Robin y luego se volcaba en su trabajo. Recordándolo, ahora me doy cuenta de que su frenética actividad era en realidad la manera en que gestionaba la terrible impotencia que debía sentir. Para George Bush, el piloto que había nadado hasta el bote salvavidas y remado incansablemente para alejarse de la muerte, debió ser insoportable no poder ayudar a la hija que tanto amaba.

En contraste con el movimiento continuo de mi padre, mamá se pasaba casi todas las horas diurnas al lado de la cama de Robin, jugando con ella, leyéndole cuentos y tratando de animarla. Se quedó con los Walker en Nueva York, y los miembros de la familia se turnaban para visitar el hospital y darle su apoyo. Mi bisabuelo, el anciano gruñón G. H. Walker, que a la edad de setenta y ocho años estaba en el último año de su vida, se pasó horas enseñando a Robin a jugar a las cartas, al *gin rummy*. Ella decía que el juego era *gin poppy*, el apodo que mi familia utilizaba para mi papá.

El tratamiento que Robin debía soportar era muy doloroso. La quimioterapia y las transfusiones de sangre la dejaban muy débil. Mamá impuso una regla: no se podía llorar delante de Robin. A mi padre le costaba mucho cumplirla, pero mamá permanecía estoicamente sentada al lado de su hija, reconfortándola mientras sufría y su fuerza mermaba día a día. Como el biógrafo Richard Ben Cramer escribió sobre el carácter de mi madre durante aquellos días: "Era más que fuerte, era heroico, un acto de voluntad y de amor".

Un día mientras Robin descansaba, mamá fue a visitar a los padres de papá en Greenwich, Connecticut. Mi abuelo Prescott Bush, que acababa de ser elegido senador, la acompañó durante un largo paseo por el cementerio de Greenwich. Allí le mostró la lápida que él y mi abuela habían seleccionado para su descanso final. Había lugar para otra más. Era su amable manera de decirle a mi madre que él cuidaría de Robin cuando llegara el momento, y que quería que Robin estuviera a su lado. (Décadas más tarde, mis padres trasladaron la tumba de Robin al terreno donde estarán sus propias tumbas, en la biblioteca presidencial de papá en College Station, Texas).

El final llegó el 11 de octubre de 1953. Robin murió apaciblemente después de haber luchado durante siete meses. En uno de sus últimos momentos con mi padre, Robin lo miró con sus hermosos ojos azules y dijo: "Te quiero más de lo que la lengua puede decir". Papá repetiría esas palabras el resto de su vida.

* * *

TENGO UN VÍVIDO recuerdo del día en que mis padres me dijeron que Robin había muerto. Una de mis profesoras en la Escuela Elemental Sam Houston me había pedido a mí y a un compañero que lleváramos un tocadiscos a otra ala de la escuela. Mientras salíamos fuera, vi que el viejo Oldsmobile de color verde guisante de mis padres aparcaba frente a la escuela. No tenía ni idea de por qué se habían presentado allí en mitad de la jornada escolar, y cuando me acerqué corriendo al carro, creí ver los rizos rubios de Robin en el asiento trasero. Estaba muy animado, pensando que volvía a casa. Pero cuando llegué al coche, no estaba allí. Mamá me abrazó fuerte y me dijo que se había ido. Cuando regresamos a casa ese día, vi llorar a mis padres por primera vez.

Después de la muerte de Robin, mis padres se turnaron los roles. Papá se convirtió en el más fuerte de los dos, y se ocupó de los detalles del funeral y de la logística. Una de las primeras decisiones que tomaron fue donar el cuerpo de Robin al Memorial Sloan Kettering. Los médicos les dijeron que podrían aprender si estudiaban los efectos de la enfermedad en su cuerpo, y mis padres esperaron que la muerte de Robin pudiera contribuir a aliviar el sufrimiento de otros niños aquejados por la misma enfermedad. Así, la investigación sobre el cáncer infantil se convirtió en una causa que ambos defendieron el resto de sus vidas. Hoy la clínica de cáncer infantil del Centro Contra el Cáncer MD Anderson de Houston lleva el nombre de Robin.

Después de siete meses de soportarlo todo con entereza, mi madre se hundió. Sufrió ataques depresivos que la acosarían con regularidad. A los veintiocho años de edad, su pelo marrón oscuro empezó a volverse blanco.

Aunque era demasiado pequeño como para comprender el significado de la muerte de Robin, sí me daba cuenta del sufrimiento de mi madre. Más tarde me dijo que dejé de jugar con mis amigos para poder quedarme en casa con ella, y que trataba de animarla con mis bromas. Mi padre también encontró maneras de intentar levantarle el ánimo: planeaba visitas a los amigos, y ayudaba poco a poco a mi madre para que siguiera adelante con su vida. En lugar de concentrarse en la pérdida de Robin, aprendieron a dar las gracias por los años que habían compartido con ella.

A diferencia de muchas parejas que no superan la pérdida de un hijo y se rompen, la muerte de Robin no distanció a mis padres. En su caso, compartieron el dolor y eso los acercó más aún, y su matrimonio emergió aún más fuerte después de esa experiencia. Cuando más se necesitaron, estuvieron dispuestos a recorrer tres cuartos del camino.

MI PADRE NUNCA habló mucho de la pérdida de Robin. En aquel tiempo, la gente no solía mencionar esos temas ni hablarlos en profundidad. Unos años después, papá escribió una emotiva carta a su madre acerca de lo sólo que se sentía: "Necesitamos una suave melena rubia para compensar el pelo corto y crespo. Necesitamos una casa de muñecas para que se enfrente a nuestros fuertes y raquetas y miles de cartas de béisbol", escribió. "Necesitamos una niña". Sus plegarias fueron escuchadas cuando nació mi hermana Dorothy en 1959. Al verla por primera vez, mi padre apretó el rostro contra el cristal de la guardería y se echó a sollozar.

Durante la campaña presidencial de 1980, un periodista preguntó a mi padre si alguna vez se había enfrentado a una "dificultad personal". El subtexto de la pregunta era si alguien que había vivido una existencia cómoda y tranquila como

George Bush podía entender los problemas de la gente normal y corriente.

Mi padre podía haberle dicho que su avión se había estrellado a causa de los disparos enemigos durante la Segunda Guerra Mundial, o que casi había muerto de una infección de estafilococos en la escuela. En lugar de eso miró al periodista fijamente y le preguntó:

—¿Alguna vez ha tenido que sentarse a ver cómo muere un hijo suyo?

El periodista dijo que no.

—Yo sí, durante siete meses —respondió papá.

Eso puso punto final a la entrevista. Cualquiera que haya pasado por ese terrible drama sabía exactamente a qué se refería.

Mi padre nunca dejó de pensar en su hija. Desde que yo recuerdo, conserva una fotografía de ella enmarcada en el escritorio de su oficina. Más tarde, cuando ya reflexionaba sobre su propia mortalidad, papá le preguntó a su pastor si en el cielo encontraría a Robin y a su madre. Es significativo que preguntara por esas dos personas en concreto. También le preguntó si Robin aún tendría el aspecto de una niña, o si habría "crecido" durante los sesenta años que habían pasado desde su muerte. Eso es parte del gran misterio. Pero creo que papá sabe, en el fondo de su corazón, que volverá a ver a su pequeña.

EN EL RING

HACIA LOS VEINTICINCO AÑOS GEORGE BUSH había descartado la seguridad que le daba la universidad para servir a su país como aviador naval durante la Segunda Guerra Mundial. Había descartado la seguridad económica de Wall Street para aprender el negocio del petróleo en el oeste de Texas. Su espíritu aventurero y su voluntad de enfrentarse a nuevos desafíos le impedían quedarse inmóvil. Durante las dos décadas siguientes se obligó a ir siempre más allá. En su carrera en el mundo de la empresa pasó de ser empleado a emprendedor, de una ciudad pequeña a una grande y de los pozos de petróleo al nuevo horizonte que suponían las plataformas petrolíferas en el mar. Su éxito financiero hizo posible que intentara alcanzar metas todavía más lejanas, y pasar del sector privado al servicio público, y de la política local a la escena nacional. No todas las apuestas que hizo mi padre durante esos años salieron bien. Eso le enseñó otra lección: si nunca te rindes, las oportunidades pueden surgir no sólo a raíz de las victorias, sino también de las derrotas.

COMO EMPLEADO DE Dresser Industries, George Bush había visto de cerca cómo funcionaba el negocio del petróleo, y había aprendido mucho. También se había dado cuenta de que quería entrar en el negocio por cuenta propia. Pronto se puso un nuevo objetivo: ser un petrolero independiente.

Antes de establecerse por cuenta propia, mi padre tenía que informar a Neil Mallon que iba a dejar Dresser. Según contaría luego, la reunión con Neil lo ponía muy nervioso. Mi padre no quería abandonar al hombre que le había dado su primera oportunidad en ese sector. Cuando papá le dijo que se iba, Neil se quedó callado. Luego cogió una libreta y pasó media hora explicándole a mi padre cómo debería diseñar su negocio. La forma en que Neil manejó esta situación fue todo un ejemplo para mi padre y luego para mí. En lugar de mostrarse resentido o de intentar interponerse en el camino de un empleado con talento, prefirió animarlo y ser su mentor. Mi padre se lo agradeció el resto de su vida. Pregunten sino a mi hermano pequeño, Neil Mallon Bush.

Mi padre había hablado con un amigo y vecino de Easter Egg Row, John Overbey, sobre asociarse para crear una empresa. Overbey era un graduado de la Universidad de Texas con mucha experiencia en el mundo de los arrendamientos y *royalties* petrolíferos y tenía un excelente olfato para sacar información a los viejos rancheros, a los buscadores de las empresas petroleras y de otros petroleros independientes. Mi padre aportaba habilidades distintas. Tenía buenas relaciones con potenciales inversores, especialmente en la Costa Este.

En la primavera de 1951, Bush-Overbey ya estaba en marcha. Papá viajaba a menudo a la Costa Este a recaudar dinero. Muchos de los primeros inversores en la empresa fueron familiares y amigos, entre ellos su padre y su tío, George Herbert Walker, Jr., que estaba deseando poder apostar por su sobrino favorito. También logró que invirtiera gente como Eugene

Meyer, entonces presidente de la corporación del periódico *The Washington Post*. Por desgracia, el periódico no siempre estuvo tan dispuesto a apoyar a alguien llamado George Bush en años posteriores.

Mi padre era muy agresivo para conseguir dinero, pero muy prudente para gastarlo. Bush-Overbey se hizo con participaciones modestas en una serie de proyectos, lo que reducía los riesgos pero también la posibilidad de ganar a lo grande. La mayoría de las mañanas, papá se iba a su oficina temprano, encendía su máquina de escribir y se ponía a escribir cartas. Escribía a la gente que había conocido en la ciudad o en sus viajes, y a potenciales arrendatarios o inversores. Con el correr de los años aplicaría su asiduidad como escritor de cartas a la política y a la diplomacia. Hoy hay miles de personas en todo el mundo que pueden abrir un cajón de su escritorio y sacar una nota de agradecimiento de George Bush.

NO LEJOS DE la oficina de una sola habitación de Bush-Overbey, en el centro de Midland, estaba el bufete de abogados de Liedtke y Liedtke. Bill y Hugh Liedtke eran unos hermanos de Tulsa, Oklahoma, donde su padre trabajaba como abogado para Gulf Oil. Los Liedtke planeaban construir una gran compañía petrolífera independiente, y necesitaban la ayuda de algún socio ambicioso. George Bush era la persona perfecta y papá estuvo encantado de unir fuerzas con ellos. A John Overbey no le interesaba la vida de la gran empresa, así que después de dos años como socio de papá, se separaron en los mejores términos y cada uno siguió su camino, que en el caso de John lo llevó a convertirse en un exitoso petrolero independiente.

Papá acordó conseguir la mitad del dinero necesario para

capitalizar la nueva empresa. Los Liedtke conseguirían la otra mitad. De nuevo, mi padre se dirigió a su tío Herbie y a sus amigos de Wall Street. Todos ellos habían conseguido una rentabilidad decente de su inversión en Bush-Overbey, así que papá los convenció de que esta vez le entregaran todavía más dinero. Consiguió reunir medio millón de dólares para aportar al capital de la nueva empresa. Los Liedtke consiguieron otro tanto.

Antes de empezar a hacer negocios, tenían que escoger un nombre para la nueva empresa. Los socios decidieron que su nombre tendría que empezar con A o con Z, para no quedar perdidos en medio de la guía telefónica. Por casualidad entonces pasaban la película *Viva Zapata!*, protagonizada por Marlon Brando, en un cine del centro de Midland. El osado general revolucionario mexicano simbolizaba perfectamente su espíritu independiente y arriesgado de los nuevos socios. Además, su apellido empezaba con la letra adecuada. En 1953 nació Zapata Petroleum.

La empresa no tardó en hacer honor a su atrevido nombre. Hugh Liedtke propuso que Zapata invirtiera 850.000 dólares de su capital en un solo lugar, el yacimiento petrolífero Jameson en el condado de Coke. Las exploraciones preliminares realizadas por otro operador habían demostrado que el yacimiento contenía petróleo, pero nadie sabía cuánto. Apostar la empresa entera en una única inversión era la estrategia opuesta a la que había seguido Bush-Overbey. Pero la posibilidad de encontrar un gran yacimiento era lo que había hecho que mi padre se enamorara del negocio del petróleo.

La apuesta valió la pena. A finales de 1954, Zapata había excavado 71 pozos y los 71 producían petróleo. Al final acabaron perforando 127 y los 127 resultaron productivos. Papá y los Liedtke consiguieron una muy saludable rentabilidad para sus inversores y al terminar el proyecto concluyeron con grandes ganancias para ellos mismos. George Bush era demasiado modesto —y demasiado listo— como para gastarlos alocadamente. Tenía una familia cada vez mayor que mantener, y sabía lo imprevisible que era el negocio del petróleo. Aunque sí nos mudamos a una casa nueva de trescientos metros cuadrados en Sentinel Drive, en las afueras de Midland. La casa tenía piscina y daba por detrás al parque Cowden, donde yo jugaba mis partidos de béisbol infantil. Para un niño como yo, aquello fue fantástico. No pasó mucho tiempo antes de que George Bush tuviera una idea para otro negocio, de modo que nos pusimos otra vez en marcha.

EL OCÉANO SIEMPRE ha fascinado a mi padre. Su lugar favorito en el mundo es Walker's Point, en Maine. De niño pasaba los veranos nadando, navegando y pescando en el Atlántico. Su abuelo, Bert Walker, le enseñó a disfrutar de las lanchas rápidas, que se convirtieron en una de sus grandes pasiones. Cuando ya tenía bastante más de ochenta años seguía disfrutando con su lancha a motor, *Fidelity*, y la ponía a máxima velocidad. En la década de 1950 el futuro de la perforación en plataformas petrolíferas era muy prometedor. Así que, como joven empresario del petróleo, George Bush estaba muy intrigado por la perforación submarina.

La primera exploración en las aguas poco profundas del golfo de México empezó en la década de 1930. Los geólogos estaban convencidos de que bajo las aguas más profundas podrían encontrarse depósitos todavía mayores. Acceder a esos depósitos requería una plataforma petrolífera que fuera lo bastante grande como para llegar al lecho del océano, lo bastante estable como para resistir las olas y vientos y lo bastante móvil como para explorar diversos yacimientos. Ese tipo de equipo requería una inversión de capital inicial muy alta. En 1954 Zapata Petroleum decidió crear una nueva empresa, Zapata Offshore, dedicada a construir plataformas petrolíferas y alquilarlas a los diversos operadores. Esta nueva filial fue dirigida y liderada por George Bush.

La primera gran decisión de mi padre fue apostar por un ingeniero brillante pero poco convencional, R. G. LeTourneau, cuya formación formal había concluido en el séptimo grado y de quien se sabía que prefería esbozar sus diseños mecánicos en libretas a hacer planos. LeTourneau tenía una idea para un nuevo tipo de plataforma petrolífera. A diferencia de otros modelos en uso en aquellos tiempos, incluiría tres patas y múltiples motores, que le aportarían una mayor estabilidad y velocidad. A papá y a los Liedtke les intrigó mucho aquel diseño, pero el costo era muy elevado: tres millones de dólares.

LeTourneau tenía tanta confianza en su diseño que se ofreció a construir la plataforma si Zapata le avanzaba cuatrocientos mil dólares y le prometía una participación en la empresa si la plataforma funcionaba. Era una asociación muy arriesgada, pero Zapata decidió apostar por el ingeniero excéntrico.

En 1956 la revolucionaria plataforma de LeTourneau, apodada "el Escorpión" o "el monstruo de tres patas" debutó en el golfo. Mamá y yo volamos en una pequeña avioneta de hélice con tres colegas petroleros de papá para presenciar su bautismo. Yo me quedé asombrado por el tamaño de la estructura. La plataforma medía 56 por 45 metros, cada una de sus patas se extendía 42 pies y todo el artilugio pesaba 4.500 toneladas. Muchos años después, en Midland, recordé la entrada de papá en el negocio de las plataformas petroleras al encontrarme con uno de los otros tipos que viajaron en la avioneta ese día. Me informó que le debía un sombrero nuevo. "¿Y eso por qué?", pregunté. "¡Porque vomitaste en mi antiguo sombrero durante ese viaje!", me dijo.

Con el tiempo, George Bush y los Liedtke decidieron dividir Zapata en dos empresas distintas. Mi padre se quedaría con la parte de los activos relativa a la perforación marítima y Bill y Hugh Liedtke se quedarían con los activos relativos a la perforación terrestre. Los Liedtke tendrían un éxito fenomenal, se fusionarían con South Penn Oil y crearían una de las mayores compañías de energía del mundo, Pennzoil. Papá hizo mucho menos dinero en el negocio de las plataformas, pero lo hacía muy feliz que a sus amigos les hubiera ido tan bien. Amaba el trabajo que había elegido y nunca juzgó sus méritos por el tamaño de su billetera.

EN 1959, POCO después de la división de Zapata, mi padre trasladó a nuestra familia a Houston, unas 500 millas dentro de Texas, donde estaban ubicadas la mayoría de las empresas de perforación marítima. Estoy seguro de que para mis padres fue difícil dejar Midland, donde habían hecho muchos amigos. Pero confiaban en su capacidad para adaptarse a un nuevo hogar. Y lo hicimos, en gran parte gracias a mi madre. A pesar de que estaba criando a cuatro hijos (yo; Jeb, nacido en 1953; Neil, nacido en 1955; y Marvin, nacido en 1956) y embarazada de la quinta (Dorothy, que nacería en 1959), coordinó toda la logística de la mudanza y supervisó la construcción de una casa nueva en Briar Drive. Mi madre se aseguró de convertir rápidamente a la nueva casa en un hogar.

Houston era una ciudad grande y desbordante que abrió

nuevos horizontes para la carrera de papá y para mí. Recuerdo la primera vez que nos cayó encima una de las famosas tormentas torrenciales de Houston. Comparado con nuestra época en Midland era como vivir en una jungla tropical. Empecé en una escuela nueva, Kinkaid, que ofrecía más opciones que mis escuelas en el oeste de Texas. Y, a diferencia de Midland, Houston tenía equipos deportivos profesionales. Recuerdo ir a ver a los Houston Oilers jugar contra los Dallas Texans en uno de los primeros partidos del campeonato de la AFL. En 1962 la ciudad atrajo a un equipo de las ligas mayores de béisbol, los Colt .45s. Pronto se los rebautizaría como los Astros y jugarían en el Astrodome, conocido en aquellos tiempos como la octava maravilla del mundo. Para un joven al que le gustaban los deportes, Houston era el paraíso.

El negocio de la perforación petrolífera marina implicaba grandes riesgos económicos. Si no se conseguían contratos para perforar, las plataformas y los trabajadores de Zapata estarían inactivos. Papá viajó por todo el mundo para hacer más negocios. Su experiencia con empresarios y gobiernos extranjeros constituyó los cimientos de sus futuras posiciones diplomáticas. Llevar la empresa le enseñó también los principios claves de la gerencia. Aprendió la importancia de contratar a personas expertas y escuchar sus consejos, de delegar responsabilidades y de hacer que la gente rinda cuentas, y de tomar decisiones difíciles y aceptar las consecuencias. Cuando las cosas iban bien, compartía el mérito. Cuando las cosas iban mal, concentraba en él las críticas. Esta experiencia le ayudó a desarrollar el estilo de liderazgo que emplearía en las décadas venideras.

Aunque el negocio del petróleo es particularmente dado a la incertidumbre, mi padre rara vez se mostraba estresado. Todos los problemas que tenía los guardaba dentro. Lo ayudaba su vigoroso régimen de ejercicio físico. Hubo ocasiones en que el ritmo incansable de mi padre le pasó factura. Durante un viaje de negocios a Inglaterra en 1960 se colapsó sobre el suelo en la habitación de su hotel. Por fortuna, consiguió apretar el botón de ayuda mientras caía. El médico británico que lo atendió le dijo que tenía una intoxicación alimenticia, pero cuando regresó a Texas su médico le diagnosticó una úlcera sangrante. Puede que la causa fuera el estrés o puro agotamiento. En cualquier caso, el doctor le dijo a mi padre que tenía suerte de estar vivo.

DURANTE SUS PRIMEROS años, George H. W. Bush no parecía ser una persona muy política. Seguía las noticias y votó cuando tuvo la edad de hacerlo, pero no pertenecía a ninguna organización política. Aparte de haberse presentado a presidente de su clase en el último curso en Andover, jamás se había visto envuelto en una campaña.

Eso empezó a cambiar en 1950, cuando mi abuelo decidió presentarse al Senado de los Estados Unidos por Connecticut. Mi padre tenía veintiséis años y estaba lanzando su carrera en el negocio del petróleo, así que no pudo hacer gran cosa para ayudar a su padre. Sin embargo, siguió la campaña de cerca, y la decisión de su padre de presentarse le hizo preguntarse si alguna vez él querría hacer lo mismo.

Prescott Bush no era el típico político. A sus cincuenta cinco años, el único cargo público que había ostentado era el de moderador de la asamblea popular de la ciudad de Greenwich. Se consideraba a sí mismo un republicano, a raíz principalmente de sus convicciones pro-comercio, y había sido muy activo en la recaudación de fondos para el partido en Connecticut. Altos cargos del partido se le habían acercado para tantear si le interesaba presentarse al Congreso en 1946, y a mi abuelo, efectivamente, le interesaba, pero sus socios en Brown Brothers Harriman se lo quitaron de la cabeza. Consideraban que su empresa de inversiones era más importante que la Cámara de Representantes.

Se presentó otra oportunidad cuatro años después, cuando el senador junior de Connecticut, Raymond Baldwin, renunció para aceptar un puesto en la corte suprema del estado. En noviembre de 1950 el estado celebró una elección especial para escoger a un senador que lo representara durante los dos años que quedaban a la legislatura de Baldwin. Los republicanos de Connecticut convencieron a mi padre de que se presentara. Esta vez sus socios de Wall Street apoyaron su decisión.

Siendo un hombre formal que había pasado la mayor parte de su vida en juntas de administración, mi abuelo tuvo que adaptarse a la vida en la campaña. Trabajó duro, viajó por todo el estado y alistó a los jóvenes talentos de los Whiffenpoofs de Yale para que animaran sus actos electorales. Emitió anuncios por televisión, una técnica relativamente nueva en aquellos tiempos y que había aprendido cuando trabajó en la junta de directores de la CBS.

Unos pocos días antes de la elección el columnista sindicado Drew Pearson publicó una información falsa que afirmaba que mi padre era el presidente de la Liga para el Control de la Natalidad (Birth Control League). Aquella acusación hizo mucho daño entre la población del estado, profundamente católica, que se oponía al control de natalidad tan radicalmente que la venta de anticonceptivos en Connecticut era ilegal. Mi abuelo perdió la elección por poco más de mil votos, menos de una décima parte de un uno por ciento de los votos. No sería la última vez que sospechosas maniobras en la víspera de las elecciones perjudicarían a un candidato apellidado Bush.

Estoy seguro de que a mi abuelo le disgustó perder, pero su campaña había sido fuerte y a medida que avanzaba cada vez se había sentido más cómodo frente a los electores. Se presentó de nuevo al mismo escaño del Senado en 1952. Esta vez perdió en una primaria muy igualada. Tras esa derrota, Prescott Bush decidió que ya había tenido suficiente de la política. Lo había intentado con todas sus fuerzas, pero parecía que no iba a tener carrera en el Senado.

Entonces intervino el destino. Menos de dos meses después el otro senador por Connecticut murió inesperadamente. Los republicanos del estado volvieron a instar a mi abuelo a presentarse, y él accedió a hacerlo. Su perseverancia fue recompensada y ganó esa elección especial por un buen margen. Prescott Bush, cuya carrera política parecía acabada sólo unos meses antes, juró su cargo como senador de los Estados Unidos por Connecticut. George Bush aprendió una importante lección: no debes permitir que la derrota acabe con tus sueños. Si sigues trabajando y no pierdes el optimismo, llegarán las oportunidades.

GRACIAS A SU carácter y a sus contactos, Prescott Bush se convirtió en un senador muy respetado. Había servido en la Junta de Administradores de Yale con el líder de la mayoría del Senado, el senador republicano Robert Taft de Ohio. También se hizo amigo de senadores de la oposición, entre ellos Lyndon Baines Johnson, de Texas, que se convirtió en líder de la mayoría en 1955, y de otro miembro de la delegación de Nueva Inglaterra, John F. Kennedy de Massachusetts. En la década de 1950 había en el Senado mucha más cordialidad y cooperación entre adversarios que hoy.

El amigo de mi abuelo más influyente en la capital era el presidente Dwight Eisenhower. Una de las claves para que esa amistad se desarrollase fue que mi abuelo era muy buen golfista. A Ike le encantaba ese deporte y no había mejor golfista en el Senado que Prescott Bush. También le gustaba a Ike que el senador, a diferencia de la mayoría de los políticos, se negaba a dejar ganar al presidente. Años más tarde, mi hermano Marvin me invitó a jugar una ronda en el Burning Tree Club de Maryland, uno de los lugares en los que mi abuelo y el presidente Eisenhower solían jugar. Marv me presentó a nuestro *caddie* quien, según me dijo, había llevado la bolsa a mi abuelo décadas atrás. Después de verme jugar unos cinco hoyos, me ofreció su valoración: "Tu abuelo jugaba muchísimo mejor que tú", dijo. "Podía enviarla a la izquierda o a la derecha, sabía moverla. Cuando tú le das bien, es por pura suerte". Desde luego, al tipo no le daba miedo hablar con franqueza.

Uno de los colegas de Prescott Bush en el Senado fue Joseph McCarthy de Wisconsin. En aquellos tiempos McCarthy era muy popular entre algunos sectores de la población por su ferviente anticomunismo, que incluía lanzar acusaciones (a menudo infundadas) de que los comunistas se habían infiltrado en los escalafones más altos del gobierno. Durante su campaña al Senado en 1952, mi abuelo apareció en un acto electoral con McCarthy. Los otros candidatos republicanos presentes en el acto alabaron a McCarthy, lo que obtuvo grandes ovaciones del público. Mi abuelo creía que McCarthy era un demagogo y un matón. Prescott Bush fue el último en hablar. "Aunque admiramos sus objetivos en la lucha contra el comunismo", dijo, "nos estamos de acuerdo con los métodos que en ocasiones emplea".

La multitud lo abucheó con energía, pero mi abuelo no se dejó intimidar. Más adelante rechazó una donación de McCarthy para su campaña. Años después, cuando me explicaron lo que había hecho mi abuelo, admiré su voluntad de oponerse al extremismo. Michael Curley, el alcalde dé Boston, resumió una vez la filosofía de muchos políticos diciendo: "Por allí va la muchedumbre. Debo seguirla, pues soy su líder". Prescott Bush tuvo el coraje y la integridad necesarios para rechazar esa forma de pensar.

En 1956 mi abuelo se presentó a la reelección. Tenía un historial muy sólido como senador, pues había patrocinado legislación importante, como la Ley de Autopistas Federales y la ley que había creado el Cuerpo de Paz (Peace Corps). También se había labrado una buena reputación trabajando incansablemente por sus electores. Pasaba las mañanas de los sábados en su despacho contestando todas las cartas que había recibido durante la semana. Mi padre aprendió de él una valiosa lección: en política no hay nada que pueda substituir el estar en con tacto con la gente a la que sirves. Más tarde mi padre adoptó la costumbre de su padre y dedicó la mañana de los sábados a responder su correo.

El oponente de mi abuelo en 1956 fue Thomas J. Dodd, un congresista y abogado demócrata. Dodd atacó a mi abuelo siguiendo una línea puramente populista. "He comprobado que el senador Bush parece tener mucho tiempo libre para jugar al golf", dijo. "Yo no puedo permitirme jugar al golf".

Entonces alguien le preguntó a Dodd cuál era su afición favorita. Contestó que lo era la equitación, a lo que mi abuelo respondió: "Bueno, debo felicitar a mi oponente. Yo nunca me he podido permitir un caballo".

Mi abuelo ganó la reelección por más de diez puntos porcentuales. (Años después tuve ocasión de trabajar con el afable Chris Dodd —el hijo del contrincante de mi abuelo en aquellas elecciones—, que fue senador por Connecticut durante treinta años).

En 1962, Prescott Bush tenía sesenta y siete años, sufría de artritis y estaba agotado por su exigente agenda de viajes. "Si te vuelves a presentar es que eres un insensato", le aconsejó su médico, y él obedeció. Creo que luego se arrepintió de no haberlo hecho, especialmente después de que su salud mejorara. Vivió todavía diez años más, y quién sabe lo que podría haber logrado en la arena política durante esa década. Su experiencia mostraba la importancia del momento adecuado en la política. Para Prescott Bush, no era el momento adecuado para continuar. Pero para su hijo, era el momento perfecto para empezar.

AHORA PUEDE PARECER muy difícil de creer, pero durante casi un siglo entero.—desde la Reconstrucción hasta 1961— ni un solo republicano ganó una elección estatal en Texas. Entre 1896 y 1959 el estado nunca envió más de un republicano cada vez al Congreso de Estados Unidos o al Senado estatal. En la cámara estatal nunca sirvieron juntos más de dos republicanos. En las campañas para gobernador del estado de 1950 y 1954, el candidato demócrata, Allan Shivers, ganó con casi el 90 por ciento de los votos frente a sus oponentes republicanos.

A pesar de que el partido era claramente minoritario, no creo que papá nunca haya dudado de que él fuera republicano. Las ideas políticas de su padre lo habían influido mucho y él estaba de acuerdo con los objetivos fundamentales del Partido Republicano: un sistema vibrante de libre empresa, un gobierno federal más pequeño y transparente y tomar al nivel del estado el mayor número de decisiones posible. En Texas, las opiniones de los republicanos y de muchos demócratas sobre estos temas no eran muy distintas. Sin embargo, los demócratas eran el partido del poder, y la mayoría de los texanos no veían ningún motivo para cambiar de lealtades.

Como republicano en Midland, Texas, papá solía bromear que se podrían celebrar las reuniones del partido en la sala de estar de su casa y aun así quedarían sillas vacías. Creía firmemente que a Texas le beneficiaría tener un sistema bipartidista en el que los votantes tuvieran una alternativa a la maquinaria política demócrata. Así que empezó a trabajar con la organización republicana local. Sirvió como presidente de distrito para los republicanos en Midland y como delegado en las convenciones del condado. Fue uno de los líderes locales en las campañas presidenciales de Eisenhower en 1952 y 1956. Esas elecciones significaron sendos triunfos menores para los republicanos de Texas. Fueron la segunda y tercera vez en toda la historia en que el candidato presidencial republicano ganaba los votos del colegio electoral texano.

El primer salto significativo de mi padre a la política llegó después de mudarnos a Houston. Se implicó en el partido republicano del condado de Harris, el mayor condado del estado. Papá trabajó duro para ayudar a que se eligiera a candidatos republicanos, entre ellos John Tower, que ganó la elección especial de 1961 para ocupar el escaño que había dejado vacante el vicepresidente Lyndon Johnson. Tower fue el primer senador republicano elegido en Texas desde la Reconstrucción, y su elección infundió optimismo a todo el partido.

En 1962 un puñado de amigos de Houston pidió a papá que se presentase a presidente del partido republicano en el condado de Harris. Él accedió e hizo campaña por el puesto, visitando todos y cada uno de los doscientos distritos electorales de la ciudad, entre ellos algunas de las áreas afroamericanas que probablemente jamás habían visto en persona a un candidato republicano. Al final, su único rival para el cargo se retiró y el partido eligió a mi padre por unanimidad. En retrospectiva, me sorprende que aceptara el puesto. Servir como presidente de un partido local requiere pasarse muchas horas reclutando a los presidentes de los distritos, construyendo registros de votantes y realizando otras tareas ingratas entre las bases del partido. Como había demostrado en el negocio del petróleo, a George Bush no le daba miedo empezar desde abajo.

Al trabajo de papá lo complicaba un elemento radical muy activo en el partido, la John Birch Society. Los *birchers* eran extremistas que propugnaban toda una serie de teorías conspirativas. Afirmaban que las élites de la Costa Este como los Rockefeller querían que Estados Unidos rindiera su soberanía a algún tipo de gobierno mundial. En consecuencia, los *birchers* querían que Estados Unidos abandonara las Naciones Unidas. También querían recusar al presidente de la Corte Suprema, Earl Warren, y revocar la Enmienda Decimosexta, que autoriza el impuesto sobre la renta federal, sin reemplazarlo por ninguna alternativa razonable. George Bush comprendió que cuanto más se identificara al partido republicano con los *birchers*, menos probable era que los republicanos emergieran jamás como una alternativa viable a los demócratas en Texas.

El primer instinto de mi padre fue utilizar la diplomacia, e intentó por todos los medios hacer que los *birchers* volvieran al rebaño. Ordenó a los líderes del partido que dejaran de referirse a los *birchers* como "locos", y nombró a miembros de la Birch Society presidentes de varios distritos importantes. Esta estrategia no funcionó. Los *birchers* despotricaron contra su liderazgo y se negaron a trabajar con lo que ellos consideraban el *establishment* republicano. Así que papá purgó a los *birchers* de los puestos de responsabilidad y liderazgo y continuó avanzando sin ellos.

Dirigir el partido en el condado resultó una experiencia muy valiosa. Aprendió cómo reclutar y motivar a voluntarios. Ganó experiencia en dirigir una organización política. Forjó amistades con otros líderes republicanos del estado. Y aprendió que hay algunas personas en los extremos del espectro político que prefieren dedicarse a proclamar invectivas antes que a trabajar por el bien común.

EL 11 DE septiembre de 1963 George Bush celebró una conferencia de prensa en Austin para anunciar su candidatura al Senado de los Estados Unidos. Yo acababa de empezar mi último año en Andover. Yo no era ningún experto en política, pero sabía lo bastante como para reconocer que tenía muy pocas posibilidades. Mi padre era un empresario de treinta y nueve años, un líder del partido a nivel de condado que nunca había ocupado un cargo electo. Pocos conocían su nombre fuera de Houston y Midland. Y era republicano en un estado que elegía prácticamente siempre a demócratas.

Mi padre nunca me consultó si debía presentarse o no, y nunca esperé que lo hiciera. Por supuesto, sí habló con mi madre. Luego ella me contó que sus únicas reservas respecto a que papá se presentase a las elecciones eran que triunfara y se gastara un montón de dinero. Después de todo, no contaban con fondos de la Costa Este a los que recurrir. Mi madre no quería dinero para gastarlo en cosas lujosas; en sus palabras: "Sólo quería estar segura de que podríamos enviar a tus hermanos y hermana a la universidad". Mi padre la convenció de que la situación financiera de la familia era segura, y desde ese momento el apoyo de mi madre fue completo. Trabajar para ayudar a que la campaña de George Bush consiguiera el éxito fue otro de los momentos en que ella lo dio todo para apoyar al hombre al que amaba.

George Bush se había presentado a estas elecciones por los motivos correctos. Sentía el mismo deber de servir a los demás que había llevado a Prescott Bush a servir como moderador de la ciudad de Greenwich y a abandonar su carrera en Wall Street para servir en el Senado. También sabía, después de haber visto la experiencia de Prescott Bush, que era posible ser un cargo electo y seguir siendo un buen padre y un buen hombre. Esa fue una lección que aprendí de los dos. Sobra decir que Prescott Bush apoyó por completo la decisión de su hijo de presentarse, incluso sabiendo que había pocas posibilidades de ganar.

La primera fase de esta contienda fueron las primarias republicanas, una carrera con cuatro candidatos que enfrentó a mi padre contra Jack Cox, Robert Morris y Milton Davis. Cox era el favorito. Como papá, procedía del sector del petróleo de Houston. Había servido en la legislatura estatal de Texas durante seis años antes de unirse a la primera ola de demócratas que cambió de partido. En 1962 Cox había ganado más del 45 por ciento de los votos en su enfrentamiento con el demócrata John Connally por el puesto de gobernador.

Mi padre recorrió el enorme estado de arriba abajo. No había ninguna reunión para tomar café o cena de cámara de comercio, por pequeña que fuera, a la que no quisiera asistir. Expuso su tesis de un "conservadurismo responsable" y su visión de un estado con dos grandes partidos. Después de cada acto de campaña enviaba notas manuscritas a la gente con la que se había reunido. Debió escribir miles de ellas esa primavera. A los republicanos les gustó su personalidad cálida, su energía y su impresionante biografía. Persona por persona, George Bush estaba ampliando su número de seguidores políticos.

El esfuerzo de papá fue recompensado en las primarias. Ganó con el 44 por ciento de los votos, mientras que Cox, el segundo, recibió el 32 por ciento. La ley electoral de Texas exige que un candidato haya obtenido el 50 por ciento de los votos, así que él y Cox volvieron a enfrentarse cara a cara en una segunda vuelta. Mi padre tuvo que perderse mi graduación de la secundaria por esta elección, pero no me importó. Yo quería que ganase. Y lo hizo. Ganó la segunda vuelta con un 62 por ciento de los votos.

LA ELECCIÓN DE 1964 al Senado de Texas puede que haya implicado a más futuros y pasados presidentes que ninguna otra campaña al senado en la historia. Papá fue uno de ellos, por supuesto. Yo hice campaña por él durante el verano posterior a mi graduación. También lo hizo Richard Nixon, a quien mi abuelo había conocido en el Senado. Dwight Eisenhower, que seguía siendo íntimo amigo de Prescott Bush, apoyó a papá. El presidente en aquellos momentos, Lyndon Johnson, hizo campaña por el senador demócrata actual, Ralph Yarborough, quien también tuvo el apoyo del presidente Kennedy antes de ser asesinado.

El senador Ralph Yarborough era un populista liberal que apoyaba por completo los planes de grandes gastos de la Gran Sociedad. Apoyó la Ley de Derechos Civiles de 1964, a la que muchos texanos se oponían por considerarla una extralimitación del gobierno federal al legislar sobre un asunto que creían que deberían decidir los estados. Yarborough atacó a mi padre por sus vínculos con la industria del petróleo e intentó presentarlo como un oportunista rico del Noreste. Un crítico imprimió un folleto afirmando que mi madre era una rica heredera que se pasaba casi todo el año en Cape Cod. Poco después mi padre recibió una carta de Marvin Pierce. El señor Pierce le comunicó la mala noticia de que, desgraciadamente, mi madre no era una rica heredera. Y, al parecer, tampoco había estado nunca en Cape Cod.

En su discurso inaugural de la campaña de las elecciones, papá definió a Yarborough como "un hombre que ha impulsado, conspirado y prosperado gracias una dieta consistente en gastar, gastar y gastar el dinero de los contribuyentes". El programa de papá anunciaba una baja de impuestos y un presupuesto equilibrado, un gobierno más pequeño que apoyara a las empresas y una "valiente" política exterior, "destinadas a ampliar la libertad".

Dado que en Texas había muchos más demócratas que republicanos, papá no tuvo más remedio que intentar convencer al ala moderada del partido demócrata e intentar ser más astuto que su rival. Alquiló un autobús al que apodó el "vagón de Bush". Yo viajé con él en ese autobús hasta el oeste de Texas, donde nos detuvimos en bastiones demócratas como Abilene y Quanah. Aquellos viajes fueron como la excursión de acampada definitiva entre padre e hijo. Llegábamos a la plaza de un pueblo y una banda de country llamada los Black Mountain Boys empezaba a tocar con la esperanza de atraer a la mayor cantidad de gente posible. Las Bush Belles, un grupo entusiasta de amas de casa llamativamente vestidas, repartían panfletos de campaña. Mi trabajo era ir y volver desde el autobús para asegurarme de que las Belles y los demás voluntarios tuvieran todos los materiales que necesitaban. Luego papá se subía al podio y pronunciaba un discurso. Algunos entre el público aplaudían y lo animaban. Otros simplemente parecían sobrecogidos al ver ante ellos a un republicano en carne propia.

Aquella campaña con mi padre fue una experiencia apasionante. Me sorprendieron la energía y determinación de mi padre. Aprendí sobre los diversos elementos que conforman una campaña, entre ellos el "discurso repetido". Al principio me sorprendió que mi padre pronunciase el mismo discurso en todas las paradas que hacíamos. Para los que viajaban con él, oír el mismo discurso una y otra vez podía resultar cansino. (Quizá por ellos es que mi madre empezó a bordar carteras para voluntarias clave durante los viajes de campaña). Para la gente de cada ciudad, sin embargo, el discurso era completamente nuevo. Y aunque los que lo acompañaban en la campaña pudieran aburrirse, papá no se aburría nunca. Era un orador sincero y emotivo que sabía que en una campaña cada minuto vale su peso en oro. Acabé enamorándome del ritmo diario de la campaña, de las multitudes y la competencia. Puede que fuera ese verano de 1964 cuando a mí me picó también el bichito de la política.

La campaña de papá ganó impulso durante verano y otoño, pero recibió un golpe devastador el día en que el presidente entró en la carrera. Aunque puede que se pudiera derrotar a Ralph Yarborough en Texas en 1964, en este estado el presidente Lyndon Baines Johnson era invencible. Aunque las posiciones de Yarborough estaban a la izquierda de las de LBJ, y aunque LBJ apreciaba y respetaba a Prescott Bush, el presidente no podía permitirse perder un escaño demócrata en el Senado. Johnson elogió a Yarborough como compañero demócrata suyo y hábilmente asoció a papá con el candidato presidencial republicano Barry Goldwater, que había perdido impulso tras el anuncio de LBJ que lo presentaba como deseoso de iniciar una guerra nuclear.

Durante las semanas finales de la campaña resultó obvio que LBJ estaba decantando la balanza en su estado natal. Papá convenció a varios importantes periódicos de Texas de que lo apoyaran a él y a LBJ. Dividir así los votos era la única vía posible hacia la victoria que le quedaba a George Bush, quien siguió siendo optimista hasta el final. El día de las elecciones mis abuelos y yo volamos a Houston desde Connecticut, donde yo había empezado mi primer año en Yale. Recuerdo que conducía hacia el Hotel America para la fiesta de la "victoria" justo después de que las urnas hubieran cerrado. Estábamos oyendo un programa de radio que fue interrumpido para dar la noticia de que Ralph Yarborough había sido reelegido.

Yo era un joven de dieciocho años que quería a su padre, y me tomé la derrota muy mal. Tenía ganas de irme de la sala de baile de aquel hotel lo antes posible. Mi padre me mostró una forma distinta de gestionar la derrota. Pronunció un elegante discurso de concesión y se pasó la noche dando la mano y las gracias a todos los partidarios, voluntarios y empleados que lo habían ayudado en la campaña.

Cuando se cerró el recuento, George Bush recibió un dato del que estar orgulloso. Aunque LBJ había vencido a Goldwater por 700.000 votos en Texas, papá sólo había perdido con Yarborough por unos 300.000. Más de 1,1 millones de texanos habían votado por mi padre, el mayor número de votos que un republicano había recibido jamás en ese estado en unas elecciones, incluyendo Dwight Eisenhower en sus dos campañas presidenciales.

El triunfo aplastante de LBJ fue imparable por todo Texas. Después de la elección de 1964 no quedó ningún republicano en el senado del estado y sólo un republicano (Frank Cahoon, de Midland) en la cámara de representantes estatal, que contaba con 150 miembros. En perspectiva, es difícil imaginar qué más podría haber hecho papá. La lección de 1964 es que hay algunas elecciones que simplemente son imposibles de ganar. Dos años después, sin embargo, sí ganaría unas elecciones.

ENTRE 1950 Y 1960 la población de Texas aumentó de 7,7 millones a 9,6 millones. Houston creció de menos de 600.000 habitantes a casi un millón. En 1965 el primer distrito congresual de Houston se dividió en tres. Mis padres vivían en el recién creado Séptimo Distrito. Como antiguo presidente del partido en el condado y como candidato que había demostrado su potencial en 1964, papá tenía muchas posibilidades de hacerse con ese nuevo puesto. La derrota en las elecciones a senador todavía le dolía, pero (como las derrotas de Prescott Bush en 1952) no empañó el entusiasmo de mi padre por la política ni su deseo de servir a los electores. Anunció su candidatura al Congreso en enero de 1966 y, como no hubo oposición en las primarias republicanas, se hizo con la nominación.

El demócrata en las elecciones generales era Frank Briscoe, el fiscal del distrito del condado de Harris. A diferencia de Ralph Yarborough, Briscoe era un conservador. Puesto que él y papá estaban de acuerdo en la mayoría de temas políticos, la campaña se centró en la personalidad de los candidatos. Papá lanzó una campaña de anuncios en grandes carteles que lo mostraban llevando la chaqueta sobre un hombro: una imagen joven y enérgica. El eslogan oficial de su campaña era: "Elijan a George Bush para el Congreso y miren la acción". Dio más de cien discursos en la campaña de otoño. El ex vicepresidente Nixon y el líder de la minoría de la Cámara de Representantes, Gerald Ford, vinieron ambos a Houston para ayudarlo en su campaña.

Briscoe también dio a su campaña un enfoque personal: atacó personalmente a George Bush. Como ya había hecho Ralph Yarborough, lo acusó de ser un forastero oportunista. Pero papá convirtió el hecho de proceder de otro estado en una ventaja. Repitió un mantra que había adoptado ya en 1964: "Texano por elección, no por casualidad". Esta actitud tuvo una enorme aceptación entre los electores, pues la mayoría de ellos eran también nuevos texanos. La memorable frase de papá, junto con los carteles, fue mi introducción a la difusión de un mensaje en política. Entonces, como ahora, un eslogan pegadizo y preciso puede ayudar mucho a un candidato a captar la atención de los ocupados votantes, especialmente de aquellos que tienen la amplitud de miras suficiente como para considerar cambiar de partido. Me gustaría pensar que conseguí unir a mi causa a unos cuantos seguidores al describirme a mí mismo en la campaña de 2000 como un "conservador compasivo".

Como estudiante universitario de la Costa Este, no pude ayudar mucho a mi papá en la campaña de 1966. Sí que volé desde Connecticut para la fiesta de celebración en Houston la noche de las elecciones. Esta vez la fiesta de la victoria sí que hizo honor a su nombre. Papá ganó con el 57 por ciento de los votos. George Bush entraría en el Congreso como el representante del Séptimo Distrito de Texas, un distrito que ha seguido siendo republicano desde entonces.

EL HOMBRE DEL CONGRESO

A DIFERENCIA DE OTROS MIEMBROS DEL CONGRESO, cuando fue elegido papá decidió mudar a su familia con él a Washington. Era ante todo un hombre de familia, y quería estar cerca de sus hijos el mayor tiempo posible, al menos mientras mis hermanos menores, Neil y Marvin, y mi hermana Dorothy eran pequeños. (Jeb y yo no vivíamos con ellos; él iba a la secundaria en Andover y yo estaba terminando la universidad). Mis padres vendieron su casa en Houston, compraron una casita adosada en la ciudad para que papá pudiera alojarse allí cuando viajara a su distrito, y se mudaron al vecindario de Spring Valley, en Washington. Allí compraron una casa, sin siquiera verla antes, al senador Milward Simpson de Wyoming, cuyo hijo seguiría los pasos de su padre en el Senado y se convertiría en un amigo de por vida de mis padres.

A finales de los años 60 no vi a mis padres tan a menudo como hubiera querido. Yo estaba estudiando, y tenía que decidir qué haría con mi vida. Fue una etapa de transición que a menudo he descrito de la siguiente manera: "Cuando era joven e irresponsable, actuaba de manera joven e irresponsable". De lo que estoy seguro es que mi padre tuvo muchísima paciencia conmigo durante esos años. Después de un duro partido de tenis

en Washington, el amigo de papá, Jimmy Allison, y yo termina-
mos muy borrachos. Luego conduje a mi hermano y compañero
de equipo, Marvin, a la casa de mis padres. Todo iba bien hasta
que le di al cubo de basura del vecino, que estaba en la acera.
Tras ello aceleré hacia el camino de acceso a casa. Mamá había
sido testigo de toda la escena y estaba furiosa.

—Te has comportado de una manera vergonzosa —me dijo.
Yo la miré sin expresión. Añadió—: Ve arriba a hablar con tu
padre.

Subí las escaleras con aire desafiante y con las manos en las
caderas.

—Creo que querías verme.

Papá estaba leyendo un libro. Lo dejó, se quitó las gafas con
calma y me miró fijamente. Luego se volvió a poner las gafas y
siguió leyendo.

Me sentí como un idiota. Salí de la habitación sintiéndome
muy culpable por haber decepcionado a mi padre tan profundamente que ni siquiera quería hablar conmigo.

Ese incidente fue lo más cerca que estuvimos a discutir. Papá
no era el tipo de hombre que se enzarzara en peleas verbales. Mis
hermanos y yo siempre sabíamos cuándo nos habíamos portado
mal, porque se ocupaba de dejarlo claro, y esperaba que modifi-
cáramos nuestra actitud. Eventualmente, así lo hacíamos.

El gran regalo que George Bush le hizo a sus hijos fue amar-
los incondicionalmente. Siempre nos quiso, sin importar cómo
expresáramos nuestra individualidad ni lo mal que nos portá-
ramos. Con el tiempo, ese amor se convirtió en una poderosa
fuente de independencia. No tenía sentido competir con nuestro
padre, ni rebelarnos contra él, porque sabíamos que nos amaría
sin importar lo que sucediera. Cuando me convertí en padre,
apliqué esa lección al pie de la letra. Cuando Barbara y Jenna

pasaron por su adolescencia, ellas también vivieron momentos de independencia que me recordaron mucho a cómo fui yo de joven. Solía decirles: "Las quiero. Nada de lo que hagan puede hacer que deje de amarlas. Así que dejen de intentarlo".

PAPÁ DISFRUTABA DE ser congresista. En el Capitolio, se ganó la reputación de ser muy trabajador. Viajaba con frecuencia a Houston, y allí permanecía en estrecho contacto con sus amigos y los votantes del distrito. Al igual que su padre, trabajaba seis días a la semana y se pasaba la mayor parte de los sábados por la mañana firmando cartas y escribiendo notas personales. Los domingos estaban reservados para ir a la iglesia por la mañana y comer hamburguesas en el jardín de atrás por la tarde. Esas comidas se convirtieron en algo legendario, una cita a la que acudía una ecléctica mezcla de invitados: miembros de la familia, empleados, colegas del Congreso, amigos del barrio, electores que visitaban a mi padre y personas del mundo de Washington como el periodista Charlie Bartlett. Papá también invitaba a los amigos que había conocido en etapas anteriores de su vida. Una de las cualidades más impresionantes de mi padre consistía en ser capaz de hacer nuevas amistades y conservar las antiguas. No importaba lo alto que subiera en su carrera empresarial o política, George Bush nunca dejó atrás a sus viejos amigos. Esas barbacoas en casa demostraban brillantemente el amplio abanico de amistades de mi padre. El grupo de invitados, tan distintos entre sí, se mezclaba en el césped, charlando y bebiendo cerveza, mientras el congresista Bush daba vuelta a las hamburguesas.

Mamá era una anfitriona que disfrutaba recibir gente. Enseguida se adaptó a Washington, instalándose en la nueva casa y ayudando a mis hermanos más pequeños a adaptarse a las nuevas escuelas. Rápidamente hizo un nuevo círculo de amistades, y le encantaba organizar visitas al Capitolio y a otros puntos turísticos de Washington cuando la familia u otros amigos venían a pasar unos días a la ciudad. Siempre que mis hermanos tenían tiempo libre, se aseguraba de que aprovecharan la oportunidad que tenían de experimentar la historia y la cultura de la capital de la nación.

Uno de mis recuerdos favoritos de una visita a Washington durante la etapa de papá como congresista fue cuando me llevó con él al gimnasio de la Cámara de Representantes. Se sabía el nombre de cada uno de los trabajadores o asistentes de limpieza que trabajaban allí. A papá le gustaba mucho jugar al *paddleball*, un juego muy físico y movido que exige una buena coordinación entre la mano y la vista. Uno de sus compañeros de partido favoritos era el congresista Sonny Montgomery, demócrata por Mississippi. Jugaban para ganar, por supuesto, pero mientras saltaban, gritaban, se reían y lo pasaban en grande. Era un buen recordatorio de que dos congresistas de lados opuestos del espectro parlamentario podían dejar sus diferencias de lado y disfrutar de la compañía del otro.

Como cada nuevo miembro, el congresista Bush fue asignado a numerosos comités legislativos. Mi padre esperaba poder entrar en el de Presupuestos o el de Apropiaciones. Eran comités que generalmente estaban fuera del alcance de los congresistas primerizos. Pero papá había desarrollado durante su campaña una buena relación con el líder de la minoría Gerald Ford, y su padre ayudó al mío llamando a un viejo amigo: el presidente del Comité de Presupuestos Wilbur Mills, de Arkansas. El liderazgo republicano de la Cámara de Representantes depositó su confianza en papá, convirtiéndolo en el primer congresista en sesenta y tres años en obtener un puesto en ese comité en su primer mandato.

Aunque mi padre se benefició con las conexiones de su padre, también aprovechó las lecciones de su madre. Trabajó incansablemente, mantuvo sus promesas y estaba dispuesto a permanecer en una discreta sombra para compartir el éxito de sus iniciativas con otros. Esas no eran cualidades ni actitudes que abundaran en el Congreso, y por eso la gente terminaba por acercarse a George Bush. Se hizo especialmente amigo de otros jóvenes congresistas como Bill Steiger de Wisconsin, Jerry Pettis de California, John Paul Hammerschmidt de Arkansas y Bob Price de Texas. Anticipándose a lo que sucedería más adelante, sus colegas republicanos lo eligieron presidente de la clase de congresistas novatos.

A finales de los años 60, dos temas de debate dominaban la vida en Washington: la guerra de Vietnam y los derechos civiles. Desde el principio, mi padre había apoyado la participación norteamericana en Vietnam. Creía que si se permitía a los comunistas de Vietnam del Norte invadir al Sur, la gente que vivía en esa parte del país no tendría la oportunidad de vivir libremente. También lo preocupaba el avance del comunismo en el sureste de Asia. Los Estados Unidos se había comprometido a defender a los vietnamitas del sur, y mi padre estaba firmemente convencido de que los Estados Unidos debía mantener su palabra.

El día después de la Navidad de 1967, el congresista George Bush se embarcó en un viaje de dieciséis días por Vietnam, Laos y Tailandia. Allí conoció a oficiales y mandos superiores norteamericanos. También estuvo con oficiales más jóvenes y soldados rasos, incluyendo a pilotos de bombardero que estaban destinados a un portaaviones en el golfo de Tonkín. A todos les

preguntó su verdadera opinión acerca de la guerra. La mayoría
le dijo que las cosas iban mucho mejor de lo que se transmitía
en los periódicos.

Mi padre regresó impresionado por las tropas, y convencido
de que Estados Unidos estaba logrando un "notable avance
militar", tal y como dijo. También notó la resistencia de los gue-
rrilleros del Vietcong. En una carta a sus votantes, describió los
intrincados túneles que el Vietcong había excavado en la jungla,
prueba de su persistencia. "Estoy más convencido que nunca de
que nuestro objetivo es realista", le dijo a un periodista. "Logra-
remos vencer si tenemos la voluntad y la paciencia suficientes".

En casa, la guerra despertó un debate más virulento. Papá
comprendía que los activistas que se oponían a la guerra tenían
derecho a expresar su opinión, pero no le gustaban las protestas
violentas y odiosas que desmoralizaban a los soldados. Defendió a LBJ contra los desagradables ataques personales que los
activistas impulsaron contra él. Al cabo de unos meses, la administración de Johnson no pudo ofrecer al público un motivo
claro para justificar la implicación cada vez mayor de Estados
Unidos en la guerra. Miles de jóvenes eran reclutados para
luchar en una guerra que cada vez menos personas entendían.
Para George H. W. Bush, la lección indeleble de Vietnam fue
que cualquier participación del ejército norteamericano debía ir
de la mano de una misión claramente definida, algo que la gente
pudiera comprender. Y eso fue exactamente lo que hizo cuando,
décadas más tarde, envió al ejército a expulsar a Saddam Hussein de Kuwait.

EL VIAJE DE mi padre a Vietnam también influyó en sus ideas
acerca del otro gran tema que agitaba el país: los derechos civi-

les. Líderes como Martin Luther King Jr. y Thurgood Marshall estaban poniendo sobre el tapete la cuestión, empujándola al centro del debate político nacional. Por todo el Sur, los activistas de los derechos civiles se oponían a las políticas segregacionistas mediante manifestaciones, sentadas, marchas por la libertad y otros eventos. Las pantallas de televisión de todas las casas del país estaban llenas de escenas de horrible violencia, incluyendo la brutal represión de los manifestantes que llevó a cabo el sheriff Bull Connor, y los bombardeos de iglesias en Birmingham, Alabama, donde murieron cuatro jóvenes afroamericanas. Más tarde descubrí que una de ellas era amiga de mi secretaria de Estado, Condoleezza Rice. En 1963, el presidente Kennedy presentó una legislación que prohibía la discriminación racial en lugares públicos como hoteles, autobuses y restaurantes. En una de sus iniciativas más impresionantes de liderazgo presidencial, el presidente Johnson impulsó la Ley de Derechos Civiles y logró que el Congreso la aprobara en 1964.

Mi padre siempre había sido un firme defensor de la igualdad entre las personas. Como su propio padre, había recaudado fondos para el UNCF (United Negro College Fund), el fondo que financiaba el acceso a la universidad para los estudiantes de color de pocos recursos. Como presidente del partido y congresista, había tendido puentes con la comunidad afroamericana en Houston. En la campaña por el Senado en 1964, papá se había opuesto a la Ley de Derechos Civiles por motivos federales. Creía que eran los estados y no el gobierno federal, quien debía controlar la regulación de los espacios públicos.

Vietnam cambió su punto de vista. Durante su viaje al frente, mi padre vio hombres blancos y negros arriesgando sus vidas codo a codo. En abril de 1968, la Cámara de Representantes aprobó la Ley de Vivienda Justa, que prohibía la discriminación racial en la venta, alquiler o comercialización de propiedades residenciales. Mi padre opinaba que el gobierno federal no tenía porqué dictar las condiciones de uso de la propiedad privada. Pero en el fondo de su corazón, George Bush es un hombre honrado. No podía ni imaginarse tener que decirle a un veterano de guerra afroamericano que no podía comprar una casa para su familia, sólo porque era negro.

El distrito de mi padre estaba compuesto casi en un 90 por ciento de votantes blancos y éstos se oponían muy firmemente a la Ley de Vivienda Justa. Calculó que las cartas que llegarían a su oficina serían contrarias a esa legislación en una proporción de treinta a una. Pero el 10 de abril en 1968, el congresista Bush votó a favor de la Ley de Vivienda Justa. Fue uno de los nueve texanos que votó a favor de esa ley. (Los otros catorce miembros de la delegación texana en la Cámara, trece demócratas y un republicano, votaron en contra). El presidente Johnson firmó la ley, que fue aprobada al día siguiente.

La reacción no se hizo esperar y no fue nada agradable. La oficina de papá no paraba de atender furiosas llamadas de sus votantes, y al menos uno de ellos amenazó su vida. Más tarde, la oficina de correos del Congreso informó que ese año había recibido más cartas que ningún otro miembro del Congreso, la gran mayoría de las cuales eran para quejarse por su voto a favor de la ley de vivienda.

Cuando volvió a casa en Houston el fin de semana después de la votación, papá no perdió un minuto en abordar la cuestión. Convocó una reunión en el ayuntamiento, a la que asistieron centenares de sus electores. Muchos de ellos saludaron a su congresista con gritos, abucheándolo, como la reacción que recibió Prescott Bush cuando denunció a McCarthy.

Les dijo que esa ley intentaba ofrecer la promesa o la esperanza de alcanzar "el sueño americano" a todo el mundo. Recordó sus conversaciones con los soldados afroamericanos en Vietnam, algunos de los cuales le habían hablado de las ganas que tenían de volver a casa, casarse y comprar una casa donde vivir. "Me parece fundamental que a un hombre, si dispone del dinero y es decente, no le den un portazo solamente porque es negro o hable con acento latino". (En aquél entonces, la palabra *negro* estaba socialmente aceptada).

Reconoció que podía haber diferencias de opinión. "Voté por convicción", les dijo. "Sabía que no sería popular, y sabía que las reacciones serían emocionales, pero lo hice porque pensé que era lo correcto. ¡No puedo decirles nada más!".

Para su sorpresa, los asistentes se pusieron de pie y lo aplaudieron enérgicamente. Probablemente no cambiaron de opinión acerca de la Ley de Vivienda Justa, pero sí cambiaron de idea con respecto a su congresista. Se dieron cuenta de que había sido valiente y honesto. En otoño de 1968, siete meses después de la votación, George Bush se presentó a la reelección sin ningún candidato que se le opusiera.

Yo seguí el debate acerca de la ley de la vivienda, y me sentí muy orgulloso de mi padre. Admiraba la manera en que se había mantenido firme en sus principios, había defendido su decisión y se había enfrentado a la masa política con dignidad. La lección que extraje de ese momento es que aunque los ciudadanos no estén de acuerdo con la decisión que uno tome, sí sabrán apreciar a un líder dispuesto a tomar decisiones difíciles. George Bush lo hizo a lo largo de toda su carrera. Siempre tuve su ejemplo presente cuando, a mi vez, tuve que tomar decisiones complicadas, como ordenar la invasión de Iraq o aprobar una intervención gubernamental de gran impacto en el mercado para evitar un colapso durante la crisis financiera.

* * *

EN LA CARRERA PRESIDENCIAL de 1968, Richard Nixon derrotó al vicepresidente Hubert Humphrey, que se presentó como candidato cuando LBJ sorprendió al país anunciando que no quería presentarse a la reelección. Nixon ganó en treinta y dos estados y se llevó más de trescientos votos electorales. Juró como presidente el 20 de enero de 1969. Una hora más tarde, LBJ abandonó la capital de la nación, donde había vivido desde que fue elegido congresista en 1937, y no dejó muchos amigos en la ciudad.

Por el respeto y simpatía que sentía hacia él, papá decidió desplazarse a la base área de Andrews para despedirse del ex presidente. Entre la multitud también estaban otros congresistas, entre ellos un gran amigo de LBJ, Jake Pickle. Papá fue el único republicano que asistió. Cuando Liz Carpenter, la secretaria de prensa de la señora Johnson, notó a papá entre el gentío, lo señaló al presidente saliente. LBJ se acercó, le estrechó la mano y le dijo: "George, te agradezco que hayas venido. Ven a vernos alguna vez a la finca".

Unos meses más tarde, papá aceptó el ofrecimiento. LBJ lo acompañó en una visita por los amplios terrenos de su finca en Johnson City, Texas. Mientras almorzaban, papá le hizo una pregunta: ¿creía que era prudente abandonar su escaño en la Cámara de Representantes para competir contra Ralph Yarborough por un puesto en el Senado en 1970? El ex presidente, que había servido tanto en la Cámara como en el Senado, replicó al más puro estilo LBJ.

"George", dijo, arrastrando su acento, "la diferencia entre el Senado y la Cámara de Representantes es la misma que hay entre la ensalada de pollo y la mierda de pollo".

Aunque no utilizó una expresión tan pintoresca, el presidente Nixon también le dijo a papá que debía presentarse. Prometió ayudarlo con la campaña y le aseguró a papá que si no ganaba de todos modos tendría un puesto en el partido.

No todo el mundo opinaba que papá debía presentarse al Senado. Muchos de sus electores lo animaron a que conservara su valioso escaño en la Cámara de Representantes, que a su vez le garantizaba un preciado puesto en el Comité de Presupuestos. Sin embargo, una vez más George Bush decidió arriesgarse. En enero de 1970, anunció que abandonaba su escaño en la Cámara y se presentaba al Senado. Aunque hubo muchos factores que contribuyeron a la decisión de mi padre, siempre he pensado que una de las razones era su deseo de servir en el mismo cuerpo legislativo que su padre, el senador Prescott Bush.

Para cuando papá lanzó su campaña al Senado en 1970, yo había terminado mi entrenamiento como piloto y piloteaba para la Guardia Nacional de Texas en Houston. Entre las sesiones de entrenamiento, tenía tiempo de ir a casa y colaborar con la campaña. Viajé por todo el estado con él durante el recorrido que iba a marcar el comienzo de la campaña. Esta vez me sentía muy optimista, y a papá le sucedía lo mismo. El perfil demográfico de los estados estaba cambiando, papá tenía una buena reputación y el senador Yarborough estaba cada vez más desconectado de la realidad cotidiana de muchos texanos.

El día en que parecía que mi padre se dirigía hacia una victoria garantizada en las primarias republicanas, la dinámica de la carrera cambió drásticamente. Recuerdo que iba en el auto con mi madre, papá y algunos de sus ayudantes de campaña cuando por la radio anunciaron que Lloyd Bentsen había derrotado a Ralph Yarborough en las primarias demócratas. Esas no eran buenas noticias para nosotros, porque Bentsen era un piloto condecorado de la Segunda Guerra Mundial, antiguo miembro de la Cámara de Representantes por el sur de Texas y un exitoso ejecutivo empresarial en Houston. Como mi padre, Bentsen era un candidato joven y carismático que había apostado por colocarse a la derecha de Yarborough. Las distinciones filosóficas de la carrera por el puesto en el Senado acababan de desaparecer, y Bentsen se beneficiaría con una enorme ventaja en el registro de votantes. De repente, papá se enfrentaba a una dura batalla. En el vehículo reinó el silencio durante unos segundos. Luego mi padre trató de tranquilizarnos: "No pasa nada", dijo. "Aún podemos ganar".

Hubo dos elementos que decidieron el resultado de la carrera. En primer lugar, Bentsen fue capaz de apelar al legado político tradicional de los ciudadanos de Texas con su efectivo eslogan: "Texas necesita un senador demócrata". (En ese entonces, el otro senador era John Tower, republicano). Y en segundo lugar, la asamblea legislativa de Texas había colocado una enmienda constitucional en la papeleta de voto que permitía a cada condado votar sobre la aprobación de la venta de licor por bebida. La medida había despertado una gran oposición entre los texanos rurales de condados que prohibían la venta de alcohol. Ellos consideraban que la enmienda equivalía a una ley de "bares abiertos". Así pues, los habitantes de las zonas rurales acudieron a votar en masa, y en esos tiempos votaban casi todos por el partido demócrata. Recuerdo que fui al condado de Kaufman en 1970 para estrechar algunas manos en nombre de papá. Cuando llegué al juzgado del condado, no había casi nadie en el edificio. Pregunté dónde había ido todo el mundo. Uno de los pocos que pasaba por ahí respondió: "Se enteraron de que venía un republicano". (En una señal del cambio en la política texana, cuando volví al juzgado del mismo condado en

1994, como candidato republicano a gobernador, me recibieron de manera muy distinta. Y el día de las elecciones, gané en ese condado).

Gracias a la fuerza de Bentsen como candidato y a la altísima participación de los votantes rurales, ganó a papá por 53 por ciento contra 47 por ciento. Esa derrota dolió más que la de 1964, que se debió a la arrolladora victoria de Johnson. Esta vez, parecía que se trataba del tiro de gracia a la carrera política de George Bush.

Papá fue muy elegante en la derrota. Le dio las gracias a todo el mundo con el que se cruzó. Volvió a Washington para terminar su mandato en la Cámara, que muy probablemente iban a ser sus últimos meses en su carrera como político profesional. No sentía amargura ni rencor hacia nadie. Aceptó la decisión de los votantes y se dispuso a seguir adelante con su vida. Entonces, un día lo llamó el presidente. Richard Nixon quería que fuera a la Casa Blanca para hablar con él. Desde la decepción por su segunda derrota, surgió una oportunidad que cambiaría su vida.

DIPLOMACIA

COMO CONGRESISTA DE HOUSTON, HOGAR DEL Centro Espacial Johnson, George Bush se había interesado por el programa espacial. Cuando el *Apollo 8* se convirtió en la primera nave que dio la vuelta a la luna en diciembre de 1968, mi padre quiso rendir honores al comandante de la misión, su amigo Frank Borman. Algunos congresistas se habrían limitado a emitir una nota de prensa o presentar una resolución al Congreso, pero ese no era el estilo de George Bush. Para celebrar el logro de Frank Borman, celebró una cena en su honor en el Club Alibi en Washington D.C. La lista de invitados era marca de la casa Bush: miembros del Congreso, algunos amigos de Washington y otros de Houston, como C. Fred o Marion Chambers. Generosamente, papá me incluyó en la lista.

—¿Te gustaría volar a Washington para cenar con un astronauta? —me preguntó durante una llamada telefónica.

Yo me encontraba en la base aérea de Moody en Valdosta, Georgia, aún entrenándome como piloto de la Guardia Nacional de Texas.

—Eso parece interesante, papá —respondí.

Entonces me reveló la razón por la que me invitaba.

—También he invitado a Tricia Nixon. He pensado que igual te gustaría invitarla a la fiesta.

Por un instante me quedé sin palabras y le dije:

—Déjame pensarlo y te contesto.

No estaba muy seguro de cómo sería volar a Washington para una cita a ciegas con la hija mayor del presidente. Hablé de la invitación con varios de mis compañeros de la academia de vuelo. No me creyeron. Solamente cuando apostamos cincuenta dólares a que lo haría conseguí que se callaran. Llamé a mi padre y le dije:

—Está bien, lo haré —dije.

La noche en cuestión, aparqué frente a la puerta de la Casa Blanca con el Gremlin púrpura de mis padres, que tenía los asientos forrados de vaqueros Levi's. Un mayordomo de la Casa Blanca me recibió en la entrada de la Recepción Diplomática y me acompañó al piso de arriba. Pregunté si el presidente estaba allí y me respondió que él y la señora Nixon estaban de viaje.

Me senté torpemente en los sofás frente al Jardín de las Rosas y esperé a que llegara mi cita. Por fin Tricia apareció y me presenté. Bajamos y nos subimos en un coche oficial, un Lincoln blanco. Uno de los agentes del Servicio Secreto que estaba sentado en el asiento de enfrente giró la cabeza y dijo:

—Buenas noches, señorita Nixon.

Y nos dirigimos al Club Alibi, donde nos sentamos alrededor de una mesa redonda de roble. Como era un apuesto y joven piloto, me había acostumbrado a beber. Durante la cena, estiré el brazo para alcanzar la mantequilla y sin querer le di a una copa. Contemplé horrorizado cómo la mancha de vino tinto se extendía por la mesa. Luego procedí a encender un cigarrillo y a los dos segundos Tricia me sugirió educadamente que lo apagara. La cita llegó a su fin cuando me pidió que la acompañara

de vuelta a la Casa Blanca inmediatamente después de la cena.
Cuando regresé a la fiesta, mi padre estaba de pie charlando con
unos amigos.

—¿Cómo ha ido, hijo? —preguntó.

Antes de que pudiera contestar, uno de sus amigos se inclinó
y susurró, cómplice:

—¿Has logrado besarla?

—Ni me he acercado —dije.

Más de cuarenta años más tarde, cuando cruzaba en coche
las puertas de la Casa Blanca como presidente, recordé esa primera visita y no pude evitar reírme de buena gana.

LA PRIMERA VEZ que me reuní con Richard Nixon fue cuando
mi padre me trajo a un servicio de iglesia ecuménica que el presidente celebró en el Salón Este. Admiré la belleza de la sala,
sus techos altos y elegantes lámparas, y el retrato de cuerpo
entero que Gilbert Stuart pintó de George Washington, y que
Dolley Madison rescató antes de que los británicos quemaran la
Casa Blanca en 1814. La idea de un servicio religioso en la Casa
Blanca me chocó, y al presidente parece que también. Cuando le
estreché la mano, parecía rígido y formal. Yo había votado por
Richard Nixon, pero no sentí ninguna conexión con él.

Parte del problema era que el estilo de liderazgo de Nixon ya
no encajaba con los tiempos. A finales de los años 60 y principios de los 70, los norteamericanos estaban viviendo disturbios
raciales en las principales ciudades, habían sido testigo de los
asesinatos de Martin Luther King Jr. y Bobby Kennedy, una guerra repudiada en Vietnam y un cambio en la cultura social en
donde el consumo de drogas se estaba imponiendo y las mujeres
reclamaban sus derechos y un lugar en la sociedad. Un país mira

hacia sus líderes para que éstos marquen el camino, y la alterada nación necesitaba un presidente que proyectara optimismo, unidad y calma. En lugar de eso, Richard Nixon parecía alguien oscuro y que causaba divisiones. Su Casa Blanca, en la que mandaban H. R. Haldeman y John Ehrlichmann, parecía fría y conspirativa. Y eso fue antes de que se descubriera el escándalo de las cintas secretas y las listas negras.

Por otra parte, yo siempre había apreciado al presidente Nixon porque había creado oportunidades para mi padre. En diciembre de 1970, papá estaba en el último mes de su mandato en la Cámara de Representantes. Había abandonado su escaño para presentarse al Senado, y no sabía lo que iba a hacer después. Con dos derrotas al Senado a sus espaldas, su futuro político no parecía muy brillante. Pero el presidente Nixon, al que le habían dicho que su propia carrera política estaba acabada después de perder la carrera por el puesto de gobernador de California en 1962, agregando: "Ya no tendremos a ningún Nixon a quién patear", sí encontró un lugar para George Bush.

Un mes después de las elecciones de 1970, papá se reunió con el presidente en la Casa Blanca. Mamá me llamó para decirme que le habían ofrecido ser embajador de los Estados Unidos en las Naciones Unidas. Me sorprendí. Recordé los discursos durante la campaña en que había criticado a la ONU como una institución que no servía para nada y que no tendría que tener influencia en la política exterior norteamericana. En aquellos momentos, los texanos habían aplaudido sus palabras. Me pregunté qué dirían cuando se enteraran de que Bush era ahora el embajador en la ONU.

Entiendo ahora los motivos por los cuales el cargo en la ONU le pareció interesante a mi padre. Sus viajes al extranjero y su experiencia negociando contratos de perforación en plataformas petroleras fuera del país, con empresas y gobiernos extranjeros, habían despertado su interés por la política internacional. El nuevo cargo lo sacó de Washington y le permitió encarrilar su futuro después de la derrota.

Además, con el puesto también ganaría un sitio en el gabinete del gobierno, lo que permitiría a papá conocer el funcionamiento de la Casa Blanca por dentro.

El primer objetivo de mi padre era que lo confirmaran. Entre los anteriores embajadores de la ONU se contaban pesos pesados como Adlai Stevenson, ex gobernador de Illinois y candidato presidencial demócrata en dos ocasiones, y Arthur Goldberg, que dejó un puesto vitalicio en el Tribunal Supremo para aceptar el cargo de embajador. Como dijo el editorial de *The New York Times*, "Nada en la trayectoria de [George Bush] lo califica para ocupar este importante cargo". Por suerte, la gran mayoría de los senadores no estuvo de acuerdo con este dictamen, y estuvo dispuesto a dejar pasar la opinión escéptica de papá acerca de la ONU durante la campaña de 1964. El Senado lo confirmó sin dudarlo, y juró su cargo como embajador en febrero de 1971. Una vez más, mamá y él tuvieron que mudarse. Esta vez no hizo falta buscar casa: una de las ventajas del puesto en la ONU era que venía con vivienda incluida, un *penthouse* en el piso cuarenta y dos del Waldorf Astoria.

A LO LARGO DE LOS AÑOS George Bush se convirtió en un experto en empezar trabajos nuevos. Tan pronto como le dieron el cargo en la ONU, se contactó con una serie de personas para pedirles consejo, incluyendo al ex presidente Lyndon Johnson. Así, en su primera visita a la delegación norteamericana en la sede de la ONU en Nueva York, almorzó con algunos de los

principales responsables del equipo. Visitó las agencias de la
ONU en Europa y recibió informes detallados de las actividades de cada una de ellas. Aunque admiraba la labor de muchos
diplomáticos norteamericanos, enseguida se dio cuenta de que
la ONU era una organización ineficiente y que su estructura
de gestión no permitía adjudicar responsabilidades. Cuando
treinta años más tarde me convertí en presidente, eso no había
cambiado demasiado. La incapacidad de la ONU para conseguir resultados me resultó cada vez más frustrante, por no
mencionar la facilidad con la que emitía mensajes contradicto-
rios, como cuando les concedió a Cuba y a Libia asientos en el
Consejo de los Derechos Humanos, o en su estrepitoso fracaso
en impedir los genocidios de Ruanda y Darfur. Sin embargo,
rápidamente descubrí que muchos de mis colegas como líderes mundiales, especialmente en Europa, precisaban del sello de
aprobación de la ONU para convencer a sus parlamentos de que
financiaran las operaciones en Afganistán e Iraq.

Como embajador de la ONU, papá dedicó sus energías a
construir una relación de confianza con sus colegas embajadores. Asistió a las obligadas cenas de compromiso y cócteles,
donde charlaba con todos. También creó otras oportunidades
para conocer mejor a sus colegas. Él y mamá solían invitarlos
a ellos y a sus familias a espectáculos de Broadway, conciertos
de John Denver en el Carnegie Hall, y partidos de béisbol en el
estadio Shea. En una ocasión invitó a los embajadores italiano
y francés y a sus familias a Walker's Point; le pidió a su madre
que fuera la anfitriona de una comida para la delegación china
en Greenwich; escoltó a un grupo de embajadores a la sede de
la NASA en Houston; y organizó una proyección privada de
El padrino. En suma, se dio cuenta de que la clave para una
diplomacia eficaz radicaba en desarrollar relaciones personales,

un enfoque que podría denominarse "diplomacia personal". El estilo de diplomacia que mi padre desarrolló en la ONU fue la característica de su política exterior en los años venideros, especialmente durante su presidencia.

Uno de los lugares donde a mis padres más les gustaba celebrar cenas y encuentros era el espectacular apartamento en el Waldorf. Contaba con nueve habitaciones y había pertenecido a Douglas MacArthur (y estaba a la altura de sus lujosos gustos). La primera vez que visité a mis padres en el Waldorf, encontré a mi padre en la sala, que tenía cuarenta y ocho pies de largo y un elegante piso y molduras de madera.

—¿Es lo suficientemente grande para ti, papá? —pregunté.

—Sí, lo suficiente —replicó, irónico.

Mis padres fueron muy felices en el Waldorf, y también mi hermanita Doro. Como le dije a John Negroponte, cuando le nombré embajador en la ONU años después: "No creo que tengas ninguna dificultad para adaptarte al alojamiento".

· El tema político más controvertido al que se enfrentó la ONU durante la etapa de mi padre fue la cuestión de qué delegación debía representar a China. Como es sabido, China posee un preciado asiento en el Consejo de Seguridad, que dos divisiones rivales (los nacionalistas, basados en Taiwán, y los comunistas de Mao Tse-Tung, instalados en el continente), pugnaban por ocupar. Estados Unidos siempre había dado su apoyo a los nacionalistas, como representantes de China en la ONU. Pero a medida que el poder de Mao y de los comunistas crecía, éstos afirmaban que eran el único gobierno chino legítimo, y presionaron para que se expulsara a Taiwán de la ONU.

En otoño de 1971, la Asamblea General de la ONU celebró una votación para decidir quién representaría a China. La administración Nixon apoyaba la "representación dual", es decir que aceptaba que tanto los representantes de China continental como Taiwán tuvieran un puesto en el consejo. Mi padre, haciendo uso de las relaciones personales que había construido, contactó a casi un centenar de delegados, les explicó que le preocupaba dar más poder a los comunistas y los animó a no dar la espalda a los representantes de Taiwán. La posición de papá quedó debilitada, sin embargo, cuando el propio presidente Nixon envió a Henry Kissinger, asesor de Seguridad Nacional, a Pekín para una histórica visita a la República Popular de China. El viaje de Kissinger socavó la jugada de papá, pues respaldaba tácitamente la afirmación de Mao de que era el líder del verdadero gobierno chino.

Papá hizo lo que pudo, pero su estrategia de representación dual fracasó y Taiwán perdió su puesto en la ONU por unos pocos votos, cincuenta y nueve contra cincuenta y cinco. Muchos delegados que habían prometido apoyar a Taiwán cambiaron de idea o se abstuvieron. En un gesto de apoyo público, el embajador Bush se levantó de su asiento en la cámara de la Asamblea General y acompañó al embajador de Taiwán expulsado, Liu Chieh, fuera de la ONU. Mientras andaban por el pasillo, hubo gritos de burla e incluso acoso. Mamá, que había venido a presenciar el histórico voto, recuerda que hasta hubo delegados que le escupieron. La ONU, que había sido creada como un foro idealista para la búsqueda de la paz, se había convertido en un desagradable refugio para los anti-norteamericanos.

En septiembre de 1972, un grupo terrorista palestino conocido como Septiembre Negro secuestró y mató a once atletas israelís durante los Juegos Olímpicos de Munich. Israel respondió con ataques en represalia contra Siria y el Líbano. Una mayoría del Consejo de Seguridad de la ONU apoyó una resolución condenando la respuesta militar israelí, pero no se pronunció sobre el ataque terrorista contra los atletas. Como Estados Unidos posee uno de los cinco puestos permanentes en el Consejo de Seguridad, tiene también el poder de vetar cualquier resolución del Consejo. La administración de ese entonces optó por ejercitar el poder de veto de Estados Unidos por segunda vez en su historia, para bloquear la resolución anti-israelí. Durante las décadas venideras, los embajadores norteamericanos en la ONU hicieron uso del poder de veto numerosas veces para defender a nuestro aliado, Israel, de las injustas condenas que se promovían en el Consejo.

En todos los puestos que ocupó George Bush se tomó sus deberes muy en serio, pero nunca se tomó a sí mismo en serio. Cuando era embajador, la revista *New York* publicó un artículo firmado por el periodista deportivo Dick Schaap identificando a los "10 hombres más sobrevalorados de Nueva York". Papá entró en la lista, junto a otros famosos neoyorkinos, como el senador Jacob Javits, el cardenal Terence Cooke y el editor del *New York Times* Arthur Sulzberger. Algunos de los que aparecieron en la lista tenían un ego delicado y se ofendieron, pero no fue el caso de papá. Decidió celebrar una fiesta e invitar a los miembros de la lista. Como escribió en la invitación: "Quisiera tener la ocasión de estudiarlos para ver por qué están 'sobrevalorados'". Casi todos los invitados se presentaron para pasar una velada alegre en el Waldorf, y también asistió el periodista, Dick Schaap.

EL PUESTO EN NUEVA YORK permitió a papá ver más a menudo a sus padres. En septiembre de 1972, Prescott fue al médico porque tenía una tos persistente. Después de unos cuantos exámenes, lo ingresaron en el Memorial Sloan Kettering, el hospital en que Robin había muerto en 1953. Desafortunadamente, su diagnóstico no era bueno. Le dijeron que tenía cáncer de pulmón en estado avanzado. Falleció un mes después, a los setenta y siete años.

Mi abuela quiso que el funeral fuera una ocasión para celebrar la vida de Prescott Bush, y no una ceremonia triste. Se ocupó de escribir todos los discursos para el funeral, y pidió que el coro de la iglesia cantara los himnos favoritos de "Gampy", el afectuoso apodo que tenía mi abuelo. También pidió a mis hermanos, a los primos varones y también a mí, que lleváramos el féretro sobre los hombros. Después del servicio, papá, sus hermanos y su hermana se quedaron de pie en las escaleras de la iglesia, estrechando la mano de todos los que habían venido y agradeciéndoles sus condolencias. Para papá fue duro tener que despedirse del hombre que había sido su mentor y ejemplo. Vivió con las lecciones que Prescott Bush le había transmitido durante el resto de su vida.

Papá no tardó en encontrar un motivo para alegrarse de que su padre no siguiera con él: Prescott Bush, que siempre había sido un firme defensor de la integridad del gobierno, no tuvo que ser testigo de lo que sucedió en la capital de la nación durante los dos años siguientes.

COMO EMBAJADOR EN LA ONU, mi padre no desempeñó ningún papel en la campaña presidencial de 1972, en la que el presidente Nixon ganó la reelección frente al candidato demócrata: el senador George McGovern. La campaña acabó antes de empezar cuando se supo que el primer elegido por McGovern como compañero de candidatura, el senador Tom Eagleton, se había sometido a terapia de electroshock por problemas de salud mental. Nixon obtuvo una victoria arrolladora, pero se trató de una reelección agridulce. Aunque el presidente obtuvo los votos de todos los estados excepto Massachusetts (y también perdió el Distrito de Columbia), los republicanos perdieron dos escaños en el Senado y solamente ganaron doce en la Cámara de Representantes.

Un par de semanas después de las elecciones, el presidente le pidió a mi padre que fuera a verlo a Camp David, el refugio presidencial rústico en las montañas de Catoctin en Maryland, que lleva ese nombre por el nieto del presidente Eisenhower, que era también yerno del presidente Nixon (se había casado con Julie, la hija menor de éste). El presidente le dijo a papá que quería que dejase su puesto en la ONU y reemplazase al senador Bob Dole de Kansas como presidente del Comité Nacional Republicano. Desde el punto de vista de Nixon, la elección tenía mucho sentido. Papá tenía experiencia al haber llevado la organización del partido en Texas, y era un rostro nuevo con energía y credibilidad suficientes para impulsar los objetivos de Nixon y reforzar al partido. Pero papá pensó que en el mejor de los casos, el puesto lo apartaría de su carrera como diplomático y que era un paso en sentido lateral. Le preocupaba que algunos creyeran que había fracasado en su cometido en la ONU. Y además, también conocía la Casa Blanca de Nixon y no le gustaban algunas de sus tácticas. No tenía ningún interés en desacreditar a personas honradas simplemente porque no compartieran sus ideas políticas.

Pero si convertirse en el líder del Partido Republicano era la mejor manera de servir a su país, papá no podía decir que no.

Unos días más tarde, Bob Dole vino a visitarlo a Nueva York. Le preguntó a papá si estaba interesado en ser su sucesor al frente del partido. Papá se sintió incómodo: nadie le había dicho a Dole que ya le habían buscado un reemplazo. Mi padre le dijo la verdad al incómodo senador lo más suavemente posible. La situación reveló que la Casa Blanca era excesivamente secretista o disfuncional.

A principios de 1973, mamá y papá abandonaron el apartamento 42A en las torres Waldorf y regresaron a la capital. Papá imaginaba que su rol sería relativamente rutinario. Supuso que se pasaría la mayor parte del tiempo recaudando fondos, reclutando candidatos o reuniéndose con representantes del partido, muchos de los cuales ya conocía. No esperaba que diecinueve meses más tarde tendría que sentarse en la Sala Este de la Casa Blanca, mientras escuchaba la renuncia de Richard Nixon, el primer y único presidente de la historia de Estados de Unidos que tuvo que renunciar.

EN EL VERANO DE 1972, cinco hombres fueron descubiertos al entrar clandestinamente en la sede del Comité Nacional Demócrata en el complejo de apartamentos de Watergate en Washington, D.C. Los ladrones estaban afiliados al Comité para la Reelección del Presidente (CREEP, por sus siglas en inglés). La Casa Blanca negó cualquier relación con el robo, y las alegaciones no tuvieron mucho impacto en las elecciones de 1972. Hacia principios del año siguiente, poco después de que papá aceptara el puesto de presidente del RNC (Comité Nacional Republicano), ya había suficientes indicios de que gente muy cercana al presidente Nixon había participado en la operación.

El presidente Nixon le aseguró a la nación que no sabía nada de Watergate. Durante más de un año, papá defendió al presidente. George Bush, que siempre creía en la honradez básica de las personas, confió en el presidente cuando éste dio su palabra.

Sin embargo, a medida que empezaron a revelarse más y más detalles acerca de Watergate, papá se preocupó más. El Senado abrió una investigación. Varios altos cargos de la Casa Blanca tuvieron que renunciar, y se designó un fiscal especial.

Entonces se supo que el presidente había grabado en secreto sus conversaciones en el Despacho Oval, y que se negaba a entregar las cintas, tal y como solicitaba el fiscal especial. Cuando el Fiscal General y su adjunto se negaron a ejecutar la orden de Nixon de despedir al fiscal especial, el presidente lo echó él mismo y aceptó las renuncias del Fiscal General y de su adjunto: la cascada de despidos recibió el nombre de "masacre del sábado noche". Por fin, la Casa Blanca entregó un número limitado de transcripciones de las conversaciones del Despacho Oval. Pero había notables lagunas, incluyendo unos famosos dieciocho minutos que se habían "borrado accidentalmente".

Seguí el desarrollo del escándalo desde Cambridge, Massachusetts, donde asistía a la Harvard Business School. El entorno del campus era hostil a los republicanos, especialmente a Richard Nixon. Yo trataba de ser discreto, estudiar mucho y no entrar en debates sobre política. Hubo una excepción, cuando visité a la única hermana de mi padre, mi enérgica y vital tía Nancy, que vivía en Lincoln, Massachusetts. Jugamos nueve hoyos en su campo de golf favorito y nos lamentamos de las pútridas aguas en las que George Bush se había metido.

Cuanto más descubría acerca de Watergate, más me repugnaba. Me indignó enterarme de que el presidente se había rodeado de gente que actuaba como si la ley no se aplicara a ellos. Y me enfurecía el dilema en el que el escándalo había colocado a mi padre. Por un lado, trataba de defender a un presidente hacia el que sentía lealtad. Y por otra parte, tenía que proteger al partido de los esfuerzos demócratas, que intentaban anclar a todos los republicanos al barco que se hundía: la Casa Blanca de Nixon.

A finales de julio de 1974, cuando el escándalo de Watergate alcanzaba su punto culminante, papá nos escribió una larga carta a mis hermanos y a mí. Hasta ese momento, no había compartido con nosotros lo agónica que era la experiencia que estaba atravesando. Siempre había sido un hombre optimista, así que encabezó la misiva reflexionando acerca de todas las cosas por las que estaba agradecido, incluyendo nuestra familia, siempre unida, y la oportunidad de servir a su país, al que tanto amaba. Alabó las características positivas del presidente Nixon, y procedió a analizar sus defectos: su inseguridad, su escasa capacidad de juicio, la falta de respeto que mostraba por el Congreso y por encima de todo, la manera cruda y amoral en que hablaba de sus supuestos amigos en las cintas, ahora públicas, de la conversaciones en la Casa Blanca.

Uno de esos supuestos amigos era George Bush. Nixon lo había tachado de "aprensivo", y se quejaba de que no había utilizado al RNC de manera suficientemente agresiva para defenderlo. La sugerencia del presidente de que papá había sido débil lo hirió mucho. Durante largos y difíciles meses, había defendido públicamente a Richard Nixon. "La herida duele, pero no sangra", nos escribió. Cerró la carta con las lecciones que esperaba que aprendiéramos de la debacle del caso Watergate:

Escuchen a su conciencia. No teman ir contra la opinión general, si en su fuero interno no están de acuerdo con algo. No confundan ser "blando" con entender el punto de vista del otro . . . Eviten dar la espalda a un amigo, aunque tengan la razón, pero no teman compartir con ese amigo sus ideas, si es que la amistad que los une significa lo suficiente. No dejen a un lado su opinión para alcanzar el poder.

No podía saberlo, pero sus palabras quedaron grabadas en Jeb y en mí, y fueron siempre el valor que intentamos seguir cuando ocupamos cargos públicos. ,

LA GOTA QUE COLMÓ el vaso vino el 5 de agosto de 1974. El Tribunal Supremo dictaminó que la Casa Blanca debía entregar todas las cintas en su poder a Leon Jaworski, el nuevo fiscal especial de Watergate y un amigo de papá de la época de Houston. Las cintas revelaban que Nixon había hablado con uno de sus hombres de confianza acerca de cómo impedir que avanzara la investigación del FBI sobre el robo en el caso Watergate. Era prueba suficiente de que estaba enterado de la operación y que había mentido a todo el país. Fue una revelación que quebró para siempre la confianza de papá en Nixon.

El día después de que las revelaciones de la cinta se hicieran públicas, Nixon convocó una reunión con los miembros de su gabinete y principales asesores políticos. Papá asistió a la reunión, y fue testigo de una escena surrealista en la que el presidente se pasó todo el rato hablando de la economía y de otros temas políticos, sin abordar la única cuestión que realmente importaba. Más tarde ese día, papá habló con el jefe de gabinete de Nixon, Alexander Haig, y le transmitió su franca opinión. Después de hablar con algunos de sus viejos amigos en el Congreso, descubrió que el presidente no podría reunir los votos necesarios como para superar un proceso de impugnación.

A pesar de su profunda decepción, mi padre se negó a condenar a Nixon públicamente. Aunque quizá lo habría beneficiado a corto plazo, papá no veía el objetivo de "encarnizarse", como él dijo, con el caído en desgracia. Expresó su opinión en privado en una carta dirigida al presidente el 7 de agosto. Hasta donde yo sé, es el único presidente del partido en la historia de los Estados Unidos que escribió una carta parecida. "Estoy ahora plenamente convencido de que la renuncia es lo mejor para este país y para este presidente", escribió. "Creo que la mayoría de los líderes republicanos del país comparten esta opinión". Con su característica empatía, papá prosiguió: "Me resulta aun más difícil escribir esta carta por la gratitud que siempre sentiré por usted. Si deja su mandato ahora, la historia dejará debida constancia de sus logros con un respeto duradero". Al día siguiente, el presidente Nixon anunció que renunciaría.

La decisión del presidente fue un alivio para mis padres. Fueron a la Casa Blanca para escuchar su discurso de renuncia. Como lo describió papá, la Casa Blanca estaba impregnada de un "aire de tristeza, como si alguien hubiera muerto". En la Sala Este, donde conocí por primera vez a Nixon en la iglesia ecuménica unos años atrás, el presidente terminó su discurso diciendo: "Recuerden siempre que otros pueden odiarlos, pero que no ganarán a menos que ustedes también los odien, y eso quiere decir que se habrán destruido a ustedes mismos".

ES DIFÍCIL IMAGINARLO en ese momento, pero ser el presidente del partido durante Watergate resultó ser una valiosa experiencia para mi padre. Allí conoció a cientos de líderes del partido y a activistas republicanos, una red de contactos que sería vital en las campañas venideras. Aunque fue testigo de cómo la gente que ocupaba cargos de responsabilidad se comportaba deshonrosamente, no dejó que esa experiencia hiciera mella en su visión de lo que debía ser un político al servicio público.

Watergate le confirmó una lección clave: un líder debe rodearse de gente honrada y fijar altos niveles de exigencia moral. Lo sucedido también reforzó la importancia de las relaciones personales. Nixon no parecía tener muchos amigos de verdad. Daba la sensación de ser una persona introvertida, misteriosa y suspicaz. Uno de los costos de su aislamiento es que no tuvo a nadie que le dijera la verdad o lo aconsejara para no seguir sus instintos menos morales. Por contraste, mi padre era extrovertido, optimista y estaba decidido a ver siempre lo mejor en la gente. Así fue como logró conservar sus amistades en Washington a lo largo de Watergate, e incluso hizo nuevos amigos. Uno de ellos, muy improbable, era Bob Strauss, contraparte de papá en el Comité Nacional Demócrata. Las experiencias que compartieron durante esos meses los unieron, y de paso se echaron unas buenas risas. Llegaron a respetarse tanto mutuamente que papá más adelante nombró a Strauss embajador en la Unión Soviética. El contraste entre el presidente saliente y el que había de serlo era notable. Richard Nixon mantenía una lista de enemigos políticos; George Bush convertía a sus oponentes políticos en amigos.

Lamentablemente, la resaca de Watergate afectaría a cada presidente que siguió a Richard Nixon. Una generación de periodistas vio cómo *The Washington Post* ganaba un Pulitzer por denunciar el escándalo, y muchos soñaron en convertirse en el próximo Woodward o Bernstein. Un periodismo fuerte y escéptico es bueno para la democracia. Sin embargo, a menudo el primer instinto de la prensa es convertir todas las noticias en un escándalo, lo que proyecta una imagen distorsionada del gobierno y fomenta el cinismo del público.

En cuanto a George Bush, su carácter y su sensatez le permitieron sobrevivir a Watergate con su reputación e integridad intactas, un hito que parece aún más impresionante a medida que pasa el tiempo.

DESPUÉS DE OBSERVAR a Richard Nixon subir al helicóptero de la Pradera Sur para dejar la Casa Blanca el 9 de agosto de 1974, mamá y papá volvieron a la Sala Este para presenciar el juramento del nuevo presidente, Gerald Ford. Es el único presidente que no fue elegido: Richard Nixon lo nombró después de que su primer vicepresidente, Spiro Agnew, renunciara para evitar que lo encarcelaran por fraude fiscal.

Ford ofrecía un contraste inmediato con Nixon. Era un hombre del Medio Oeste, físicamente grande, robusto y de actitud optimista, exactamente el tipo de presidente que la nación necesitaba para sanar sus heridas. Cuando el presidente Ford pronunció su famosa frase: "Conciudadanos, nuestra larga pesadilla nacional ha terminado", me pareció que se estaba refiriendo a algo más que a Watergate. Mi esperanza era que una larga era de tensión y dolor, que incluía los disturbios raciales, Vietnam y las listas negras de Nixon, llegara a su fin.

Ford tuvo que tomar inmediatamente una decisión importante. El ex Presidente Nixon corría el riesgo de enfrentarse a una acusación penal por su implicación en el caso Watergate. El presidente Ford comprendió que juzgar a un ex presidente solamente conseguiría que los norteamericanos tuvieran que revivir el trauma de Watergate durante más años. Así pues, eliminó esa posibilidad concediéndole a Nixon un indulto total e incondicional. Esa decisión no fue bien recibida, y muchos piensan que le costó la reelección de 1976. George Bush respetó la decisión del presidente. No sólo era necesaria, sino que también demostró un gran coraje político.

Pasé el verano de 1974 en Fairbanks, Alaska, donde trabajaba para la compañía Alaska International Air. Había viajado allí durante mi primer y segundo año de universidad en la Harvard Business School, tanto para satisfacer mi sentido de la aventura como para evaluar las oportunidades de negocio que hubiera allí. La belleza de Alaska me deslumbraba, y disfrutaba mucho de los largos días de verano pescando y paseando. Sin embargo, también me sorprendía lo mucho que el estado y sus compañías dependían del gobierno federal. Eso no me gustaba tanto, y hacia finales del verano llegué a la conclusión de que había más oportunidades de negocios en Texas.

Una mañana abrí un diario local en Fairbanks y leí que George Bush estaba en la lista de candidatos que Gerald Ford estaba considerando para nombrar para su vicepresidencia, un puesto vacante. Nunca se me había ocurrido que papá pudiera ser vicepresidente. Lo llamé, y me confirmó que lo que decía el artículo era cierto.

"Bueno, hay gente que piensa que puedo hacer un buen trabajo", me dijo, "pero yo no le daría más importancia".

Estaba en la lista en parte porque una encuesta del RNC entre los líderes del partido indicaba que papá contaba con más apoyo que los demás. Algunos de sus amigos en el Capitolio hablaron favorablemente de él ante el nuevo presidente. Si papá quería ser vicepresidente, por supuesto que yo iba a apoyarlo. En el fondo, me preguntaba si Ford iba a escoger a alguien que había trabajado tan estrechamente con la administración Nixon.

Y tuve razón. Días más tarde, anunciaron en la radio que

Ford había elegido a Nelson Rockefeller, gobernador de Nueva York, como su nuevo vicepresidente. No quiero ni pensar qué pensaría Prescott Bush de esa elección.

Dos días más tarde, el presidente Ford convocó a mi padre al Despacho Oval para hablar de su futuro. Papá le dijo que había disfrutado su paso por la ONU y que le gustaría ampliar su experiencia diplomática. El presidente le dijo que podía escoger la embajada que prefiriese, incluyendo Gran Bretaña y Francia, dos cargos muy deseados que una vez ocuparon John Adams y Thomas Jefferson.

Un asesor de Ford le había adelantado a papá de qué hablarían en la reunión, así que iba preparado. Le dijo al presidente que le gustaría ir a China. Papá sabía que el representante de los Estados Unidos en China no tenía el rango de embajador, porque nuestro país no mantenía relaciones diplomáticas oficiales con la República Popular de China. Pero a él los cargos no le importaban. Llevaba tiempo pensando en China, y estaba convencido de que la relación de Estados Unidos con China sería el eje del futuro: su capacidad de anticipación fue notable, pues era una visión que muy pocos tenían en ese momento. En otoño de 1974, el presidente Ford lo nombró responsable de la Oficina de Relaciones de Estados Unidos en Pekín.

En retrospectiva, la decisión de papá de ocupar el principal cargo de responsabilidad diplomática en China fue el paso más sorprendente de su carrera desde que mamá y él se instalaran en el oeste de Texas en 1948. Así como no quiso seguir el camino convencional y convertirse en un banquero de inversiones en Wall Street, tampoco quería seguir asistiendo a cenas diplomáticas en Londres o París. Como el oeste de Texas, China representaba una nueva frontera: un lugar distinto y excitante, con una cultura propia y original y una gran promesa para el futuro.

Para alguien que ya conocía a fondo la escena política de Washington, China era el lugar perfecto al cual escapar.

EL RESPONSABLE BUSH llegó a China en octubre de 1974. Antes de abandonar Washington, había estudiado a fondo su nuevo destino. Se reunió con los expertos en China que había en el gobierno de Estados Unidos. En el vuelo de ida, hizo una parada en Japón para reunirse con el embajador estadounidense en Tokio. Él y mamá estudiaron chino, por supuesto. No llegaron a dominar el idioma, pero aprendieron a decir *hola* y *gracias*, lo cual es un buen principio para cualquier diplomático.

Cuando llegó, papá le pidió informes detallados a su adjunto, John Holdridge, un experimentado funcionario del servicio exterior, y se hizo amigo de todos los miembros de la oficina, desde los más jóvenes hasta su conductor y su intérprete de chino. Taladró a sus nuevos colegas con preguntas sobre China, sus hijos, sus intereses y trayectorias. Él y mamá trabajaron mucho para convertir la Oficina de Relaciones y su residencia personal en entornos menos formales y más acogedores. Invitaban a cenar a los miembros del equipo, compraron una mesa de ping-pong y añadieron otros toques personales. George Bush era un jugador de equipo, y estaba construyendo el Equipo China.

Otra prioridad fue desarrollar relaciones personales con sus compañeros diplomáticos. Asistió a docenas de recepciones en otras embajadas e invitaba con frecuencia a sus contrapartes de la Oficina de Relaciones. Habrá quien considere que esos compromisos eran una pesadez, pero para George Bush no era así. En cualquier cóctel o fila de bienvenida veía una oportunidad para conocer a alguien y crear un contacto nuevo. Desde su punto de vista, ningún país era tan pequeño como para que no mereciera su atención. Nada le sacaba más de sus casillas que lo que denominaba "complejo de superioridad". Su primer visitante en la Oficina de Relaciones fue el jefe de la delegación de Kuwait, un pequeño reino de Oriente Medio que desempeñaría un papel importante en su presidencia, décadas más tarde.

Tal como había hecho en las Naciones Unidas, George Bush mezcló su vida personal y su diplomacia. Le encantaba jugar al tenis, así que organizaba regularmente partidos con sus colegas en el Club Internacional. A papá le gustaba mucho la competición y el ejercicio. También se dio cuenta de que sus compañeros le devolverían la llamada más fácilmente si habían jugado el tenis con él.

Dedicó mucha atención a los políticos chinos. Ya conocía a Chiao Kuan Hua, el ministro de Relaciones Exteriores, que había sido el primer embajador de la República de China en la ONU. Aunque papá se había opuesto a su entrada en el voto sobre Taiwán, se habían convertido en amigos. El ministro recordaba con afecto el almuerzo que la madre de papá había celebrado para la delegación china en Greenwich, y estaba más que dispuesto a devolver su gentileza.

A pesar de su papel como primer diplomático norteamericano en China, la influencia política de papá era limitada. Las decisiones de mayor peso sobre China procedían directamente del presidente Ford y de Henry Kissinger. Papá quizá podría haberse sentido frustrado por la falta de colaboración, pero comprendió que el presidente quisiera llevar la relación con China desde la Casa Blanca. Durante su mandato como presidente, él también quería tratar directamente con líderes como John Major, de Inglaterra, o Brian Mulroney, de Canadá. También yo lo hice con los colegas con los que mantenía una relación más estrecha, como Tony Blair, el primer ministro de Inglaterra.

El titular de periódico más importante de la estancia de papá en China apareció cuando el presidente Ford realizó un viaje oficial a China en 1975: era el primero desde la visita histórica de Nixon tres años antes. Papá acompañó al presidente en su reunión con Mao Tse Tung, el líder revolucionario del Partido Comunista Chino. Para él fue fascinante conocer a Mao, pues era cada vez más difícil acceder a él, dada su delicada salud. En retrospectiva, fue incluso más importante que papá conociera entonces al bajito y sonriente vice primer ministro que estaba sentado al lado de Mao. Su nombre era Deng Xiaoping. Trece años más tarde, él y mi padre volverían a coincidir, esta vez como líderes de sus respectivas naciones.

El nuevo cargo en China les dejó a mis padres más tiempo libre del que habían tenido en muchos años. Exploraron Pekín en bicicleta y pasearon por la ciudad con C. Fred, su cocker spaniel al que habían bautizado en honor a su amigo de Houston. C. Fred siempre atraía miradas curiosas entre los nativos, porque los comunistas habían prohibido los perros. Mamá y papá siguieron estudiando chino, y los domingos asistían a la iglesia local, una de las pocas permitidas por el gobierno chino, donde el servicio se llevaba a cabo en chino.

Mis padres animaron a sus familiares y amigos a que los visitaran en China. Uno de los primeros en aceptar la invitación fue mi abuela, que viajó allí en la Navidad de 1974. A la manera típica de Dorothy Walker Bush, llegó después de un largo y cansado viaje desde Nueva York y poco después salió con papá a dar una vuelta en bicicleta hasta la Ciudad Prohibida. Seguro que era la única mujer occidental de setenta y tres años que pedaleaba por allí ese frío día de diciembre.

Otros amigos de Texas también recorrieron el camino hasta China. Jake Hamon, uno de los amigos de papá del sector petrolero, lo visitó acompañado de su esposa Nancy en marzo de 1975. Nancy se presentó enfundada en un abrigo y un gorro de visón, y las prendas se ganaron un admirador en la casa. Mientras mis padres charlaban con los Hamon, mamá observó con horror como C. Fred masticaba un objeto peludo. Años más tarde, cuando Laura y yo invitamos a Nancy a una fiesta del Día de San Valentín en la Casa Blanca, aún se reía acordándose de su pobre gorro de visón, que por supuesto quedó destrozado.

Fui a ver a mis padres a China poco después de terminar mis estudios en la Harvard Business School en 1975. La Oficina de Relaciones era cómoda, pero me sorprendió comprobar las condiciones primitivas del resto del país. La mayoría de la gente viajaba en bicicleta o en un carro tirado por caballos. El verano era cálido y seco, y la ciudad estaba cubierta de polvo que llegaba del desierto. Me recordó a Midland, Texas. A diferencia de Midland, no obstante, no había rastro de capitalismo. Todo el mundo llevaba la misma ropa gris y aburrida, repartida por el gobierno chino. Papá supo ver que China emergería como una potencia mundial en el futuro, y tenía razón. Pero en 1975, al país le quedaba un largo camino por recorrer.

Como parte del viaje, también tuve ocasión de ver de cerca la labor diplomática de mi padre. El día del 4 de julio, fiesta nacional norteamericana, celebró una gran fiesta en la Oficina de Relaciones, con hamburguesas, perros calientes y cerveza norteamericana. Ningún responsable estadounidense había hecho algo así jamás, así que asistieron muchísimos miembros del cuerpo diplomático. Recuerdo perfectamente a un embajador escandinavo que abandonó la fiesta, tambaleándose ligeramente, con una enorme mancha de mostaza en su impecable camisa blanca.

* * *

EL 2 DE NOVIEMBRE de 1975, mis padres se levantaron temprano y fueron a dar un paseo en bicicleta por Pekín. Disfrutaban de la fresca mañana de otoño cuando papá divisó un mensajero de su oficina pedaleando hacia ellos. Había recibido un telegrama de la Casa Blanca con el epígrafe: "George Bush. Confidencial". Papá se quedó de piedra al leerlo. El presidente Ford quería que se fuera de China y volviera a Estados Unidos para ser director de la CIA.

Gracias al escaso acceso a las noticias norteamericanas, mis padres sabían que la CIA se enfrentaba a una oleada de críticas por parte del público, los medios de comunicación y el Congreso. En diciembre de 1974, *The New York Times* había publicado un reportaje en primera página revelando que la CIA, durante múltiples mandatos, había llevado a cabo actividades ilegales, como por ejemplo monitorizar a activistas norteamericanos opuestos a la guerra, así como a otros grupos disidentes. El Congreso había formado los comités Church y Pike para investigar. Los legisladores, furiosos, solicitaban transparencia y una reformulación radical de la agencia. Cuando mi padre le leyó el mensaje a mi madre, ésta rompió a llorar. El presidente acababa de pedirle al hombre que amaba que volviera a las pútridas aguas.

Mamá no era la única que tenía dudas acerca de la oferta; mi padre tampoco lo veía claro. Los demócratas habían logrado subir muchísimo en las elecciones al Congreso en 1974, que siguieron a Watergate, y mi padre sabía que tener que lidiar con el Congreso más liberal de la historia reciente no sería agradable. También quería mantener la puerta abierta para seguir con sus ambiciones políticas. En 1974 lo habían considerado un candidato posible para la vicepresidencia y los republicanos de Texas intentaban convencerlo de que se presentase a gobernador en 1978. Esos planes no avanzarían si aceptaba el puesto en la CIA. Como le dijo a sus hermanos y a su hermana por carta, la CIA era "una tumba para los políticos".

Una vez más, el sentido del deber de papá prevaleció. Había tenido tratos con la CIA durante su etapa en la ONU y en China, y conocía la importancia de su trabajo. Pocas horas después de recibir el telegrama, papá envió su respuesta a Washington aceptando el puesto. Como le dijo al presidente y a Kissinger: "Mi padre inculcó a sus hijos valores que me han servido bien en mi corta carrera como funcionario del gobierno. Uno de esos valores es simplemente, que uno debe servir a su país y al presidente. Así que si eso es lo que el presidente quiere de mí, entonces mi respuesta es un firme SÍ".

El cargo en la CIA requería confirmación por parte del Senado. La nominación fue algo polémica cuando algunos senadores afirmaron muy públicamente que George Bush tenía un perfil demasiado político para el puesto. Papá señaló que había ocupado puestos no políticos en la ONU y en China, y aseguró a los senadores que su republicanismo no desempeñaría ningún papel en su labor diaria. Aún así, exigieron más. En una carta históricamente muy poco habitual, el presidente Ford aseguró por escrito que no consideraría a George Bush como posible candidato a la vicepresidencia cuando se presentara a la reelección de 1976. El presidente estaba dispuesto a hacer lo que fuera necesario para que su candidato a director de la CIA fuera confirmado. Adicionalmente, el compromiso de papá para servir a su país era lo bastante fuerte como para que aceptara ceder su

derecho constitucional a presentarse como candidato a la vicepresidencia. El Senado lo confirmó en una votación con sesenta
y cuatro votos a favor contra veintisiete.

EL DIRECTOR BUSH empezó su nueva tarea desarrollando relaciones sólidas y de confianza con sus nuevos colegas. Se trataba
de una tarea especialmente importante en la CIA, donde los
ánimos de la agencia estaban muy alicaídos a causa de las duras
críticas que la agencia recibía en el Congreso y en la prensa. La
imagen de la agencia se había visto muy perjudicada.

Desde el principio, papá dejó claro que creía en la misión de
la agencia y que defendería a sus miembros. En sus interven-
ciones en el Congreso y en los medios de comunicación, destacó la importancia de una estructura fuerte capaz de obtener
información. Aunque reconoció que en el pasado la agencia se
había extralimitado, explicó las medidas internas que se habían
tomado para corregir esos errores. Y lo más importante, dijo
que los miembros de la CIA eran "patriotas", un término que
muy poca gente utilizaba en público para designarlos en una
época en que los titulares no hacían más que desgranar las tras-
gresiones pasadas de la agencia.

También demostró su apoyo por la agencia de otras maneras.
El presidente Ford le había ofrecido un despacho en el Antiguo
Edificio Ejecutivo, justo al lado de la Casa Blanca. Aceptarlo
habría dejado muy clara su importancia en Washington, donde
la proximidad al presidente es equivalente al poder que uno
detenta. En cambio, mi padre rechazó el ofrecimiento del presidente. Pensaba que su despacho tenía que estar en la sede de
la agencia, en Langley, Virginia. Allí, utilizaría el ascensor de
los empleados, no el reservado para dirección. Alrededor de la

Navidad de 1976, organizó un concierto para los empleados en la "Burbuja", el auditorio más grande de la CIA, con el gran músico de jazz Lionel Hampton. (A diferencia de la fiesta de Navidad en Texas, papá no atendió el bar).

Como director de la CIA, mi padre viajó a las distintas estaciones de la agencia en el extranjero para agradecer la labor de los analistas y responsables de los casos. Algunos de los que estaban en operaciones de servicio clandestino nunca habían conocido al director de la CIA. También tomó decisiones de personal difíciles, que eran necesarias para mejorar la agencia; otra razón que explicaba por qué era tan importante para él construir sólidas relaciones con su equipo lo antes posible. Con delicadeza, jubiló a los líderes más veteranos de la agencia, lo cual le permitió reclutar a directores más jóvenes y también solucionar el problema de contratación de agentes. También fue firme contra los que filtraban información, incluyendo al ex agente de la CIA Philip Agee, que acababa de publicar un libro donde revelaba varios secretos. Mi padre podía perdonar muchos errores, pero creía que era vergonzoso que un hombre violara su juramento y revelara secretos de Estado, especialmente cuando ello podía llevar a la pérdida de vidas norteamericanas inocentes.

No tardó en correr la voz por Langley de que a George Bush le importaba mucho la misión y la gente de la CIA. El trabajo le parecía fascinante y saciaba su naturaleza inquisitiva con el plantel de brillantes analistas de la agencia. En menos de un año, desarrolló un profundo vínculo con la gente de la CIA, funcionarios dedicados a su labor que no solían recibir el aprecio público que merecían. Un historiador dijo de él que era el director más popular desde Allen Dulles en los años 50.

El afecto de papá por la CIA no terminó tras su paso por

Langley. Como presidente, solicitó que los informes de la CIA fueran en persona y a diario. Cuando yo fui elegido presidente, me aconsejó que hiciera lo mismo. Así lo hice, y en verdad los informes de los inteligentes y hábiles analistas de la CIA se convirtieron en uno de los aspectos más interesantes de mi trabajo. Como le pasó a mi padre, creció mi respeto por los valientes agentes que trabajaban de manera clandestina.

PAPÁ CUMPLIÓ SU palabra y no se metió en política durante su etapa en la CIA. Los resultados de las encuestas sobre el presidente Ford habían empeorado después de que le concediera el indulto a Nixon, y la economía no iba bien. En noviembre de 1976, perdió por muy poco contra Jimmy Carter. Papá había conocido a Carter durante la campaña cuando el gobernador de Georgia solicitó informes de inteligencia para poder estar al día si ganaba las elecciones. Después de la victoria de Carter, papá se ofreció a quedarse al frente de la CIA. Llevaba allí solamente un año, y pensó que quedarse sería sinónimo de estabilidad para la agencia, mientras el presidente completaba el resto de su equipo de seguridad nacional.

Jimmy Carter no aceptó, una decisión que pensé que fue errónea. Cuando se convirtió en presidente doce años más tarde, papá sí conservó al director de la CIA que había en ese momento, William Webster, al que Ronald Reagan había nombrado. Y cuando yo ocupé el Despacho Oval, también confirmé a George Tenet, que había sido nombrado por Bill Clinton. Pensé que mi decisión enviaría un mensaje de continuidad y de no partidismo, en un importante puesto para la seguridad nacional. Me decepcionó que el presidente Obama optara por no conservar a Michael Hayden, un funcionario que había servido durante años a su país y al que yo había nombrado como director de la CIA en el 2007. Nadie conocía el sector de la información mejor que Mike, un profesional de carrera en el campo, y sus conocimientos habrían sido de gran valor para el presidente.

Al final, un presidente demócrata reconoció la contribución de papá a la CIA. En 1998, Bill Clinton firmó una ley impulsada por el congresista por Ohio Rob Portman, que rebautizó la sede de la agencia. Cuando realicé mi primera visita a Langley, el director George Tenet me dijo: "Señor Presidente, bienvenido al Centro de Inteligencia George Bush".

EN EL TRANSCURSO de una década, George Bush había servido como embajador en las Naciones Unidas, presidente del Partido Republicano, responsable de Relaciones con China y director de la CIA. Había sido testigo de la caída de un presidente y de cómo emergía una nueva potencia mundial. Había tratado exitosamente con diplomáticos, comunistas y espías. Había liderado organizaciones durante crisis y había salido airoso del reto, aumentando su reputación en el ínterin. Pero cuando George Bush tomó un vuelo comercial hacia Houston después de la inauguración de Jimmy Carter, muchos observadores creían que su carrera política estaba acabada. Según la opinión generalizada, ninguno de los puestos que había ocupado durante los años 70 se consideraba un trampolín para el éxito político.

Claro que a George Bush nunca le importó demasiado lo que la gente creyera que debía hacerse. Estaba convencido de que sus puestos diplomáticos lo habían preparado bien para seguir sirviendo a su país. Y resultó que tenía razón. Mi padre no es sólo el único presidente que ha ocupado esos cuatro puestos, sino que es el *único* que ha ocupado *cualquiera* de ellos. En retrospectiva, la experiencia y el conocimiento que acumuló durante esos años le permitieron convertirse en uno de los presidentes mejor preparados de la era moderna.

Incluso de joven en la Academia Phillips, George Bush demostró una capacidad de liderazgo natural. La gente siempre quería estar cerca de él y seguirlo.
Biblioteca y Museo Presidencial George Bush (GBPLM)

George Bush se alistó el día en que cumplió dieciocho años, convirtiéndose en el piloto más joven de la Armada. Su avión fue abatido en el Pacífico el 2 de septiembre de 1944. *GBPLM*

El teniente George Bush se casó con Barbara Pierce el 6 de enero de 1945, durante un período de licencia. Papá dice que el anillo de compromiso contiene un zafiro estrella; mamá aún sospecha que podría tratarse de vidrio azul. *GBPLM*

Nací el 6 de julio de 1946 cuando papá aún estudiaba en Yale. Es difícil imaginar cómo logró hacerlo todo: ser un estudiante brillante, un atleta destacado, un amigo leal y un marido y padre devoto. Como dijo mamá con su franqueza característica: "Trabajaba muy duro". *GBPLM*

Cuando era capitán del equipo de béisbol de Yale, papá conoció a Babe Ruth durante su último año en la universidad. La fotografía de ambos se convirtió en un ícono: un gran hombre cercano al fin de su vida, otro más joven embarcándose en la suya. *GBPLM*

La familia siempre ha sido lo primero para papá. Walker's Point, nuestra residencia familiar en Kennebunkport, Maine, está en un cercano segundo puesto. Aquí estamos celebrando las bodas de plata de Prescott y Dorothy Bush en 1947. *GBPLM*

Conservé una copia de esta foto de 1949 en el Despacho Oval. En ella aparecen mamá y papá y sus padres, Dorothy y Prescott Bush, todos juntos en Odessa. Siempre le he agradecido a George y Barbara Bush por haberme criado en el oeste de Texas. *GBPLM*

Algunos de los recuerdos más cálidos que guardo de los años que vivimos en Texas fueron los momentos pasados con mi padre. Como dice mi hermano Jeb: "George Bush inventó el tiempo de calidad con los hijos". *GBPLM*

En Midland con papá, mi abuela y mi hermana Robin en 1953. Antes de que Robin muriera de leucemia ese mismo año, le dijo a papá: "Te quiero más de lo que la lengua puede decir". *GBPLM*

Con papá en 1956 en el bautismo de "El Escorpión", su revolucionaria plataforma petrolera marítima. Su experiencia gestionando Zapata Offshore lo ayudó a desarrollar el estilo de liderazgo del que disfrutaría durante los años venideros. *GBPLM*

Hacer campaña con papá era algo emocionante. Pero después de escuchar sus discursos una y otra vez, mamá empezó a bordar carteras para los voluntarios clave. *GBPLM*

La lección de la primera campaña política de George Bush, para el Senado de los Estados Unidos en 1964, es que hay elecciones que simplemente no se pueden ganar. La derrota fue dura, pero no disminuyó su entusiasmo por la política ni su deseo de servir a su país. *GBPLM*

En 1966, George Bush obtuvo un escaño en el Congreso de los Estados Unidos. Mamá se mudó a la capital con él y rápidamente se habituó a la ciudad. *GBPLM*

Tanto por respeto como por compasión, George Bush fue a la base aérea de Andrews para despedir al Presidente Lyndon Johnson en su último día. Papá fue el único congresista republicano que asistió a su partida. *Biblioteca Presidencial LBJ / Frank Wolfe*

Después de la campaña de papá para el Senado en 1970, que tampoco tuvo éxito, el Presidente Nixon lo nombró embajador en las Naciones Unidas. Después del escándalo de Watergate, cuando George Bush era presidente del Comité Nacional Republicano, le dijo al Presidente Nixon en una carta privada: "Estoy firmemente convencido de que su dimisión sería lo mejor para este país y para este presidente". *GBPLM*

En una reunión para celebrar el Día Nacional de Camerún en la residencia del embajador en el Waldorf Astoria. Como embajador en la ONU, papá dominó el arte de la diplomacia personal. *GBPLM*

CANDIDATO

DURANTE SU CARRERA EN EL MUNDO empresarial y en el gobierno, George Bush había tenido que lidiar con muchas situaciones desconocidas para él. En la primavera de 1977, poco después de dejar la CIA al final de la administración Ford, mis padres se encontraron con un nuevo reto: sus hijos se habían ido de casa y estaban solos.

Mamá y papá habían regresado a Houston poco después de la inauguración del presidente Jimmy Carter. Compraron una casa, la vivienda número veinticinco que habían tenido en treinta y dos años de matrimonio. Todos sus hijos habían crecido y vivían independientemente. Mis padres emplearon su nuevo tiempo libre para volver a contactar con sus muchos amigos texanos y para volcarse en su primer nieto, George Prescott Bush, hijo de mi hermano Jeb y su mujer Columba. También disfrutaron de un respiro de la arena política. Mamá lo llamó "su segunda luna de miel". Pero papá no podía pasar mucho tiempo quieto; echaba de menos la acción. Y creía que aún podía contribuir mucho más. Como le escribió a su amigo Gerry Bemiss, "no quiero caer en la rutina de esos eventos sociales para ricos: cenas hasta tarde, tres o cuatro martinis . . . Aún hay mucho que aprender".

Mi padre no era el único de la familia con ganas de contribuir. En nuestra ciudad natal de Maryland, también yo me preparaba para entrar en la arena política que él acababa de abandonar, y a la que volvería, por la puerta grande.

UNA DÉCADA COBRANDO salarios gubernamentales, combinada con los gastos de educar a cinco hijos, habían afectado las finanzas personales de mis padres. En 1977, el tío Herbie, fundador y propietario de los New York Mets, y quien me ayudó a inspirar mi sueño de poseer mi propio equipo de béisbol, murió a los setenta y dos años. Su esposa Mary decidió poner Walker's Point a la venta. El invierno anterior había afectado a la vieja casa, y no podía permitirse el gasto de mantenerla. Un comprador ajeno a la familia le había hecho una generosa oferta. Afortunadamente, Mary le dio a mi padre la opción de comprarla al mismo precio. A él le había gustado Walker's Point desde siempre, y odiaba la idea de perder el punto de reunión tradicional de la familia, su "ancla en la tempestad". Sin embargo, en aquél momento no tenía suficiente dinero para comprar la propiedad. Así que le pidió a su tía un poco más de tiempo para reunir aquella cantidad. Ella aceptó y papá compró Walker's Point en 1981.

A mi padre no le gustaba la idea de sacar provecho de su paso por el gobierno, pero siempre le había interesado el mundo de los negocios. Por eso entró en varias juntas directivas de corporaciones: así seguía conectado con los negocios y ganaba dinero. Aceptó puestos en las juntas de Eli Lilly, Texasgulf Oil y el First International Bancshares de Dallas. También le ofrecieron que volviera al sector petrolero, concretamente H. Ross Perot, un hombre de negocios de Dallas que había fundado una empresa tecnológica de mucho éxito. Papá le dio las gracias a Ross pero rechazó la oferta. Le dijo que no quería aceptar compromisos empresariales a largo plazo. No era la última vez que George Bush tendría noticias de Ross Perot.

Aunque papá disfrutaba de sus tareas corporativas, el servicio público y la política seguían siendo su pasión. Algunos de sus amigos de Texas lo animaron a que se presentara como candidato a gobernador en 1978, pero a él le interesaban otros caminos. Había pertenecido a los gabinetes de dos presidentes, y sabía cómo manejar la presión de la política y de la gestión del gobierno. Y aunque mamá adoraba la tranquila vida que llevaban juntos, también ella sabía que su segunda luna de miel sería breve. Papá quería seguir en el mundo de la política, y quería hacerlo a lo grande. Pronto empezaron a viajar por todo el país, tanteando las posibilidades de una campaña presidencial.

DESPUÉS DE GRADUARME de la Harvard Business School en 1975, regresé a Midland, Texas. Al igual que mi padre, una generación antes, Midland me atrajo por la mezcla de su potente clima empresarial y la energía de la industria del petróleo. Mi primer trabajo en ese sector fue como explorador de terrenos. Tenía que viajar comprobando registros judiciales sobre tierras, derechos de extracción de minerales y *royalties*. De vez en cuando sacaba un porcentaje de algún trato. No me fue mal, y tampoco tenía muchos gastos.

El 6 de julio de 1977, cuando cumplí treinta y un años, el congresista de Midland, George Mahon, anunció que se jubilaba después de cuarenta y cuatro años en la Cámara de Representantes. La perspectiva de ser candidato a su puesto despertó mi interés. La política me gustaba, y había acumulado valiosas experiencias trabajando en las campañas de mi padre de 1964 y 1970, así como en elecciones al Senado en Florida (para Edward Gurney, que ganó) y Alabama (para Red Blount, que perdió). Tenía opiniones muy claras acerca de los principales temas de debate político. Creía que el país estaba encaminado en una dirección errónea bajo la presidencia de Jimmy Carter, especialmente en lo relativo a la regulación de energía y política fiscal. Sí, empezaba a sentir con fuerza el gusanito de la política.

Papá se sorprendió cuando le dije que pensaba presentarme como candidato al Congreso. Me sugirió que visitara a su amigo, el ex gobernador Allan Shivers, para pedirle consejo acerca de la candidatura. Shivers era un ícono político. Durante décadas, tuvo el récord por el mandato más extenso como gobernador de Texas (hasta que mi sucesor, el gobernador Rick Perry, le superó). Cuando hablé con el gobernador Shivers y le dije que pensaba presentarme como candidato al Distrito 19 del Congreso, me miró fijamente a los ojos y me dijo que no ganaría. Era un escaño que llevaba cuarenta y cuatro años en manos de un demócrata conservador rural, y el distrito estaba hecho a medida para el senador demócrata, conservador y rural, Kent Hance.

Le agradecí al gobernador su tiempo y me fui algo perplejo. ¿Había adivinado mi padre lo que me diría Shivers? Y de ser así, ¿por qué me había dicho que hablara con él? No era propio de mi padre dictar lo que yo debía hacer con mi vida. En una decisión de esa magnitud, seguro que quería que tomara una decisión por mí mismo. En retrospectiva, creo que al decirme que hablara con Shivers intentaba advertirme que la candidatura y las elecciones serían difíciles, y que debería prepararme para una posible decepción.

Me lancé de todos modos. Tenía mis propias ideas, o quizá,

era lo suficientemente tozudo como para intentarlo. Como imaginaba, en cuanto le dije que iba a presentarme, mi padre me apoyó totalmente.

Mi campaña para el congreso fue relativamente modesta. La mayoría de los que colaboraron eran amigos, familiares o voluntarios. Mi hermano Neil era el director de campaña, mi tesorero era Joe O'Neill, un amigo de la infancia que había estudiado en Notre Dame y la escuela de negocios de la Universidad de Michigan, había estado en el ejército y había regresado a Midland para trabajar en el sector del petróleo. Una noche de verano de 1977, Joe y su esposa Jan me invitaron a una barbacoa en su jardín. Me dijeron que querían presentarme a alguien, una buena amiga de Jan de Midland: Laura Welch.

La belleza de Laura me deslumbró. Tenía unos hermosos ojos azules y una sonrisa preciosa, que exhibía con frecuencia al oír mis bromas. Mientras charlamos, nos dimos cuenta de que teníamos mucho en común. Ella se había criado en Midland más o menos por la misma época que yo, y durante un año habíamos asistido a la misma escuela media en San Jacinto. Resultó que incluso habíamos vivido en el mismo complejo de apartamentos en Houston después de la universidad (ella se graduó de la Universidad Metodista del Sur en Dallas, y luego cursó un máster en Biblioteconomía de la Universidad de Texas). Era inteligente, seria y tenía una actitud naturalmente calmada. No fue exactamente lo mismo que cuando George Bush conoció a Barbara Pierce en el baile de Navidad en 1941. Nadie bailó un vals en el jardín de Joe y Jan: nuestra segunda cita fue entre los hoyos de un campo de minigolf. Pero como mis padres, nos enamoramos rápidamente. Ambos teníamos más de treinta años y ganas de sentar cabeza. Nos casamos unos meses más tarde.

Laura sabía que se casaba con un hombre que pertenecía

a una familia dedicada a la política. Pero le interesaba más la familia que la política: era hija única, y le encantó ganar tres cuñados y una cuñada. Rápidamente estableció una relación muy cómoda con mis padres, que le dieron la bienvenida como si fuera su propia hija. Entre otras cosas, Laura y mi madre enseguida conectaron, pues las dos compartían las vivencias de ser esposas de candidatos. Laura apoyaba mi carrera política, pero no tenía ningún interés en convertirse en protagonista. Me gustaba mucho ese aspecto de su carácter: yo no buscaba la típica "esposa de político". Hasta juró que no pronunciaría ningún discurso, pero afortunadamente rompió su juramento. Se convirtió en una participante activa de mi campaña al congreso de 1978, y en las que vinieron después.

El principal candidato de las primarias republicanas de 1978 era Jim Reese, antiguo alcalde de Odessa que había presentado dura batalla en las elecciones contra Mahon en 1976. Reese había obtenido respaldos muy notables, incluyendo el del ex gobernador de California, Ronald Reagan. Yo había conocido al gobernador en un mitin en Jacksonville, Florida, cuando trabajaba en una campaña al Senado. Reagan era impresionante: alto y atractivo, proyectaba la imagen potente de la estrella de Hollywood que había sido. Dio un discurso fantástico, que electrizó al público. No me sorprendió que casi lograra derrotar al presidente Gerald Ford en las primarias de 1976, o que lo consideraran un candidato fuerte para la nominación republicana de 1980.

Naturalmente, me decepcionó que el gobernador Reagan hubiera dado su apoyo a mi adversario. Cuando le hablé de eso a mi padre, me dijo inmediatamente: "Reagan te llamará si ganas tus primarias". Y así fue, cuando gané a Jim Reese en la nominación republicana, el teléfono sonó al día siguiente.

"George, soy Ron Reagan", dijo. "Felicidades por demostrar que me había equivocado. Solamente quiero que sepas que haré todo lo que esté a mi alcance para ayudarte a ganar". Le di las gracias por su llamada y me quedé impresionado por su generosidad. No le había pedido ayuda. De manera un poco inocente, pensé que a los votantes les gustaría saber que estaba dispuesto a presentarme como candidato al escaño sin pedir ni a él ni a mi padre que hicieran campaña por mí en el distrito.

Durante el verano y el otoño de 1978, trabajé duro en la campaña. Después de las primarias, Laura y yo dejamos nuestro hogar en Midland y alquilamos una casa en Lubbock, la ciudad más grande del distrito del Congreso al que me presentaba. Era mucho pedirle a mi esposa, después de tan poco tiempo de casados, que dejara su hogar, pero ella aceptó el reto de buena gana. Aunque habíamos hecho un corto viaje a México después de la boda, Laura consideró que la campaña era nuestra verdadera luna de miel. Nos pasábamos horas juntos conduciendo por el inmenso distrito, parando en pueblecitos como Levelland, Plainview y Brownfield. El 4 de julio, en una camioneta blanca participamos en un desfile por la parte norte del distrito, cuyos votantes eran mayoritariamente demócratas. Nadie nos saludaba, al menos no con los cinco dedos. Seguro que Laura no se había imaginado nunca haciendo algo así cuando planeaba su futuro profesional como bibliotecaria en una escuela. Estaba recorriendo los tres cuartos del camino, y lo hacía por mí.

La noche de las elecciones, no logré llevarme los votos suficientes. Gané en mi condado natal de Midland y en otros de la parte sur del distrito. Pero como el gobernador Shivers había predicho, el distrito estaba hecho a medida de Kent Hance, quien hizo hincapié en sus raíces texanas y a mí me pintó como un forastero que se había formado en una universidad *Ivy Lea-*

gue, lo cual le dio muchos votos en los distritos rurales. Ganó por 53 por ciento contra 47.

Aunque perdí, fue un proceso de aprendizaje muy interesante sobre cómo funciona una campaña y también sobre la pareja que tenía a mi lado. Y gracias al ejemplo de mi padre, sabía que la vida sigue después de una derrota. En cierto modo, perder esas elecciones quizá fue lo mejor que me pudo pasar. Hasta hoy, a mi amigo Kent Hace le gusta recordarle a la gente que es el único político que me ha ganado en unas elecciones. "Soy responsable de que George W. H. Bush fuera presidente", dice. "Si no fuera por mí, aún estaría atrapado en el Congreso".

NO RECUERDO EL momento exacto en que papá me dijo que había decidido presentarse como candidato a presidente. Obviamente ya estaba pensando en eso en 1977, cuando creó el Fondo para el Gobierno Limitado, un comité de acción política que le permitió recaudar fondos mientras exploraba sus opciones. Pero no hacía falta explorar mucho para darse cuenta de que George Bush se enfrentaba a una carrera cuesta arriba si quería obtener la nominación republicana. A diferencia de otros posibles candidatos, no ostentaba ningún puesto gubernamental ni había sido elegido por el público para ningún cargo. No tenía pues un electorado detrás respaldándolo. A nivel nacional, la gente lo conocía tan poco que en muchas encuestas presidenciales del principio, ni siquiera aparecía lo suficiente como para formar parte del resultado final. Aparecía al final, con un asterisco bajo el epígrafe: "Otros". Sus ayudantes de campaña, al principio, formaron el "club del asterisco". Pero George Bush había superado el tener pocas probabilidades antes de eso, y tenía la intención de lograrlo de nuevo.

La competencia para la nominación republicana de 1980 prometía ser intensa. Además del gobernador Reagan, entre los posibles candidatos se encontraban el senador Bob Dole de Kansas, antiguo presidente del RNC y el compañero de la candidatura de Gerald Ford en 1976. Otro posible candidato era John Connally, ex gobernador demócrata por Texas a quien Richard Nixon había fichado para el partido republicano, nombrándolo Secretario del Tesoro. Connally, que estaba en el coche cuando le dispararon a JFK el día en que lo asesinaron en Dallas, era un hombre carismático y tenía muchos apoyos en los despachos del Estados Unidos corporativo. Y para terminar también estaba Howard Baker, un respetado senador por Tennessee y dos congresistas de Illinois, John Anderson y Phil Cranc.

El presidente del Fondo para el Gobierno Limitado era el buen amigo de mi padre y su confidente de los tiempos de Houston, James A. Baker III. Papá conoció a Jimmy Baker poco después de que él y mamá se mudaran a Houston en 1959. Mientras papá construía su empresa de extracción de petróleo, Jimmy se labraba una reputación como abogado. Graduado de Princeton y de la facultad de Derecho de la Universidad de Texas, Jimmy era un estratega brillante, un hábil negociador y un hombre que siempre sabía cómo arrancar una carcajada a mi padre. Sabía contar chistes como nadie (aunque los mejores no se pueden repetir). Él y papá se hicieron amigos mientras jugaban juntos al tenis en el club de campo de Houston. No tardaron en ganar el campeonato de dobles masculinos.

La relación de Jimmy con mis padres se había hecho aún más estrecha cuando su esposa Mary murió de cáncer de mama en 1970. Mis padres estuvieron al lado de su amigo durante el duelo. Papá le habló de cómo había hecho frente a la muerte de Robin, volcándose en su trabajo, y le preguntó a Jimmy si quería dedicarse más a fondo a su campaña al Senado en 1970. Jimmy aceptó su ofrecimiento. Durante el resto de la carrera política de papá, James Baker fue su aliado político más valioso y su hombre de confianza, incluso durante la campaña presidencial de 1980.

Otro amigo de Houston que desempeñó un papel destacado en la iniciativa de 1980 fue Bob Mosbacher, que se ofreció voluntario para recaudar fondos para la campaña. Su cometido era conseguir los fondos necesarios para que papá pudiera viajar por todo el país y organizar movimientos de apoyo político en varios estados clave. Uno de los primeros asesores que contrató fue Karl Rove, un mago de la política de veintiocho años que había sido líder de los Universitarios Republicanos mientras papá era presidente del Comité. Karl jugó un papel muy importante en la campaña de mi padre y más tarde se convirtió en uno de sus asesores de confianza y en un querido amigo.

Pero ninguna descripción del equipo de George Bush estaría completa sin mencionar a Don Rhodes. Mi padre lo conoció en 1964, cuando fue voluntario en su campaña para el Senado. Don paraba en el despacho de camino a casa, después de trabajar como vendedor en un supermercado, y se pasaba horas y horas ensobrando y comprobando listas de envíos. Al principio la gente no se tomaba a Don muy en serio, porque era diferente. Apenas hablaba y cuando lo hacía, era en voz alta y lentamente. Había muchos que le tenían pena, y pocos pensaban que fuera capaz de hacer algo más excepto tareas mecánicas.

Don nunca mencionaba sus orígenes, excepto por un detalle. Adoraba a su equipo, el Texas A&M. Con el tiempo, se descubrieron fragmentos de su trayectoria. Hablaba lento porque tenía problemas de sordera. Y no era muy sociable porque procedía de un entorno desestructurado. Un amigo de la infancia de

Don nos contó más tarde que su madre era una prostituta que murió cuando él era muy niño, dejándolo huérfano en Houston.

Con los años, Don Rhodes se convirtió en uno de los ayudantes más leales de mi padre, y una de sus personas de confianza. Papá vio algo en el vendedor de supermercado que otros no vieron: alguien que necesitaba un amigo, y un hombre en quien podía confiar por completo. De hecho, mis padres llegaron a confiar tanto en él que le permitían llevar sus finanzas diarias. A veces, mis hermanos recibían una llamada de Don cuando estaban en la universidad, para recordarles que tenían que pagar tal o cual factura, o ingresar dinero en su cuenta bancaria.

Uno de mis recuerdos favoritos de Don tuvo lugar después de la huelga que detuvo la liga de béisbol en 1994. Don estaba tan furioso que juró no asistir a ningún partido en los próximos diez años. Cuando los Houston Astros abrieron su hermoso nuevo estadio en el 2000, papá le preguntó a Don si quería ir con él a la inauguración. Por supuesto, tenía asientos de lujo. Don miró a papá fijamente y replicó: "Ya te dije que no pensaba ir a un partido en diez años, y aún no han pasado diez años".

Cuando Don murió en 2011, mi padre lo describió como "el amigo menos egoísta y más generoso" que había tenido jamás. Eran palabras muy importantes, viniendo de la boca de George Bush. Después del funeral de Don, sus cenizas se dispersaron sobre el futuro mausoleo de mis padres en la Biblioteca Presidencial George Bush. Fue un homenaje adecuado para Don Rhodes. No era un simple empleado; era un miembro de la familia.

EL PRIMERO DE MAYO de 1979, mi padre anunció oficialmente que se presentaba como candidato a la presidencia. El escaso volumen de seguidores que tenía y el esquelético equipo con el que contaba fueron elementos que dictaron su estrategia para las primarias. En 1976, Jimmy Carter había volcado todos sus recursos en los estados que votaban primero, Iowa y New Hampshire. Las victorias que consiguió en esos estados le dieron un importante impulso, que lo ayudó a alcanzar la nominación. Por eso, papá adoptó un enfoque similar.

Al igual que en otras elecciones, George Bush decidió vencer a sus oponentes trabajando más que ellos. Visitó a todos y cada uno de los noventa y nueve condados de Iowa, muchos de ellos varias veces. Se presentaba en desayunos, ferias campesinas, cenas de cámaras de comercio, y a tomar café en casa de la gente. Luego les escribía cientos de cartas manuscritas, agradeciéndoles su tiempo. El mes antes del *caucus*, la asamblea del partido, celebró docenas de eventos de campaña. Habló de las dificultades económicas por las que pasaba el país, de la creciente inflación y del declive del poder de Estados Unidos en el resto del mundo. Su mensaje era que había que echar a Jimmy Carter y que él era el hombre con energía y experiencia que debía reemplazarlo.

Papá no era el único que trabajó duro. Mi hermano Jeb volvió de Venezuela, donde había estado destinado en la oficina internacional de un banco de Texas, para dedicarse por completo a la campaña. Neil también trabajó en la campaña en New Hampshire, y Marvin se pasó casi todo el año en Iowa. Doro se enroló en una clase de mecanografía y se hizo voluntaria de la campaña en Massachusetts. Los hermanos y la hermana de papá también hicieron su parte. Y por supuesto, mamá vivió la campaña en un horario de veinticuatro horas al día, dando charlas en los salones de los votantes y también en los ayuntamientos, por todo Iowa, acerca de por qué George Bush sería un gran presidente. Nuestro amor por él era tan poderoso que a la familia no le costó nada volcarnos a fondo.

Llegué a Iowa en las últimas semanas antes de los *caucus*. Viajé al noreste del estado con el congresista Tom Tauke. Nos reunimos con varios asistentes a los *caucus* y tratamos de convencerlos de que votaran por George Bush. Me encantó cada minuto de aquella experiencia de política al detalle.

Ronald Reagan era claramente el candidato favorito en los momentos previos a los *caucus*, pero papá había obtenido el apoyo de algunos nativos de Iowa tan respetados como la ex presidente del RNC, Mary Louise Smith, y el congresista Tauke. Y lo que era más importante, había pasado mucho más tiempo en ese estado que Reagan. Eso era clave. Los votantes de Iowa valoran mucho a los candidatos que les dedican una atención personalizada. La noche del *caucus*, la apuesta y el trabajo duro de papá se vieron recompensados. Fue el primero, con poco más del 30 por ciento de los votos. El candidato que había empezado siendo un asterisco en las encuestas acababa de ganar la primera ronda de la carrera por las elecciones presidenciales.

LA INESPERADA VICTORIA desató una marea de publicidad nacional. El nombre de George Bush alcanzó los titulares; su foto estaba en las portadas de las revistas. Pero después de la euforia del triunfo en Iowa, mi padre se confió excesivamente, lo cual no era habitual en él. Pensando en New Hampshire, dijo: "Allí nos irá aún mejor. Nadie me detendrá ahora". En una de sus frases más memorables, anunció que tenía el "Gran Empuje" de su parte. Era cierto, pero no duró mucho tiempo.

En retrospectiva, esa frase fue una oportunidad perdida. Ahora que el país lo estaba mirando tras su victoria en Iowa, papá tenía la ocasión de difundir su visión para el país, pero en lugar de eso se quedó atrapado en el mundo del proceso político, y en última instancia permitió que fueran los otros quienes definieran su candidatura. Así fue como aprendí una valiosa lección: cada vez que tienes acceso al micrófono en una campaña política, tienes que emplear el tiempo en hablar de la visión del futuro que tienes para tu país. (Por supuesto, no siempre seguí ese consejo. En el 2000, gané en Iowa y perdí en New Hampshire contra John McCain, en parte porque lo dejé definirme).

Comparado con Iowa, New Hampshire parecía territorio conocido. Papá había nacido en el estado vecino de Massachusetts, había crecido cerca de Connecticut y se pasaba los veranos en Maine, al otro lado de la frontera. Contaba con una fuerte red de apoyos en el estado, liderados por el ex gobernador Hugh Gregg. (Años más tarde su hijo, mi buen amigo Judd Gregg, sería gobernador, senador y presidente de mis campañas en New Hampshire).

A pesar de la sensación de jugar en casa, la atmósfera de New Hampshire era distinta a la de Iowa. Los votantes de New Hampshire son muy independientes, y suelen desbaratar las ambiciones de los favoritos. El estatus de papá de favorito también conllevó un escrutinio más intenso por parte de la prensa. En una entrevista con mi madre, Jane Pauley preguntó: "Señora Bush, la gente dice que su marido es un hombre de los ochenta y que usted es una mujer de los cuarenta. ¿Qué tiene que decir a eso?". Mamá evadió el insulto con una broma: "¡Oh, ¿quiere decir que parezco de cuarenta años?". La vida como candidato presidencial no sería fácil.

El momento clave de New Hampshire llegó con el debate, dos noches antes de las primarias. En un intento por dramatizar el evento, los organizadores decidieron que solamente participarían los dos favoritos, Ronald Reagan y George Bush. La campaña Reagan aceptó el formato y se ofreció a pagar el alquiler de la sala. Papá no había sugerido la idea, pero también le gustaba la idea de un enfrentamiento cara a cara con Reagan.

Naturalmente, el resto de candidatos estaba furioso por no haber sido invitado. Decidieron protestar por haber sido excluidos, presentándose en el debate y demandando expresar sus puntos de vista. Más tarde quedó claro que la campaña de Reagan había coordinado su aparición, para crear una trampa política: querían colocar a George Bush en una posición defensiva en el debate, y lo lograron.

Después de que el moderador, Jon Breen del *Nashua Telegraph*, presentara a papá y a Reagan al público, los otros candidatos aparecieron tras una cortina y se quedaron de pie en el escenario, con expresión airada. Reagan dijo que debían dejarlos participar en el debate, pero el moderador insistió en que debían respetar el acuerdo previo. Papá se quedó sentado en su silla, incómodo, a medida que el espectáculo se desarrollaba a su alrededor. Sus instintos le decían que las reglas eran las reglas, y lo habían educado para respetarlas. Además, no quería avergonzar al señor Breen delante de una audiencia nacional.

Reagan, por otra parte, no tuvo ningún problema en hacer quedar mal al presentador. Cuando Breen amenazó con cortarle el micrófono, Reagan tronó: "Yo soy el que paga por este micrófono, señor Green". El público aplaudió a rabiar. (No les importaba nada que se llamara Breen y no Green). La frase recordaba a una línea de la película de Spencer Tracy, *El estado de la unión*, y el antiguo actor sabía que se había metido a la audiencia en el bolsillo. El silencio de papá lo hizo parecer débil, y enfureció a los otros candidatos aún más. El debate terminó siendo con los dos candidatos originales, pero lo único que la gente recordó

fue la polémica del micrófono. Un artículo de prensa decía que
papá había demostrado "el temple de una medusa". Bob Dole
dijo que George Bush "quería ser un rey" y comparó sus acciones con las de la Gestapo. Los demás candidatos tampoco se
quedaron cortos.

Para mí fue muy duro vivir esa catarata de críticas contra
mi padre. El debate de New Hampshire fue la primera vez que
experimenté ese tipo único de dolor que solamente los hijos de
la gente famosa o conocida pueden sentir. Estaba acostumbrado
a que criticaran a mi padre en sus campañas en Texas o en sus
trabajos en Washington. Pero esto era distinto. Se trataba de un
escenario nacional, nos jugábamos mucho más y los ataques
por ende eran más personales. ¿Cómo podía alguien acusar a
George Bush de no tener temple, o de que no le importaran las
personas? ¿Es que no sabían nada de su vida? Me sentía furioso.

Con los años, volví a sentir lo mismo en varias ocasiones.
Cuando fui presidente, la gente me preguntaba cómo aguantaba
las críticas. La respuesta es que soportar las críticas contra mi
persona no es nada difícil en comparación con aguantar ataques contra un hombre al que admiro y amo. Solamente una
cosa reducía la pena: a papá no parecían afectarle los ataques.
No importaba lo desagradables o falsas que fueran las acusaciones, jamás se quejó ni dejó entrever el menor ápice de frustración delante de su familia. Ahora entiendo que trataba de
mandarnos un mensaje: las críticas no lo afectaban a él, así que
debíamos aprender a que no nos afectasen a nosotros tampoco.
Cuando mis hijas se enfurecían por las críticas que yo recibí a
mi vez durante mi mandato como presidente, adopté la misma
táctica.

Como era de esperar, a George Bush no le fue muy bien en
las primarias en New Hampshire. Su oponente Ronald Reagan

ganó, llevándose casi el 50 por ciento de los votos. Papá terminó en segunda posición, con el 23 por ciento. Bob Dole abandonó la carrera poco después y John Connally, que había depositado sus esperanzas en Carolina del Sur, también lo dejó cuando perdió contra Reagan allí, con mucha diferencia. Hacia mitad del mes de marzo, la nominación republicana de 1980 era esencialmente una competición con dos adversarios.

LAS DERROTAS EN New Hampshire y Carolina del Sur volvieron a colocar a papá en su posición del candidato con menos posibilidades. Reagan tenía más dinero y la gente reconocía fácilmente su nombre, y ahora era él quien gozaba del "Gran Empuje". Los instintos competitivos de mi padre, no obstante, no se quedaron cortos. Luchó con todas sus fuerzas y logró resultados más que honorables. Ganó las primarias en Massachusetts, Connecticut y Pennsylvania. Pero para tener alguna posibilidad de ganar, papá tenía que demostrar que era diferente a Reagan. El problema era que no le nacía hacer campañas negativas; no estaba en su naturaleza, especialmente contra un compañero republicano. Su eslogan de campaña: "Un presidente al que no tendrán que entrenar" era un recordatorio de que fuera de California, el gobernador Reagan no tenía mucha experiencia. Papá corría con frecuencia, para destacar su relativa juventud y energía (y también para quemar la comida basura que siempre suele formar parte de la dieta de última hora de la noche de toda campaña). Ocasionalmente, hablaba de sus distintos puntos de vista sobre temas de debate, y se recuerda notablemente que tachó de "economía vudú" al plan de Reagan de reducir impuestos y equilibrar el presupuesto.

El golpe más duro de las primarias de 1980 para papá llegó en

Texas, a principios de mayo. Por tercera vez en su carrera, hizo campaña en su estado natal. Pero Ronald Reagan tenía muchos votantes en Texas. Había ganado los cien votos de los delegados de Texas contra Gerald Ford en 1976, y en 1980 cargos electos clave como el gobernador republicano Bill Clements decidieron no pronunciarse. Al igual que sus elecciones para el Senado, las primarias de Texas decepcionaron a mi padre. Reagan ganó por 53 por ciento contra un 46 por ciento.

Papá siguió batallando. A finales de mayo obtuvo una impresionante victoria en Michigan. Sin embargo, Reagan estaba a punto de llevarse un número arrollador de delegados en su estado natal de California, que esencialmente le entregaría la nominación en bandeja. Pero George Bush no quería rendirse. Sus instintos lo empujaban a terminar; Jimmy Baker tenía una perspectiva distinta. Aconsejó con firmeza a papá que abandonara la campaña antes de perjudicar irremediablemente su futuro político.

Papá aceptó el consejo de su amigo. Después de pasar el fin de semana del Día de los Caídos en su casa de Houston, anunció que daba su campaña por terminada y que apoyaba a Ronald Reagan. Tenía mucho de que enorgullecerse. Un año o dos antes, pocos habrían imaginado que sería un candidato serio para la nominación a presidente. Incluso en la derrota, hizo gala de su característico sentido del humor. En el último vuelo del avión de campaña, tocó la canción de Kenny Rogers *The Gambler*: "Tienes que saber cuándo aguantar y cuándo retirarte". George Bush optaba por dejar la partida, pero eso no quería decir que abandonara el juego.

UNAS SIETE SEMANAS después del fin de las primarias, mis padres asistieron a la Convención Nacional Republicana de

Detroit. La gran pregunta era a quién escogería el gobernador Reagan como su candidato a vicepresidente. El rumor que corría por la convención era que estaba pensando en crear una "co-presidencia", escogiendo al ex presidente Gerald Ford. A mí me parecía que eso no tenía ningún sentido. Ningún ex presidente había vuelto a la Casa Blanca como vicepresidente, y tampoco entendía que el presidente estuviera de acuerdo en compartir el poder con un antecesor.

Laura y yo no asistimos a la convención. En lugar de eso fuimos a Nueva York, donde mantuve reuniones con inversores para hablar de la empresa de exploración de petróleo y gas que había fundado en 1979.

Uno de nuestros amigos de Nueva York nos invitó a cenar al Club 21. Hacia el final de la cena, el *maître d'* se acercó y nos dijo animadamente: "Señor Bush, en las noticias están diciendo algo que creo que le gustaría saber". Sacó una televisión portátil encima de una mesita con ruedas y Laura y yo contemplamos, asombrados, cómo Lesley Stahl de la CBS anunciaba que Ronald Reagan había seleccionado a George Bush como su candidato a vicepresidente. Nos apresuramos a regresar al hotel, desde donde llamé a mi sorprendido pero emocionado padre para felicitarlo, y reservé un vuelo hacia Detroit.

La selección de su candidato a vicepresidente es la primera gran decisión que el candidato realiza. Pensé que la decisión de Reagan era muy hábil, porque enviaba el mensaje adecuado. Su compañero de elección poseía una sólida trayectoria en política exterior, experiencia en Washington y tenía la reputación de ser una persona leal. Una vez más, la carrera política de mi padre, que parecía muerta, renacía.

Las elecciones de 1980 fueron transformadoras. El país sufría terriblemente con altísimos índices de paro, inflación y tasas de interés galopantes. La Unión Soviética había invadido Afganistán y los radicales iraníes habían secuestrado a docenas de rehenes de la embajada norteamericana. Jimmy Carter no tenía demasiadas respuestas, excepto lamentar el malestar nacional. Los ciudadanos estadounidenses estaban listos para un cambio, y Ronald Reagan se lo dio. Con su alegre optimismo y su confianza en su país, les dio a los ciudadanos una esperanza para un futuro mejor.

El día de las elecciones, Ronald Reagan obtuvo los votos de 44 estados y 489 votos electorales, la cifra más alta obtenida jamás por un nuevo candidato. Mamá y papá se dirigieron a Washington, donde George Bush pronto se convertiría en el vicepresidente número 40 de los Estados Unidos.

SIN DUDARLO

E N ENERO DE 1981, LAURA Y yo viajamos a Washington para la inauguración del mandato Reagan-Bush. Papá había invitado a toda la familia: niños, hermanos, tíos, primos y, por supuesto, a su madre. El día antes de la ceremonia, algunos asistimos a un almuerzo organizado por el "gabinete de cocina" de Ronald Reagan, un equipo de generosos anfitriones que incluía a antiguos amigos y confidentes del presidente, como Holmes Tuttle y Justin Dart. Allí conocí a los hijos de Tuttle y Dart, Robert Tuttle y Steve Dart, y también al sobrino-nieto de Tuttle, Jim Click. Los tres siguen siendo buenos amigos míos, y más adelante nombré a Robert Tuttle embajador en Inglaterra.

Por supuesto, el momento más destacado del evento fue cuando recibimos al presidente electo. Ronald Reagan era un hombre que se sentía cómodo consigo mismo, y eso hacía que uno también se sintiera cómodo a su alrededor. En cierto sentido, era como papá: encantador, amigable y cálido. Incluso durante nuestro breve encuentro, me di cuenta de que el nuevo presidente y su vicepresidente trabajarían bien juntos.

A la mañana siguiente ocupamos nuestros asientos en la plataforma inaugural. Por primera vez, la ceremonia iba a celebrarse en el lado oeste del Capitolio. Era un día cálido y soleado (hacían 55 °F, una temperatura mucho más elevada de lo normal para un día de invierno de Washington) y la vista al National Mall era espectacular. Miré con respeto a la inmensa multitud que se extendía hasta el monumento a Washington, el Lincoln Memorial y el Cementerio Nacional de Arlington.

Entonces no podía imaginarme que aquella inauguración, en 1981, sería la primera de seis a las que asistiría. (Las demás fueron en 1985, 1989, 2001, 2005 y 2009).

En ese momento sentía una inmensa felicidad por mi padre. Observé con alegría cómo mi madre sostuvo la Biblia mientras papá pronunciaba su juramento con el juez Potter Stewart, amigo de toda la vida y antiguo vecino de mis padres en Palisade Lane en el noroeste de Washington, D.C. Cuando el presidente Reagan empezó su discurso presidencial, su optimismo y determinación de hacer avanzar al país me inspiraron. Como dijo ese día: "Los norteamericanos tenemos la capacidad ahora, como lo hemos hecho en el pasado, de hacer lo que sea necesario para conservar este último y grande bastión de libertad".

Al finalizar la ceremonia, papá y el nuevo presidente asistieron a un almuerzo en el Capitolio. El presidente Reagan sorprendió a los invitados con una espectacular noticia: después de 444 días en cautiverio, los rehenes norteamericanos en Irán habían sido liberados. Siempre me he preguntado si los iraníes escogieron ese momento porque tenían miedo de Ronald Reagan o para insultar a Jimmy Carter. De cualquier manera, la presidencia de Reagan empezaba de manera increíble. Cuando los rehenes llegaron a la base aérea de Andrews unas semanas más tarde, el vicepresidente Bush estuvo allí para darles la bienvenida a su país.

Después de asistir al desfile y también al baile inaugural, mis hermanos y yo pasamos la noche en la residencia del vicepresidente, en el Observatorio Naval. Situada en una pradera de unos setenta y dos acres, la espaciosa casa era perfecta para mamá y papá. Tenía numerosas habitaciones ideales para las reuniones de la familia, y en el terreno había una pista de tenis y un circuito para correr, lo cual permitía a mis padres hacer mucho ejercicio. La casa estuvo disponible para nuestra familia durante los siguientes ocho años. Como dijo más tarde mamá, fue el período más largo que ella y papá pasaron en una misma casa durante toda su vida de casados.

CUANDO FUE VICEPRESIDENTE con Franklin Roosevelt, John Nance Garner, el primer texano que ocupó ese cargo, se quejó de que su trabajo "no valía ni un cubo de escupitajos" y que era "el peor error que había cometido". Afortunadamente, el vicepresidente Bush vivió una experiencia más positiva.

El despacho de mi padre estaba en el primer piso del ala oeste de la Casa Blanca, frente al vestíbulo que daba al Despacho Oval y justo al lado del jefe de gabinete del presidente: James A. Baker. Como el presidente Reagan había sabido reconocer sagazmente, Baker era ideal para el trabajo. Como hábil abogado, veterano de campaña y del Departamento de Comercio de Gerald Ford, traía consigo experiencia en gestión, política y organización de personal. Y tan importante como eso, poseía un temperamento tranquilo y sentido común, que contribuiría a conducir a la Casa Blanca a través de cualquier crisis. Por supuesto, a papá también le resultó de mucha utilidad que su amigo fuera uno de los asesores de confianza del presidente. Y decía mucho de Ronald Reagan, y de su confianza, que hubiera nombrado al director de campaña de su principal adversario como su jefe de gabinete en la Casa Blanca.

Siguiendo una tradición que había empezado con Jimmy Carter y Walter Mondale, el vicepresidente Bush y el presidente Reagan almorzaban juntos una vez a la semana en el comedor privado que había al lado del Despacho Oval. Su comida favorita era la mexicana, y durante esos almuerzos papá podía ofrecer al presidente su franca opinión acerca una gran variedad de temas. Papá le garantizó al presidente que sus conversaciones serían confidenciales, y hasta hoy no tengo ni idea de qué hablaron en esos almuerzos o de si mantenían diferentes opiniones acerca de algo en concreto.

Lo que sí sé es que George Bush fue leal a Ronald Reagan y a su agenda. Papá reconocía que era el presidente quien fijaba la política de la administración; y la labor del vicepresidente era prestar su apoyo a las decisiones su superior. Desde el punto de vista de papá, la forma más despreciable de deslealtad era que un vicepresidente filtrara desacuerdos con su presidente, o tratara de distanciarse de él. Le dejó muy en claro a su equipo que el presidente nunca tendría que preocuparse porque ni él ni ningún miembro del equipo del vicepresidente lo criticaría encubiertamente. Estoy seguro de que, a su vez, el equipo del presidente notó y apreció el enfoque que mi padre aportó a su labor. Porque no tardaría mucho en demostrar su lealtad de una manera que nadie podía sospechar.

EL 30 DE MARZO de 1981, George H. W. Bush viajó de Washington a Fort Worth, donde asistió a un evento de rutina en el Hotel Texas, un lugar emblemático, ya que fue allí donde el presidente John F. Kennedy pasó su última noche en 1963. A continuación, papá fue en auto a la base aérea de Carswell y abordó Air Force Two, en el que viajó a Austin, donde lo habían invitado a pronunciar un discurso en una sesión conjunta de la asamblea legislativa del estado.

Mientras tanto, en Washington, un desequilibrado mental llamado John Hinckley disparó contra el presidente Reagan mientras éste salía por la puerta lateral del hotel Hilton de Washington. El tiroteo hirió también al secretario de prensa James Brady, al agente del Servicio Secreto Timothy McCarthy y al oficial de policía Thomas Delahanty. El presidente fue trasladado al Hospital Universitario George Washington, donde los médicos descubrieron que sufría de graves hemorragias internas porque una de las balas se había alojado en un pulmón. Le insertaron un tubo en el pecho y lo llevaron en camilla a la mesa de operaciones. (Con la mascarilla de oxígeno puesta, el presidente bromeó a los médicos: "¡Espero que sean todos republicanos!")

Papá se enteró del atentado poco después de que Air Force Two despegara en Fort Worth. Su principal agente del Servicio Secreto, Ed Pollard, le informó inicialmente que el presidente no estaba herido. Minutos más tarde, el agente entró en la cabina de repente. *Sí* que habían herido al presidente. Se desconocía su estado de salud y papá tenía que volver a Washington de inmediato. En ese momento sonó el teléfono seguro del avión. El secretario de Estado Alexander Haig preguntaba por el vicepresidente. Papá trató de responder pero solamente se oía estática. Las deficientes comunicaciones crearon mucha incertidumbre en cuanto al estado de salud del presidente. Veinte años después, el 11 de septiembre de 2001, yo experimenté una frustración similar con el equipo de comunicaciones de Air Force One.

Papá reflexionó durante un momento sobre todo lo que sabía. Apuntó sus reacciones en una de las tarjetas de vuelo de Air Force Two. (Ahora la tarjeta está en la Biblioteca Presidencial George Bush en Texas A&M). Primero pensó en el

presidente como su amigo: "honrado, cálido, amable", escribió.
Luego se volcó en sus responsabilidades. Apuntó que no debía
sentir pánico. También escribió la palabra *incertidumbre*, porque sabía que el país se sentiría así. Sabía lo importante que
era proyectar estabilidad y ayudar a calmar los nervios de la
alterada nación.

Cuando Air Force Two aterrizó en la base aérea de Andrews,
el Servicio Secreto quería que papá tomara un helicóptero y ate-
rrizara directamente en la Pradera Sur, donde el presidente suele
aterrizar en el Marine One. Papá se negó. No quería enviar la
señal de que el presidente ya no era el comandante en jefe. Le
dio instrucciones al helicóptero para que lo llevara a la zona de
aterrizaje de la casa familiar en el Observatorio Naval, y de allí
fue en automóvil hasta la Casa Blanca. "Solamente el presidente
aterriza en la Pradera Sur", dijo.

Para cuando papá llegó a la Sala de Situaciones, el presidente había superado la operación y su diagnóstico era positivo.
Papá se dirigió a la Sala de Prensa para emitir una declaración
breve y alentadora acerca del estado de salud del presidente, que
contrastó notablemente con los aleatorios informes de los que
habían salido a informar sobre el tema anteriormente. Al día
siguiente, papá visitó al presidente en el hospital y presidió la
reunión del gabinete. Los periodistas notaron que el vicepresidente Bush se sentaba en su asiento habitual, y no en la silla del
presidente Reagan. Estoy seguro de que a mi padre ni siquiera
se le ocurrió sentarse en la silla del presidente. Entendía a la
perfección que su labor era apoyar al presidente, no suplantarlo.
En menos de dos semanas, el presidente volvió a la Casa Blanca,
y al cabo de un mes, pronunció un discurso en una sesión conjunta del Congreso.

Las crisis revelan el carácter de las personas. El presidente, y el país entero, habían sido testigos de que el vicepresidente George Bush era un hombre en quien se podía confiar.

A MEDIDA QUE aumentó la confianza del presidente en su vicepresidente, también lo hizo el rol de papá en la administración. El presidente Reagan le pidió que liderara un importante número de iniciativas políticas. Así pues, mi padre se ocupó de la comisión de trabajo acerca de la desregulación federal. Como hombre de negocios experimentado, comprendía que las cargas fiscales y la burocracia eran un freno para el desarrollo económico, y su grupo de trabajo emitió diversas recomendaciones para rebajar o revisar cientos de regulaciones innecesarias o que desperdiciaban recursos. Papá también fue el responsable de una comisión de trabajo que buscaba reducir el tráfico de drogas en Florida del Sur, un importante problema a principios de los años 80. La administración puso en funcionamiento una estrategia para impedir la llegada de drogas que procedían de América del Sur y se distribuían por la costa este.

Otra de las responsabilidades de papá era representar al presidente y al país en el extranjero. En conjunto, visitó más de sesenta países en ocho años. Era muy bueno para las misiones diplomáticas, dada su experiencia anterior en China y en las Naciones Unidas. Construyó relaciones de confianza con líderes de zonas cruciales del planeta como el Medio Oriente y Asia. Desarrolló una buena relación con la primera ministra británica, Margaret Thatcher. Viajó a Centroamérica, donde su presencia contribuyó a demostrar el compromiso de los Estados Unidos con los gobiernos democráticos que se enfrentaban a la amenaza del comunismo. También viajó a África para ayudar a supervisar la entrega de alimentos y medicinas a refugiados y víctimas de la sequía. Y pasó mucho tiempo tras la Cortina de Hierro en Europa, donde se reunió con figuras clave como Lech Walesa, el líder del movimiento Solidaridad en Polonia.

Uno de sus viajes más tristes y delicados fue al Líbano en 1983. Papá viajó a Beirut tres días después de que los terroristas de Hezbolá bombardearan las barracas de los marines estadounidenses y mataran a 241 ciudadanos norteamericanos. Hizo lo que pudo por consolar a las familias que habían perdido a sus seres queridos en el ataque. Como medida de protección frente a otros posibles ataques de Hezbolá u otros grupos terroristas, el presidente Reagan decidió retirar las tropas norteamericanas del Líbano. Desafortunadamente, Al Qaeda interpretó la retirada de los Estados Unidos como una señal de debilidad. Más tarde Osama bin Laden citó esa decisión como la prueba de que Estados Unidos era un "tigre de papel" que "después de unos golpes huía derrotado".

Papá volvió a reconfortar a los norteamericanos después de una tragedia en varias ocasiones. En 1985, los terroristas de Hezbolá secuestraron el vuelo 847 de TWA, que iba de Atenas a Roma. Dirigieron el vuelo hacia el Líbano, donde asesinaron a un buzo de la Fuerza Naval de Estados Unidos que iba a bordo y retuvieron a los otros pasajeros como rehenes, entre ellos algunos ciudadanos norteamericanos. Cuando fueron liberados, el presidente Reagan envió a papá a Alemania para que se reuniera con ellos antes de que regresaran a Estados Unidos. En 1986, después de que la nave espacial *Challenger* explotara, el presidente Reagan le pidió a papá que fuera a la Florida para dar sus condolencias a los familiares de los astronautas que murieron a bordo. Aún hoy sigue en contacto con June Scobee Rodgers, la viuda de Dick Scobee, comandante del *Challenger*. La amabilidad, decencia y capacidad de conectar con la gente de mi padre lo convertían en el candidato ideal para este tipo de delicadas misiones.

Pero mirando atrás, los viajes más importantes de mi padre como vicepresidente fueron los que lo llevaron a la Unión Soviética. En un período de tres años, murieron tres líderes soviéticos: Leon Brezhnev, Yuri Andropov y Konstantin Chernenko. El presidente Reagan le pidió a papá que asistiera a los funerales de cada uno, tras lo cual Jim Baker procedió a describir el papel de mi padre como vicepresidente con el lema: "Tú mueres, yo vuelo".

Sin embargo, estas visitas de estado le dieron a mi padre un conocimiento muy privilegiado del sistema soviético. Lo impresionó el despliegue de poder de los funerales de estado: la precisión de los desfiles militares, el ataúd tirado por un tanque soviético. Para la gran mayoría de los países, la Unión Soviética parecía un imperio imparable, pero bajo su fachada de poder, papá adivinó que sus cimientos se estaban derrumbando. Los líderes, avejentados y que morían por doquier, eran un símbolo del declive de la influencia y atracción del sistema comunista. Como dijo en su congregación en la Iglesia Episcopal de St. Martin después de su viaje para el funeral de Brezhnev en 1982: "Faltaba algo. No se mencionaba a Dios. No había esperanza, ni alegría, ni vida después de la muerte... Tan descorazonador, en cierto sentido, sin una brizna de esperanza, tan solitario".

El viaje más significativo de mi padre a Moscú fue el que hizo para el funeral de Chernenko en 1985. Después de asistir a la por entonces ya conocida ceremonia solemne en la Plaza Roja, papá se reunió con el nuevo líder soviético, Mijaíl Gorbachov. No tardó en darse cuenta de que Gorbachov era distinto. Pertenecía a una generación más joven que la de sus predecesores, poseía una personalidad cálida y carismática y hablaba sin notas. En lugar de repetir las habituales letanías, parecía genuinamente interesado en mejorar las relaciones de su país con Estados Unidos.

George Bush siempre había sabido escuchar e interpretar a las personas. Cuando habló con Gorbachov, y éste le dijo que quería "volver a empezar", creyó que se trataba de una oportunidad real para que las relaciones entre Estados Unidos y la Unión Soviética entraran en una nueva fase. Luego de ese viaje, papá informó que existía una posibilidad muy sólida de que el presidente pudiera forjar una relación de trabajo única con Gorbachov. Así, Reagan y el líder soviético se reunieron ese mismo año en una cumbre en Ginebra. Al año siguiente celebraron una cumbre histórica en la capital de Islandia, Reikiavik. Esos encuentros fueron el principio de una de las relaciones más importantes del siglo XX, que tanto Ronald Reagan como papá cuidarían hábilmente hasta el pacífico final de la Guerra Fría.

MI PADRE DISFRUTÓ de su etapa como vicepresidente. A diferencia de algunos de sus predecesores en el cargo, papá nunca se sintió excluido o al margen. Papá admiraba las difíciles decisiones que el presidente Reagan tomaba. A lo largo de los años, ambos desarrollaron mucho más que una fuerte relación de trabajo: se convirtieron en buenos amigos.

Una de las razones por las que el presidente Reagan y mi padre se llevaban tan bien era que compartían el mismo sentido del humor. En un memorándum al presidente en el que le informaba acerca de su viaje a Finlandia, papá describió su visita a un sauna finlandesa: "al principio me sentí un poco avergonzado, sentado al lado de cuatro tipos finlandeses a los que no conocía para nada, mirándonos todos, completamente desnudos".

Y prosiguió: "Hicimos el tratamiento completo, incluyendo el salto al agua helada. Después de meternos en ese agua helada, no había tanto donde mirar". Al presidente Reagan, a su vez, también le encantaba contarle anécdotas y compartir bromas con papá. Cuando mi padre le preguntó cómo le había ido en la reunión con el arzobispo Desmond Tutu, el presidente le respondió: "Más o menos . . .".

Cuando los médicos de la Casa Blanca diagnosticaron al presidente Reagan de pólipos intestinales en 1985, ingresó en el Hospital Naval de Bethesda para someterse a una operación para extraerlos. Antes de la anestesia, delegó sus poderes presidenciales en el vicepresidente, y se convirtió en el primer presidente en invocar la Vigesimoquinta Enmienda. (Más tarde yo también lo hice, cuando tuve que someterme a operaciones de menor importancia durante mi mandato). Papá fue el presidente en funciones durante casi ocho horas. En aquel momento se encontraba en Maine, y deliberadamente mantuvo un perfil discreto. Aunque jugó un partido de tenis, y según uno de los amigos que pasó el día con él, tropezó mientras trataba de devolver un saque, se dio con la cabeza contra el suelo y se desmayó brevemente. Afortunadamente, recuperó la conciencia al cabo de unos instantes y no hubo que avisar a Tip O'Neill, el presidente del Congreso, y siguiente en la línea de sucesión presidencial.

Después de que el presidente volviera a la residencia de la Casa Blanca, papá fue a visitarlo y a desearle una pronta recuperación. Se encontró al presidente Regan echado en un sofá, con una bata roja y una flor en la boca, como si estuvieran preparándolo para un funeral. Mientras papá trataba de procesar la estrambótica escena, el presidente se puso de pie de un salto y ambos se echaron a reír a carcajadas.

Mamá también disfrutó de la etapa de papá como vicepresidente. Utilizó su papel como Segunda Dama para promover causas importantes, especialmente la alfabetización y el voluntariado. Desafortunadamente, su relación con Nancy Reagan no era tan estrecha como la que mantenía papá con el presidente. La señora Reagan era cordial, pero no se esforzó en hacer que mamá se sintiera bienvenida. Me sorprendí cuando mamá me contó, poco después de que papá fuera elegido presidente, que durante los ocho años que pasó como esposa del vicepresidente, jamás había realizado una visita completa de la residencia de la Casa Blanca. Cuando yo me convertí en presidente, Laura y yo nos preocupamos por invitar a Dick Cheney, Lynne Cheney y su familia a la residencia e incluirlos en todos los eventos que tuvieron lugar en la Casa Blanca.

A LO LARGO DE los viajes y la actividad política de sus años como vicepresidente, la familia siguió siendo el centro de la vida de mi padre. Visitaba Walker's Point para las reuniones familiares cada verano, y le encantaba recibir allí a la gente. Cuando la Asociación Nacional de Gobernadores en 1983 celebró su reunión en Portland, Maine, papá invitó a todos los gobernadores y a sus familias a un picnic en la playa. Durante al menos una noche, no hubo ningún duelo ideológico y todos dejaron a un lado su partisanismo. Entre los invitados había miembros de ambos partidos, incluyendo dos gobernadores con los que George Bush se cruzaría a menudo en el futuro: Michael Dukakis y Bill Clinton.

Tal y como lo cuenta Bill Clinton, él y Hillary trajeron a su hija de tres años, Chelsea, a la reunión. Mientras esperaban en fila para entrar, le enseñaron cómo debía saludar al vicepresi-

dente. Cuando llegó el gran momento, la niña soltó un abrupto
"¿Dónde está el baño?". Para sorpresa del gobernador Clinton,
el vicepresidente abandonó la hilera de bienvenida, acompañó
a Chelsea a la casa, se la presentó a su madre y ésta le mostró
dónde estaba el baño. Fue un gesto de amabilidad que Clinton
recordaría durante los años venideros.

A lo largo de su etapa como vicepresidente, papá mantuvo
una estrecha relación con su madre. Ella visitaba Washington
con frecuencia, e incluso cuando no estaba en la ciudad, seguía
la trayectoria de su hijo. Después de uno de los discursos de
Reagan acerca del Estado de la Unión, llamó para informar a
papá que lo había visto mirando hacia abajo durante el discurso.
"Cuando el presidente habla, deberías escucharlo atentamente",
lo regañó. Papá protestó, diciendo que estaba leyendo una copia
impresa del discurso, pero no logró convencerla. Podía ser el
vicepresidente de los Estados Unidos, pero aún seguía siendo el
hijo de Dorothy Walker Bush.

No importaba lo que sucedía en el mundo, papá nunca estaba
demasiado ocupado para charlar por teléfono o mandarnos cartas a mis hermanos y a mí para saber cómo estábamos. En una
nota muy típica de las que solía enviarnos, en 1983 escribió:
"Me estoy poniendo un poco mayor y no sé qué nos deparará
el futuro. No me preocupa. Ganemos o perdamos, más viejos o
más jóvenes, siempre tendremos a nuestra familia".

No era solamente una expresión de su compromiso por su
familia. Papá lo vivía de verdad. Cuando mi hermano Marvin
ingresó en el hospital a raíz de una severa variante de colitis,
papá lo visitó todos los días. Cuando sufría dolores más fuertes, mi padre reorganizaba sus reuniones del día y prácticamente terminó por instalar su oficina en el hospital para poder
acompañar a su hijo. Marvin perdió cuarenta y cinco libras, y

hubo un momento en que sus signos vitales fallaron. Sé que mis padres pensaban en Robin y rezaban para no tener que perder otro hijo.

Afortunadamente, Marvin recuperó su salud. Para animarlo después de una difícil operación, papá llamó a Arthur Richman, un amigo que tenía en las oficinas de los New York Mets. Los jugadores no tardaron en llamar a Marvin para darle ánimos. Se recuperó completamente, y pronto tuvo otras alegrías cuando él y su esposa Margaret adoptaron su primer hijo, una niña llamada Marshall procedente del Centro de Adopción Gladney en Fort Worth, Texas. Más tarde adoptaron a un niño, Walker, del mismo lugar maravilloso. Papá estuvo muy agradecido a los Mets por su generosidad, hasta que derrotaron a los Houston Astros en el Campeonato de la Liga Nacional de 1986. Por su parte, Marvin siempre recordó lo importante que fue para él recibir tantas llamadas de apoyo. Cuando el presidente del Congreso, Tip O'Neill, se sometió a una operación quirúrgica por un tema similar, Martin lo llamó para darle ánimos. Más tarde, el presidente le dijo a mi padre: "Quienquiera que haya educado a una persona tan buena como Marvin debe ser buen tipo".

Marshall y Walker no fueron las únicas llegadas a la familia durante esos años. Mis hermanos y yo les dimos a mis padres ocho nietos en ocho años, incluyendo las gemelas que tuvimos Laura y yo, Barbara y Jenna, nacidas el 25 de noviembre de 1981. Papá resumió lo que sentía por su familia en una carta a Jeb y Colu que escribió después de que naciera su tercer hijo, John Ellis Bush Jr., en 1983. "La llamada telefónica de ayer por la noche nos ha procurado una verdadera felicidad", escribió. "Eso es lo único que importa. El nacimiento de JB Jr. lo pone todo en perspectiva, y nos recuerda lo que es verdaderamente esencial".

Veintiocho años más tarde, en agosto de 2011, Jeb Jr. y su esposa Sandra recibieron otra nota de George Bush. En una señal de los tiempos cambiantes, la nota llegó por correo electrónico. "Aún no te he visto y ya te quiero", decía mi padre. "Eres una niña muy afortunada". El mensaje estaba firmado "Gampy", y se dirigía a su primera bisnieta, Georgia Helena Walker Bush.

COMO MUCHOS VICEPRESIDENTES modernos, George Bush se pasaba un montón de tiempo cuidando de los seguidores de su partido político. Eso le nacía naturalmente a papá a causa de lo cómodo que se sentía con la gente y de su experiencia como presidente del partido. A medida que se acercaban las elecciones de 1984, papá se dedicó a viajar por los cincuenta estados para difundir los logros del presidente y motivar a los voluntarios y activistas de las comunidades con respecto a la campaña venidera. Asistió a un buen número de eventos para recaudar fondos y otros eventos por el estilo. Creo que su favorito fue un partido de béisbol entre veteranos en el Mile High Stadium. Cuando estuvo de campaña en Colorado, les hizo saber a los organizadores que le gustaría visitar el estadio. Éstos lo sorprendieron invitándolo a participar en el juego en su antigua posición: primera base.

Para un político de sesenta años, eso era arriesgado. Si algo no iba bien, el juego podía terminar siendo un momento de vergüenza nacional. Pero el antiguo capitán del equipo de béisbol de Yale aún llevaba a un hombre joven dentro. Se puso el uniforme de los Denver Bears, un equipo de una liga independiente de béisbol. Cuando le tocó batear contra Milt Pappas, ex jugador de los Baltimore Orioles y de los Chicago Cubs, que había ganado el All-Star tres veces y que había impedido marcar al otro equipo, logró enviar el tiro de un golpe al lado derecho del campo. A papá le vino muy bien que Milt sirviera una tremenda bola rápida para que el vicepresidente le diera fuerte. Pappas y mi padre siguieron en contacto años después del partido.

En el campo, papá también jugó bien. Orlando Cepeda, un bateador que había entrado en el Hall of Fame, y que pasó casi toda su carrera profesional en los San Francisco Giants, le dio a una pelota que fue como un cohete hasta la línea de la primera base. Papá jugó hábilmente, parando el tiro y enviando la pelota al lanzador para que ésta llegara antes que Cepeda a la base. Aún recuerdo su mirada de alegría mientras trotaba de vuelta al banquillo.

Los viajes políticos de mi padre se hicieron más frecuentes cuando los demócratas seleccionaron a su candidato presidencial para las elecciones de 1984: Walter Mondale, que había sido vicepresidente de Jimmy Carter. Mondale había ganado unas duras primarias contra el senador Gary Hart de Colorado. En un símbolo típico del advenimiento de las frases cortas en el mundo de la política norteamericana, las elecciones quedaron definidas en una única frase. En uno de los debates demócratas, Mondale criticó la falta de sustancia de Hart preguntando: "¿Dónde está la carne?", una frase que tomó prestada de unos anuncios de la cadena de comida rápida Wendy's. Al igual que la devastadora pregunta que Ronald Reagan hizo en su debate de 1980 con Jimmy Carter: "¿Estamos mejor que hace cuatro años?", la frase de Mondale contenía la esencia de sus críticas de Hart.

El presidente Reagan contó con un cómodo liderazgo en las encuestas durante casi todo el verano, pero poco antes de la con-

vención demócrata, Mondale sacudió las elecciones escogiendo
a la congresista Geraldine Ferraro como su compañera y candidata a la vicepresidencia. Ferraro era una política astuta que
había sido fiscal en Queens, Nueva York, y fue la primera mujer
candidata a una vicepresidencia. No tenía mucha experiencia
en política a nivel nacional, pero al escogerla, Mondale generó
mucha emoción y multitudes en todo el país. Papá le mandó una
carta a la congresista el día de su nominación. "Querida Geraldine, *es* un buen trabajo", le dijo. "Felicidades y buena suerte,
hasta cierto punto".

Un mes antes de las elecciones, papá tuvo la nada envidiable
tarea de participar en un debate con Ferraro, que sigue siendo
uno de los encuentros entre candidatos a vicepresidente más
esperados de la historia de los Estados Unidos. Su conocimiento
y experiencia eran mucho mayores que los de ella, pero papá no
quería parecer arrogante. Sabía que la prensa estaba dispuesta
a saltar sobre él ante el más mínimo indicio de sexismo. Así que
se preparó para el debate practicando con la congresista Lynn
Martin de Illinois (quien por cierto la impresionó tanto que más
tarde la nombró miembro de su gabinete). En conjunto, a papá
le fue bien la gran noche del debate en Filadelfia. Trató a su
adversaria con respeto, pero no vaciló en subrayar sus diferencias o en señalar sus equivocaciones, como cuando caracterizó
erróneamente la posición de la administración sobre el tratado
START y los misiles en Europa. Años más tarde, cuando debatí
con Ann Richards en las elecciones para gobernador de Texas,
recordé el ejemplo de papá: una lección en cuanto a cómo ser
firme sin ser insultante.

El mayor titular del debate llegó al día siguiente. Cuando
papá se reunió con algunos animados cargadores portuarios en
New Jersey, un aliviado y enérgico George Bush ofreció una eva-

luación de su aparición en el debate en un lenguaje muy propio del entorno: "Tratamos de dar una buena paliza", dijo. Sin él saberlo, un micrófono de televisión grabó la conversación. La prensa se lo pasó en grande, sacando el comentario de contexto y acusando a papá de sexismo.

Afortunadamente, las campañas tienen un ritmo de vida muy rápido, y para la mayoría de los votantes, el incidente pronto quedó olvidado.

Fue un ejemplo de lo tensas que fueron las relaciones entre mi padre y los medios de comunicación durante la campaña de 1984. Cuando me uní a la campaña y lo acompañé durante la etapa final, me di cuenta de que las relaciones con los representantes de la prensa que viajaban con el equipo de mi padre se habían vuelto hostiles. Machacaban a papá con preguntas repetitivas acerca de su opinión sobre el aborto y su educación privilegiada. Mi impresión era que muchos miembros del cuerpo de prensa, especialmente las mujeres, estaban claramente a favor de Geraldine Ferraro.

A mamá toda la prensa negativa le causaba gran indignación y finalmente reaccionó. Después de que un periodista repitiera por enésima vez que papá era un elitista rico, señaló que la congresista Ferraro y su marido en realidad poseían una fortuna mayor que la de mamá y papá.

"Bueno, no voy a decir la palabra, pero esa **** con cuatro millones de dólares podría comprar a George Bush cualquier día", dijo. Fue una réplica típica de Barbara Bush, y lo lamentó en cuanto las palabras salieron de su boca. Mamá luego llamó a Geraldine Ferraro para disculparse, quien inmediatamente la perdonó. Mis hermanos y yo no fuimos tan generosos, y desde entonces le otorgamos a mamá el título de "Poetisa Nacional".

Años más tarde, papá y Geraldine Ferraro se hicieron amigos

de verdad. Cuando se acercaba el final para ella, papá le mandó un correo electrónico. "A menudo pienso en nuestra extraña pero maravillosa relación", escribió, "y espero que sepas que te considero una verdadera amiga. De hecho, espero que no te moleste que te diga que te quiero".

En retrospectiva, lo que ocurrió con la prensa en 1984 fue una buena experiencia de aprendizaje. Una campaña presidencial es un proceso agotador y estresante. Hasta el más veterano miembro de una campaña sentirá la tentación de dar rienda suelta a sus frustraciones, y uno nunca sabe si algún micrófono captará alguna frase inoportuna.

Me acordé de eso también en el 2000, cuando de nuevo un indiscreto micrófono me grabó en Naperville, Illinois, soltando a Dick Cheney unos comentarios no muy agradables acerca de un periodista de *The New York Times*. La lección fue clara: es necesario conservar la disciplina y la compostura y concentrarse en el mensaje a transmitir. Y si la esposa de uno mete la pata, entonces hay que recorrer tres cuartos del camino para perdonarla.

A PESAR DE TODO el escándalo que rodeó a la campaña, las elecciones dieron los resultados más dispares de la historia. El presidente Reagan ganó en todos los estados excepto Minnesota (y el Distrito de Columbia). A principios del segundo mandato, el presidente fue muy generoso y permitió a papá utilizar Camp David durante un fin de semana. Mi padre invitó a un grupo de familiares y sus hijos para que conocieran al equipo de campaña que estaba empezando a juntar para su campaña presidencial de 1988. Uno de los estrategas que conocimos ese día fue Lee Atwater, de Carolina del Sur, que había sido uno de los brillantes asesores clave del presidente Reagan. Jeb y yo le preguntamos a Lee sin rodeos si sería leal a papá, antes que nada. Como dijo Jeb: "Si alguien arroja una granada contra papá, esperamos que te tires encima para protegerlo". Lee nos aseguró que se dedicaría totalmente a George Bush.

Luego nos planteó una idea interesante: "Si les preocupa tanto mi lealtad", dijo, "¿por qué no vienen a Washington para trabajar en la campaña y vigilarme?".

EL CAMINO A LA CASA BLANCA

C UANDO LEE ATWATER SUGIRIÓ QUE ME mudara a Washington para colaborar en la campaña de papá, la idea me interesó. Era buen momento. Yo acababa de fusionar mi negocio petrolero con otra compañía más grande, y me interesaba explorar otras oportunidades. Y no había mejor motivo: George Bush sería un gran presidente.

También era consciente de que papá necesitaría toda la ayuda que pudiera obtener. Tanto a mi padre como a mí nos encanta la historia, y lo cierto es que la trayectoria de los vicepresidentes que se habían presentado como candidatos a la presidencia no era muy esperanzadora. Papá se enfrentaba al factor Van Buren: desde que Martin Van Buren derrotó a William Henry Harrison en 1836, ningún vicepresidente había sido elegido para ocupar el cargo del presidente que lo había seleccionado.

Cuando llegué a la campaña en otoño de 1986, Lee Atwater me preguntó qué cargo quería. Hablé con papá y éste me dijo que yo no necesitaba un título oficial. Después de todo, ya ocupaba el puesto de hijo. Lo que quería decir era que estar cerca del poder equivale a tener poder, y tenía razón. Todos los que estaban trabajando en la campaña sabían que yo podía acceder al candidato en cualquier momento, y eso era mucho más valioso que cualquier cargo. La proximidad al poder también era uno de los motivos por los que mamá y Laura fueron tan eficaces a lo largo de nuestras carreras profesionales. Todos sabían que mi padre y yo hablábamos frecuentemente con ellas y confiábamos en su criterio. Así que cuando mamá o Laura pedían algo o daban algún consejo, nuestro equipo era lo suficientemente sensato como para hacer lo que querían.

Yo no tenía ningún cometido específico en la campaña. Entre mis responsabilidades se incluían recaudar fondos, dar discursos en lugar de mi padre, animar a los voluntarios, lidiar con los periodistas (ocasionalmente), responder a sugerencias y quejas y analizar la estrategia de la campaña con los principales asesores de papá. También decidí que debía asegurarme de la lealtad del equipo, de que todos los que participaban en la campaña estuvieran allí para servir a George Bush, y no a sus intereses personales. Un ejemplo memorable está relacionado con el propio Lee Atwater. Al principio de la campaña, la revista *Esquire* publicó un perfil sobre Lee durante el cual respondió a parte de la entrevista mientras estaba en el baño. Así se mostró a Lee como el chico malo de la política republicana, alguien tan importante para George Bush que podía hacer lo que le viniera en gana. Me puse furioso. Le dije a Lee que su trabajo consistía en que George Bush tuviera una buena imagen y no en actuar como si fuera una estrella.

—Y por cierto, si crees que yo estoy enfadado —le dije— deberías escuchar a mi mamá.

Lee procedió a disculparse inmediatamente con mi madre y bajó el tono de sus declaraciones públicas.

* * *

EN OTOÑO DE 1986, parecía que el vicepresidente de Ronald Reagan sería un candidato importante en las elecciones de 1988. El presidente había logrado que lo reeligieran con una victoria arrolladora a nivel nacional. Pero hay una verdad inmutable en todas las presidencias de dos mandatos: hacia el final, los norteamericanos se cansan de su presidente. (¡Lo sé muy bien!). Las primeras señales de que la popularidad del presidente Reagan estaba decayendo llegaron durante las elecciones de mitad de mandato en 1986. Los republicanos perdieron cinco escaños en la Cámara de Representantes y ocho en el Senado. Por primera vez durante la presidencia de Reagan, los demócratas tenían el control de ambas cámaras legislativas.

En noviembre de 1986, varios medios de comunicación informaron que la administración Reagan había vendido armas en secreto a Irán a cambio de su cooperación en liberar a los rehenes norteamericanos que Hezbolá había capturado en el Líbano. Aunque era comprensible que se quisiera liberar a los rehenes, esa revelación fue muy inquietante. La administración había declarado públicamente que nunca pagaría rescates por rehenes. Y además, el Congreso había declarado ilegal la venta de armas a estados que protegían a terroristas, uno de los cuales era Irán.

La noticia era muy mala, pero se volvió aun peor cuando se descubrieron otros hechos. A finales de noviembre, el fiscal general del Estado, Ed Meese, informó que la mitad del dinero que los iraníes habían pagado por las armas se había destinado a financiar a la Contra, un movimiento rebelde anticomunista de Nicaragua. Sin embargo, dos años antes el presidente Reagan había firmado una ley que prohibía al gobierno apoyar a la Contra.

La prensa estaba sedienta de otro escándalo como el de Watergate y exigió que el presidente hiciera público lo que sabía de ese asunto y desde cuándo lo sabía. Inicialmente la administración negó que el presidente Reagan hubiera aprobado el intercambio de armas por rehenes, pero más tarde lo reconoció. El presidente insistió en que desconocía que los miembros del Consejo de Seguridad Nacional habían destinado parte de ese dinero a apoyar a la Contra. Al final, el presidente Reagan aceptó la responsabilidad de las acciones de su administración y nombró un fiscal independiente para que presentara cargos contra cualquiera que hubiera violado la ley. El asesor del Consejo de Seguridad Nacional John Poindexter y el teniente coronel Oliver North fueron declarados culpables (aunque sus condenas se revirtieron durante la apelación).

El escándalo, que terminó por conocerse como el Irán-Contra (o Irangate), colocó a papá en una posición difícil. Aunque estaba informado de la venta de armas a Irán, no sabía nada de los fondos destinados a la Contra. Pero eso no importaba: sabía que la prensa y sus adversarios políticos tratarían de implicarlo en el escándalo. Todas las comisiones que analizaron el escándalo llegaron a la conclusión de que mi padre no había hecho nada malo, pero aún así el fantasma del Irán-Contra lo persiguió. Las cifras de aprobación del presidente Reagan cayeron por debajo del 50 por ciento durante las semanas posteriores a las revelaciones. Y peor aún, una encuesta demostró que el 39 por ciento de los votantes se inclinaba por un demócrata en 1988, mientras que sólo un 27 por ciento apoyaba a otro republicano.

La gran pregunta a la que se enfrentaba George Bush era si debía o no distanciarse del presidente. Algunos asesores y amigos le aconsejaron que lo hiciera, diciendo que era su única esperanza de ganar la nominación. Los periodistas lo presionaban para que explicara los puntos sobre los que disentía con el presidente. George Will del *Washington Post* se burló de él llamándolo "perrito faldero" de Reagan. Papá se negó a tragarse el anzuelo. Era un hombre leal, en las buenas y en las malas. Comprendía cuál era el riesgo político de su decisión, pero no era el tipo de persona capaz de dar la espalda a un amigo que pasaba por un mal momento.

A MEDIDA QUE se acercaban las primarias de 1988, la estrategia de la campaña empezaba a tomar forma. A diferencia de la campaña de papá en 1980, que se concentró primordialmente en Iowa y en New Hampshire, esta campaña estableció una infraestructura nacional. Se concentró especialmente en los diecisiete estados que fijaron sus primarias para el mismo día de principios de marzo, el Súper Martes. Esas primarias eran un cortafuego: si George Bush se estrellaba y perdía en las votaciones de los primeros estados, las victorias del Súper Martes podrían evitar que se propagara el daño.

Si bien la posición de papá como candidato favorito tenía sus ventajas, también venía con sus propios retos. Se pasó todo el año 1987 con un blanco en la espalda, y la prensa y sus rivales políticos no dejaron de apuntar y disparar flechas. Una de las acusaciones más indignantes fue la de que mantenía un romance extramarital. La insidiosa acusación empezó a circular en junio de 1987. Los calumniadores no podían señalar quién era "la otra mujer", claro. Alrededor de esa época, el senador Gary Hart se retiró de la carrera por la nominación demócrata debido a acusaciones de adulterio.

Me enfureció contemplar cómo se desarrollaba el circo de

Washington. Los rumores no solamente eran falsos, sino que hirieron a mis padres. Lee Atwater y yo acordamos que no podíamos dejar de responder a los rumores, así que se ocupó de organizarme una entrevista con un periodista de *Newsweek*.

—La respuesta a la pregunta de la "Gran A" es N-O —declaré.

Cuando mamá se enteró de que había dado esa entrevista, se puso furiosa.

—¿Cómo te atreves a avergonzar a tu padre así, sacando ese tema? —dijo.

Aunque era mi madre la que expresaba su indignación, comprendí que también reflejaba la preocupación de mi padre. Temían que mi negativa diera crédito a los rumores y desatara una nueva marea de mentiras. Mi réplica llegó a los titulares de los periódicos nacionales, pero afortunadamente la noticia se quedó en eso y no se habló más del tema.

En retrospectiva, no sé si mi respuesta ayudó o no. Es posible que la historia fuera tan ridícula que no hubiera durado demasiado. Mamá tenía razón: a veces la mejor manera de acallar una acusación falsa es ignorarla. En general, esa fue la actitud que adopté cuando la gente me acusó de falsedades durante mis candidaturas.

Pero cuando la mentira recaía sobre el honor y la decencia de un hombre al que yo amaba y respetaba, no podía contenerme.

Resultó que no era· el único de la familia que opinaba así. Cuando me presenté a las reelecciones para presidente en 2004, mi hija Jenna me ofreció, en una carta, trabajar en mi campaña. "No soporto leer todas esas mentiras sobre ti. Odio que la gente te critique, y odio que no puedan ver a la persona que amo y respeto, la persona a la que algún día espero parecerme... Quizá sea un poco novata, pero estoy segura de que con un poco de formación, puedo lograr que la gente descubra al padre que tanto quiero".

EL 12 DE OCTUBRE de 1987, el vicepresidente George Bush se presentó formalmente a la candidatura a la presidencia. Hizo el anuncio en Houston y prometió seguir con las políticas de la administración Reagan y también aportar sus propias ideas. Una de esas ideas era la promesa que no se cansaría de repetir en los meses venideros: "No subiré los impuestos y punto". Su eslogan de campaña destacaba su experiencia política: "Listo desde el primer día para ser un gran presidente". Todo fue bien hasta la caída de los globos en la ceremonia de lanzamiento de la campaña. Un montón de globos se habían pinchado durante la noche y cayeron sobre el público. Como dijo papá: "por un terrible momento, cuando los pedacitos de goma de colores empezaron a caer del techo, parecía que estuviéramos arrojando condones sobre la gente".

Yo asistí al discurso, pero estaba furioso. Siguiendo mis recomendaciones, algunos miembros de la familia y asesores de la campaña habían dado una entrevista a la periodista Margaret Warner de *Newsweek* para que ésta escribiera un reportaje sobre papá. Yo esperaba que fuera objetiva, así que me quedé de piedra cuando vi la portada de la revista que iba a distribuirse esa semana: "George Bush: luchando contra el 'Factor Flojo'". El artículo sugería que papá no era lo suficientemente fuerte como para ser presidente. Me asombró que alguien que conociera los detalles de su vida —desde sus días como joven piloto durante la Segunda Guerra Mundial hasta la época en que como congresista soportó amenazas de muerte por votar a favor de la Ley de Vivienda Justa—, pudiera atreverse a sugerir que era débil. (Veinticinco años más tarde, *Newsweek* publicó un reportaje en la portada con el titular: "Romney: el Factor Flojo". Al parecer sólo los candidatos republicanos les parecen flojos.)

La crítica de que era un candidato débil creó gran preocupación entre los amigos y seguidores de papá. Muchos de ellos querían darle consejos y yo solía ser el vehículo que utilizaban para intentar transmitirlos. Yo sabía que era importante no agobiar a papá con todas las sugerencias que me llegaban. Mi papel era ser un filtro, aunque al principio no lo hice muy bien. Recuerdo que le dije a papá que uno de sus amigos sugería que papá "fuera él mismo". Entornó los ojos y me soltó: "¿Y quién demonios voy a ser?". Desde ese momento, fui más prudente con lo que le contaba.

Durante el curso de la campaña de 1988, llegué a comprender que muchos políticos cuentan con varios profesionales que los asesoran. Lo que necesitan de sus amigos y seres queridos es apoyo y tranquilidad. Por eso estuve tan agradecido de que mi hermano Marvin, mi hermana Doro y sus familias vivieran cerca de mí cuando yo fui presidente. Solían venir con frecuencia a la Casa Blanca para cenar en familia, y Marv se pasaba para mirar deportes por televisión conmigo o hacer ejercicio juntos. No tenían el menor interés en hablarme de política. Simplemente querían ayudarme a que me relajara. A mi vez, intenté darle el mismo tipo de apoyo a mi padre.

EN LAS SEMANAS anteriores al *caucus* de Iowa, la cadena CBS News emitió un reportaje con información acerca de cada uno de los principales candidatos. Nos preocupaba un poco que Dan Rather no cubriera los mismos temas que los demás candidatos habían debatido en la CBS, como sus trayectorias, familias y experiencias, y que optara por explotar lo del escándalo Irán-Contra. La campaña aceptó la entrevista, pero insistió en que se emitiera en directo, para que los productores de Rather no pudieran cortar las frases de papá ni emitirlas fuera de contexto.

Poco antes de la entrevista, al astuto Roger Ailes, el principal asesor de papá para medios de comunicación, le llegaron rumores de algunos de sus amigos en el mundo de la televisión: efectivamente, Rather planeaba centrarse exclusivamente en el caso Irán-Contra. Y en efecto, mientras papá esperaba a que empezara la entrevista, vio cómo Rather revisaba un video de seis minutos donde se resumían las acusaciones relacionadas con el escándalo. La primera pregunta de Rather fue por qué papá seguía empleando a un asesor que había estado implicado en el escándalo. Mi padre explicó que lo habían declarado inocente de los cargos. Después de varias preguntas más sobre el tema, papá le dijo a Rather que le parecía que el tema era un "refrito" y que la CBS estaba caracterizando erróneamente a su campaña.

El presentador siguió presionándolo con su interrogatorio sobre el Irán-Contra. Papá conservó la calma, pero yo sabía que estaba muy enfadado. Papá le recordó al periodista que habían acordado hablar de otros temas. Cuando Rather persistió con otra ronda de preguntas sobre el escándalo, papá soltó la réplica arrolladora que él y Roger Ailes tenían en la manga.

"No creo que sea justo juzgar mi carrera por lo sucedido en Irán —dijo—. ¿Qué le parecería a usted si yo juzgara su carrera en función de los siete minutos durante los que abandonó el set en Nueva York?".

Rather se quedó sin habla con la pregunta, que se refería a uno de sus momentos más embarazosos como periodista. Unos meses antes, se habían enfadado tanto porque su emisión estuviera retrasándose por culpa de un partido de tenis del US Open que se largó del set para quejarse a los ejecutivos de la CBS. Cuando la cobertura informativa del partido terminó antes de lo previsto, el escritorio del presentador estaba vacío y los telespectadores de todo el país se quedaron sin programa.

Papá me llamó desde el programa para preguntarme qué pensaba de la entrevista. No había ni triunfalismo ni el menor ápice de fanfarronería en su voz: no le gustaba humillar a la gente, y me di cuenta de que estaba nervioso por su dura réplica a Rather. Yo, por mi parte, estaba muy orgulloso de su respuesta. "Ha sido espectacular", le aseguré.

La mayoría de los telespectadores estuvieron de acuerdo. Las líneas telefónicas de la CBS ardieron con las llamadas de televidentes que querían protestar por la mala educación de Dan Rather. La campaña de Bush también recibió un alud de llamadas felicitando a papá. Una cosa quedó clara: no se volvió a mencionar el "Factor Flojo" durante el resto de la campaña.

Por su parte, Dan Rather siguió cubriendo negativamente la campaña de papá y, cuando yo ocupé el cargo, parece que hizo extensivo su resentimiento hacia mi persona. El punto más tenso llegó en 2004, cuando difundió alegaciones acerca de mi época en la Guardia Nacional que estaban basadas en documentos falsificados. Una vez más, la indignación del público fue enorme. Esta vez, Dan Rather tuvo que renunciar a su puesto en la CBS.

LA ENTREVISTA DE papá con Dan Rather trajo un incremento en el apoyo a su campaña, pero no fue suficiente para ganar el *caucus* de Iowa, la primera batalla de las primarias republicanas. El favorito de Iowa era el senador Bob Dole de Kansas, el antiguo rival de papá de la campaña de 1980 que desde entonces se había convertido en líder de la mayoría en el Senado. Dole explotó a fondo su ventaja de local en Iowa. Sus anuncios destacaban sus raíces granjeras y aseguraban a los votantes del estado que era uno de ellos. Como era de esperar, Dole ganó en Iowa con el 37 por ciento de los votos.

Lo más sorprendente fue que George Bush terminó en tercer lugar, detrás del teleevangelista Pat Robertson, que no tenía la menor experiencia política y que tenía una ideología extremista en algunos temas. Pero se organizó bien en Iowa, y predijo correctamente que contaría con un "ejército invisible" de seguidores que irían a votarlo, el 25 por ciento de los votantes del *caucus* de Iowa, para ser precisos. En retrospectiva, la campaña de 1988 ofreció un primer contacto con un bloque de votantes para quienes los valores eran la prioridad principal. Esos votantes más tarde se convirtieron en una parte importante del electorado que me convirtió en presidente durante dos mandatos.

Papá obtuvo el 19 por ciento de los votos. Los únicos candidatos importantes que tuvieron menos votos que él fueron Jack Kemp, un dinámico congresista de Nueva York que se había hecho conocido como *quarterback* de los Buffalo Bills, y Pete du Pont, un inteligente ex congresista que había sido también gobernador de Delaware. Al Haig, que había sido secretario de Estado y jefe de Gabinete de la Casa Blanca, también logró obtener unos cientos de votos.

A pesar de la derrota, papá mantuvo el ánimo. La noche del *caucus* les aseguró a sus seguidores que "me hubiera gustado tener mejor resultado, pero soy un luchador y voy a recuperarme".

Cuando la campaña se desplazó a New Hampshire, Dole disfrutaba de un gran impulso: las primeras encuestas después de Iowa mostraban que estaba pisando los talones de la supuesta ventaja de papá en el "estado del granito". Unos días más tarde, Al Haig decidió abandonar la carrera y apoyar a Dole. Éste también obtuvo el respaldo de Don Rumsfeld, el ex jefe de gabinete del presidente Ford y secretario de defensa. Papá no se puso nervioso. Nadie sabía mejor que él que la ventaja que daba ganar en Iowa no garantizaba llevarse también New Hampshire.

Al igual que en sus campañas anteriores, mi padre decidió que trabajaría más que nadie. La mañana después de su derrota en Iowa, apareció en New Hampshire antes del amanecer para visitar a un grupo de obreros en una fábrica en Nashua. Se embarcó en una agotadora agenda de reuniones y presentaciones que su eficaz director de campaña en New Hampshire, el gobernador John Sununu, le organizó. Era un enfoque que me recordó a sus primeras campañas en Texas, donde se esforzó mucho para desarrollar una conexión personal con tantos votantes como fuera posible.

Hacer campaña para las elecciones presidenciales mientras aún seguía siendo vicepresidente requería un delicado equilibrio. Por un lado, viajar con el equipo vicepresidencial conlleva comodidad y prestigio. Por otro, las dificultades del puesto podían hacer que pareciera desapegado y distante. Papá se esforzó por luchar contra esa imagen. Disminuyó el número de los asesores que viajaban con él y celebró eventos locales más reducidos. Se pasó una mañana saludando a votantes en Dunkin' Donuts, McDonald's y en un restaurante de panqueques. (Afortunadamente para él, también encontraba tiempo para correr y quemar calorías). Papá supo utilizar la red de amigos y aliados políticos que se había pasado toda la vida cultivando. Había sido un amigo leal y ahora había llegado su momento.

Ellos le devolvieron el favor. Uno de los puntos álgidos de la campaña fue un mitin con Ted Williams, amigo de papá y compañero de sus excursiones de pesca (más tarde, papá le concedería la Medalla Presidencial de la Libertad). En la zona de los Red Sox no se podía conseguir mejor apoyo que el respaldo del legendario jugador apodado "*Splendid Splinter*".

EN UNAS ELECCIONES reñidas, la intensidad de la vida de campaña suele hacer aflorar las emociones en su estado más descarnado. Creo que una de esas emociones fue el resentimiento que Bob Dole desplegó contra George Bush. Dole atacó a mi padre tildándolo de elitista "con padres ricos y poderosos" que no "había tomado una decisión en siete años", y al mismo tiempo se presentaba como un hombre hecho a sí mismo, que había superado sus humildes orígenes en Russell, Kansas.

"Nadie me dio nada hecho", decía Dole.

Me pregunté si las distintas trayectorias de Dole y papá en la Segunda Guerra Mundial llevaron a Dole a sentir tanto rencor hacia mi padre. Ambos habían caído heridos, pero papá había podido regresar a su unidad después de que lo abatieran, mientras que la grave herida de Dole lo obligó a permanecer en un hospital durante el resto de la guerra.

Papá no quería ser negativo con Dole. Lee Atwater a menudo llamaba para expresar su frustración, porque no lograba convencer a papá de que autorizase los anuncios negativos que pondrían de relieve las diferencias entre él y Dole. Cuando mi padre me preguntó qué opinaba, le dije que estaba de acuerdo con Lee. Creía que era importante que Dole estuviera a la defensiva. Finalmente papá cedió, y la campaña emitió un anuncio recalcando su posición cambiante en cuanto a los impuestos. No fue un ataque particularmente duro, pero logramos hacerle daño y ofrecimos un contraste muy claro entre los dos candidatos en un tema muy importante para los votantes de las primarias de New Hampshire.

A medida que se acercaban las primarias, Dole parecía más amargado e irritable. Le dijo a un votante que no estaba de acuerdo con él que "se volviera a su cueva". La noche del *caucus*, papá ganó por un 38 por ciento; Dole quedó segundo con un 29 por ciento de los votos. En su discurso de victoria, papá se comparó a Mark Twain porque "los informes de su muerte habían sido muy exagerados". Cuando Tom Brokaw le preguntó a papá si tenía algún mensaje para su rival, él dijo: "Le deseo lo mejor y nos veremos en el Sur".

En cambio, cuando Brokaw le hizo la misma pregunta a Dole, éste soltó: "Sí, que deje de mentir acerca de mi trayectoria".

Ocho días después del desastre de Iowa, el empuje volvía a estar en manos de George Bush.

Afortunadamente, la amargura de las primarias de 1988 se deshizo con el tiempo. Tanto Bob Dole como mi padre eran hombres de mucho carácter y fueron capaces de dejar a un lado sus diferencias y trabajar estrechamente durante el mandato como presidente de mi padre. Los dos veteranos no sólo llegaron a respetarse mutuamente sino que terminaron por caerse bien. Poco después de que papá perdiera las elecciones presidenciales en 1992, asistió a una cena que organizaban los republicanos del Senado, donde el líder de la minoría, Dole, le dio un cálido y emocionado abrazo. "Ningún presidente ha demostrado tanto compromiso para el trabajo como tú", dijo Dole. "Tu lugar en la historia está garantizado... George Bush ha ayudado a cambiar el mundo y eso es lo que nos importa a todos".

Bob Dole obtuvo la nominación republicana para las elecciones presidenciales en 1996, y papá no dudó en darle todo su apoyo.

DESPUÉS DE NEW HAMPSHIRE, el foco de la campaña presidencial se concentró en Carolina del Sur, la primera votación que se producía por debajo de la línea Mason-Dixon y una avanzada para el sur, un territorio lleno de delegados. En tanto que nativo de Carolina del Sur, Lee Atwater se conocía el paisaje político como la palma de su mano y había construido un potente aparato de campaña. Con un electorado básicamente conservador, Carolina del Sur era la mejor oportunidad de Pat Robertson de conseguir una gran victoria. Pero no contaba con una organización tan fuerte como la nuestra, y papá ganó cómodamente con un 49 por ciento de los votos.

El Súper Martes, el 8 de marzo de 1988, se celebraron las primarias en diecisiete estados. La impresionante organización, estrategia y capacidad de recaudar fondos de la campaña funcionaron ese día: arrasamos en dieciséis estados. Por primera vez en su carrera política, George Bush ganó una campaña en el estado de Texas. Cuando terminó el recuento de votos, George Bush estaba a dos tercios de conseguir su nominación. El Súper Martes resultó que no fue un cortafuego, sino el final efectivo de la campaña.

Como presunto candidato, papá trabajó mucho para unificar al partido. Se reunió con congresistas, sin importar si lo apoyaban o no. Llamó a gobernadores de todo el país y los invitó a Walker's Point. Y en un gesto típico de George Bush, él y mamá organizaron una cena en el Observatorio Naval para los candidatos que se habían enfrentado a él en las primarias republicanas. Papá aprovechó la ocasión para sanar cualquier herida que aún sangrara y lograr el apoyo de aquellos candidatos de cara a noviembre. Necesitaba su ayuda porque empezaba las elecciones generales desde un punto muy bajo.

Si las elecciones presidenciales se hubieran celebrado en verano de 1988, el gobernador Michael Dukakis de Massachusetts habría ganado seguro. Dukakis no había empezado las primarias demócratas como favorito: era el poco carismático gobernador de un estado mediano y liberal. Pero hizo una buena campaña y superó a sus rivales para la nominación demócrata: el senador Al Gore Jr. por Tennessee, el congresista de Missouri Dick Gephardt y el líder de derechos civiles Jesse Jackson; fue una carrera por la nominación que se caracterizó por el alud de críticas contra la administración Reagan-Bush.

A mediados de julio, Dukakis y los demócratas celebraron su convención en Atlanta. Dos de los participantes en la ronda de discursos desempeñarían un papel clave en nuestras vidas. La primera fue Ann Richards, la vivaz tesorera del estado de Texas y futura gobernadora, que saltó a los titulares cuando dijo que papá "había nacido en una cuna de oro y metido la pata desde la cuna". El otro era el Gobernador Bill Clinton, de Arkansas, cuyo discurso fue tan largo que lo aplaudieron a rabiar cuando dijo: "Para terminar . . .".

Uno de los momentos más destacados de la convención fue cuando presentaron al compañero de Dukakis en su candidatura, el senador Lloyd Bentsen de Texas. Bentsen era un legislador respetado, de un estado con mucha influencia y con valiosa experiencia en Washington. Y poseía otra cualidad que a Michael Dukakis le interesaba mucho: sabía cómo vencer a George Bush. Bentsen había derrotado a papá en las elecciones al Senado de 1970, y la elección de éste por Dukakis una semana antes de la convención fue recibida como una jugada maestra política. La conexión "Boston-Austin" no solamente sumaba a un hábil político, veterano de muchas campañas, en el tándem de candidatos, sino que también recordaba a la pareja JFK-LBJ que había obtenido una victoria para los demócratas, contra un vicepresidente, una generación antes. Los nuevos candidatos salían de la convención con ventaja.

Papá se pasó la semana de la convención demócrata pescando en Wyoming con Jim Baker. Después de su labor como jefe de gabinete del presidente Reagan durante su primer mandato, Baker había ejercido de secretario del tesoro durante el segundo mandato. Abandonó su cargo, uno de los más poderosos del gabinete, para liderar la campaña para las elecciones presidenciales de papá.

Como tuve el privilegio de vivir la campaña de cerca, puedo dar fe de la gran diferencia que Jim Baker representó para nuestro propósito. A lo largo de una campaña presidencial, que suele durar muchísimo, las líneas de autoridad suelen difuminarse y el proceso de toma de decisiones se vuelve descuidado. Eso no sucedió bajo la dirección de Jim Baker. Su presencia aportó estructura y claridad a la campaña. Escuchaba atentamente a todo el que quisiera darle consejo, pero no había ninguna duda: él estaba al mando. Nunca permitió que los asesores que viajaban en el avión con nosotros ejercieran su influencia en el candidato, o restaran importancia a las decisiones que se habían tomado desde la sede (algo que suele suceder en campañas menos disciplinadas). El hecho de que fuera muy cercano a mi padre le daba credibilidad, tanto dentro como fuera de la organización, y a su vez, mi padre gozaba de la tranquilidad de espíritu que le daba saber que la campaña estaba en manos de un amigo de su máxima confianza.

* * *

DESPUÉS DE UN duro verano para George Bush, el mundo político aterrizó en Nueva Orleans a mediados de agosto para celebrar la Convención Nacional Republicana. Durante un año, papá había transitado la delicada línea que dividía su papel como vicepresidente y candidato presidencial. Había resistido la presión de distanciarse o criticar al presidente Reagan, una estrategia para la que hacía falta disciplina y contención, especialmente a medida que sus resultados en las encuestas empeoraban. Actuó así por lealtad, y fue lo bastante sabio como para comprender que debilitar al presidente también perjudicaría sus posibilidades en las elecciones generales. Y finalmente, papá tenía un gran sentido del tiempo político. El escenario de la convención fue una oportunidad para emerger de la sombra del presidente y definir su visión para Estados Unidos.

La convención de Nueva Orleans fue como una reunión familiar. Todos queríamos aportar nuestro granito de arena. Cuando se pronunció formalmente el nombre de papá como candidato, la esposa de Jeb, Columba, lo secundó, primero en castellano y luego en inglés. George P. Bush, el hijo de Jeb y Columba, lideró el juramento a la bandera. Mis hermanos y yo anunciamos cada uno el apoyo de las delegaciones de nuestros respectivos estados: Neil por Colorado, Jeb por Florida, Marvin por Virginia y Doro por Maine. En mí recayó la responsabilidad de anunciar el apoyo de Texas, que ponía oficialmente a papá en cabeza de la lista de la nominación.

Dije que el estado de la "estrella solitaria" se enorgullecía de sumar sus delegados "para un hombre al que respetamos y al que queremos . . . para el hijo favorito de Estados Unidos, y el mejor padre del país".

Papá empezó su discurso de aceptación explicando la nueva etapa que se iniciaba. "Muchos de ustedes han preguntado cuándo empezará de veras la campaña. He venido a esta sala para decirles, y para decirle a Estados Unidos, que esta noche empieza todo". Y prosiguió: "Durante siete años y medio he ayudado al presidente a llevar a cabo la tarea más difícil del mundo . . . Pero ahora deben verme por lo que soy: el candidato republicano a presidente de los Estados Unidos de América".

La multitud rompió a aplaudir, enardecida, y papá siguió animándolos una hora más con su potente discurso. Unos días antes, papá me había pedido que leyera un borrador del discurso. La sólida argumentación y la limpia redacción de sus ideas me impresionaron, pero nada me preparó para el impacto de verlo pronunciarlo en directo esa noche en el Superdome.

"Soy un hombre que ve la vida como misiones", dijo, "las que son definidas y las que completamos. Cuando era piloto de un bombardero, las misiones nos venían ya definidas. Antes de despegar, sabíamos que no importaba lo que sucediera, teníamos que intentar alcanzar el objetivo. He tenido otras misiones: el Congreso, China, la CIA. Pero esta noche estoy aquí, con vosotros, y soy vuestro candidato porque la labor más importante de mi vida es completar la misión que empezamos en 1980".

Procedió a atacar con fuerza la trayectoria de Dukakis, un pesimista que veía a Estados Unidos sumido en "un largo y lento declive" y un "tecnócrata que se asegura de que el engranaje funcione, pero que ni por un segundo entiende la magia que hace funcionar a la máquina". Luego procedió a explicar la visión que tenía para el futuro del país: una política exterior basada en "el conocimiento de que la fuerza y la claridad son el camino hacia la paz", y no "la debilidad y la ambivalencia, que con frecuencia llevan a la guerra". Quería apoyar a las organizaciones benéficas y a los voluntarios para construir una "nación más amable", iluminada por "mil puntos de luz en un cielo amplio y en paz". Su política económica estaba diseñada para crear empleo sin aumentar los impuestos, culminando en su promesa: "Léanme los labios: no más impuestos".

Finalmente, describió su carácter. Papá siempre era reticente a la hora de hablar de sí mismo, pero en un pasaje breve y lleno de humor logró dar con la nota perfecta: "Quizá no sea el más elocuente, pero muy pronto aprendí que la elocuencia no extrae petróleo del suelo. Y a veces puedo ser torpe, pero no hay ni un gramo de torpeza en el amor que siento por mi país. Soy un hombre callado y por eso escucho a los que también callan cuando los demás no les prestan atención. A los que crían a sus familias, pagan impuestos y la hipoteca religiosamente. Los escucho y me conmueven, y sus preocupaciones son las mías".

Llegó a su conclusión: "Haré que Estados Unidos siga avanzando, siempre hacia adelante, para conseguir un país mejor, para un sueño duradero y sin fin y mil puntos de luz. Esa es mi misión y la completaré".

El gentío explotó, entusiasmado. Laura, Barbara, Jenna y yo subimos al escenario junto al resto de la familia que se unió a mamá y papá para el lanzamiento de globos (esta vez no nos preocupaba que parecieran condones). George Bush estaba radiante. No logro recordar un discurso que capturara el momento tan a la perfección. Papá se convirtió de vicepresidente de Ronald Reagan a candidato a presidente por derecho propio. Como muchas otras personas que estiman a George Bush, esa noche me sentí muy feliz.

Años más tarde, cuando estaba trabajando en la redacción de mi discurso de aceptación para la convención del año 2000, junto a un escritor de mi equipo, Mike Gerson, pensé en el discurso de papá de 1988. Una de las lecciones que aprendí con él es que un candidato no sólo tiene que encontrar frases inolvidables, sino que también debe proyectar una visión que los ciudadanos norteamericanos quieran seguir. Eso es lo que George Bush hizo en 1988. Después de la noche final en la convención, también yo estaba seguro de que los ciudadanos de Estados Unidos podían imaginar al presidente George H.W. Bush.

LA ACTUACIÓN DE mi padre en la convención fue perfecta, con una excepción: el anuncio de su compañero de candidatura.

Papá inició su búsqueda del candidato a vicepresidente poco después de asegurarse la nominación. A diferencia de muchos candidatos presidenciales, no buscaba alguien que pudiera completar las carencias de su trayectoria, como había hecho él por Ronald Reagan ocho años atrás, y Dick Cheney, con su experiencia en seguridad nacional, hizo por mí doce años después. Además de escoger a alguien capaz de asumir la presidencia, papá quería cruzar la brecha generacional. Aunque a sus sesenta y cuatro años estaba lleno de energía, también era consciente de que formaba parte de la generación que había vivido la Segunda Guerra Mundial, generación que había tenido la presidencia desde las elecciones de John F. Kennedy, casi tres décadas antes. Papá presentía que la generación de los *baby boomers* estaba lista para volver al escenario político nacional. Le gustaba la idea de un compañero de candidatura que apelara a los votantes más jóvenes y lo ayudara a construir un camino para la nueva generación de líderes republicanos. Existía un precedente histórico que influía en papá: en 1952, Dwight Eisenhower, de sesenta y un años de edad, y un presidente al que papá admiraba muchísimo, escogió a un senador de treinta y nueve años, Richard Nixon, como compañero de candidatura.

Papá escogió al senador por Indiana, Dan Quayle, de cuarenta y un años, como su candidato a vicepresidente. Había conocido a Quayle durante sus años en Washington, donde Quayle había servido desde que ganó las elecciones a la Cámara de Representantes a los veintinueve años de edad. Cuatro años más tarde, derrotó al senador demócrata Birch Bayh, quien llevaba tres mandatos seguidos sin perder, y ganó la reelección al segundo mandato del Senado sin dificultades. Había impresionado a sus colegas lo suficiente como para conseguir un puesto en los poderosos comités de Presupuesto y de Servicios Armados, donde atesoró experiencia en el control de armas y se opuso tajantemente a los esfuerzos demócratas por reducir el gasto militar. Papá creía que su experiencia en Washington lo había preparado para la tarea vicepresidencial. Y sabía que aportaría su energía en la campaña electoral.

Papá no habló de su elección con nadie, ni la prensa, ni a sus asesores; ni siquiera nos lo comentó a mamá ni a mí. El plan de la campaña era mantener el suspenso y anunciar el candidato a vicepresidente el miércoles de la semana de la convención, el día antes del discurso de aceptación de papá. Sin embargo, el martes por la mañana, la especulación acerca de su elección de candidato a vicepresidente había alcanzado niveles inusitados. Los rumores acerca del proceso de decisión casi ensombrecieron el resto de la convención. Los periodistas acosaban a Bob Dole y a Jack Kemp, dos nombres de la supuesta lista de finalistas. A papá le supo mal que Dole y Kemp estuvieran en una posición incómoda, así que cambió de planes el martes por la tarde, y un día antes de lo previsto, anunció que había optado por Quayle.

Papá me pidió que estuviera junto a él cuando llamara a Quayle para ofrecerle el puesto. Estábamos a bordo del ferry *Natchez*, que estaba a punto de transportar a un gran grupo de familiares, ayudantes de campaña y seguidores desde Algiers

Point, cruzando el Mississippi, hasta un mitin a pie de puerto en Spanish Plaza. Papá y Quayle hablaron brevemente, Quayle aceptó la oferta y papá le pasó el teléfono a Jim Baker. No hubo mucho tiempo para charlar. Baker le dijo a Quayle que se presentara en el mitin del puerto, y que papá lo llamaría al escenario para el anuncio de su candidatura conjunta. El senador se introduciría a continuación en una limusina del Servicio Secreto que lo conduciría a reunirse con sus escritores de discursos, para empezar a trabajar en un discurso de aceptación para el público nacional.

El *ferry* cruzó el Mississippi y papá ya estaba listo para anunciar la candidatura de Quayle en el mitin. Pero había un problema: Quayle no aparecía. Él y su esposa, Marilyn, aún estaban de camino al puerto. Por fin divisaron al senador y papá sorprendió al público anunciando que Quayle iba a ser su candidato a la vicepresidencia. Pensé en lo que debió cruzar por la mente de Quayle cuando saltó a la plataforma. Era un año más joven que yo, y apenas unas horas antes no tenía ni idea de que iba a plantarse en mitad del escenario político a nivel nacional.

Los focos sobre su persona pronto se volvieron despiadados. Los periodistas no cesaban de preguntar acerca del servicio de Quayle en la Guardia Nacional durante Vietnam. Pero la campaña había realizado un proceso escrupuloso de vetado del candidato y la conclusión era que no teníamos de qué preocuparnos. Mirando atrás, el hecho de que papá hubiera mantenido en secreto su elección hizo que ni Quayle ni los miembros de nuestra campaña tuvieran tiempo de prepararse para la cantidad de preguntas que con que los bombardearon.

En la atmósfera enardecida de la convención, el frenesí de la prensa acerca de la trayectoria y el pasado de Quayle escalaron hasta niveles críticos. La cobertura fue tan agresiva que algunos seguidores llamaron a papá para pedirle que desechara a Quayle y escogiera a otro candidato a vicepresidente. George Bush ni siquiera se lo planteó. Sabía que sería un desastre, equivalente a reconocer que su primera gran decisión como candidato del partido había sido un error. Y tenía razón. La crisis se calmó una vez que Quayle pronunció un sólido discurso y de la estelar intervención de papá aceptando la nominación la noche final. La convención le dio al tándem Bush-Quayle uno de los empujones más grandes de la historia política nacional que se recuerden. Empezaron con una pequeña ventaja, y yo aprendí una valiosa lección. Cuando tuve que anunciar mi propio candidato a la vicepresidencia, lo hice antes de la convención.

DURANTE LA CONVENCIÓN, George Bush se definió a sí mismo. Y después, definió a Michael Dukakis. El gobernador de Massachusetts había dejado la puerta abierta declarando en su discurso de convención que "estas elecciones no son acerca de la ideología, sino de la capacidad y eficacia de los candidatos". Era cómico que Dukakis afirmara ser más competente que George Bush, que había ostentado más cargos gubernamentales de importancia que cualquier candidato presidencial reciente. Además de eso, dos décadas en política nacional habían convencido a papá de que los votantes basan sus decisiones en los valores casi tanto como en otros aspectos. Y sabía que los valores de Michael Dukakis no gustarían a muchos ciudadanos.

A lo largo del otoño, papá tachó a Dukakis de "liberal de Massachusetts" y citó la declaración de su adversario de que era un miembro "con tarjeta" del ACLU (el Sindicato de Libertades Civiles Norteamericano). Recordó al país que Dukakis se había opuesto a la oración en las escuelas públicas y que había vetado una ley que proponía que las escuelas de Massachusetts empezaran cada día con la jura a la bandera. "Somos una nación bajo Dios", decía papá en sus discursos, "y no debería intimidarnos jurar la lealtad a nuestra bandera en las escuelas". Supimos que esa línea de ataque estaba funcionando cuando Dukakis empezó a jurar la lealtad a la bandera antes de empezar sus eventos de campaña.

El tema del crimen también puso de relieve otro contraste. El gobernador Dukakis había apoyado el control de armas, una posición que preocupaba a muchos norteamericanos, convencidos de que la Segunda Enmienda protege el derecho de un individuo a tener y llevar armas para cazar, por deporte y para su protección. También se opuso a la pena de muerte, una decisión que lo enfrentó con una gran mayoría de la población. Y en la decisión más notoria de su carrera como gobernador, Dukakis había apoyado un programa que concedía licencias de fin de semana a los prisioneros de Massachusetts, incluyendo a los que cumplían condena por crímenes violentos.

George Bush no era el primero que criticaba el programa de licencias de fin de semana. El senador Al Gore había atacado a Dukakis por ese tema durante uno de los debates de las primarias demócratas. Como Gore señaló, once de los prisioneros a los que se había concedido licencia se habían fugado, y dos habían cometido un asesinato durante la licencia.

Uno de los prisioneros de Massachusetts más conocido era Willie Horton, que aprovechó el permiso para huir a Maryland y violar a una mujer. A finales de septiembre, una organización independiente llamada Norteamericanos para Bush destacó la noticia en un anuncio en el que aparecía una foto de Horton. Los críticos dijeron que papá estaba apelando a impulsos racistas, pues Horton era afroamericano. La campaña de papá no tuvo nada que ver con la emisión de ese anuncio. De hecho, cuando George Bush lo vio se puso furioso. Él jamás hubiera jugado la carta racial. Había emitido anuncios criticando el programa de licencias, cierto, pues era un tema legítimo de debate, pero nunca había mostrado una imagen de Horton o mencionado su raza de ninguna manera. Mirando atrás, la polémica por lo de Horton era un indicio de un nuevo fenómeno político: los grupos independientes que trataban de influir en las elecciones.

La campaña de papá sobre los valores, combinada con su gran experiencia como líder y su sólida trayectoria, impactaron a los votantes y lo ayudaron a distanciarse de Dukakis. El propio Dukakis también colaboró: trató de defender sus credenciales en seguridad nacional subiéndose a un tanque del Ejército. El casco le quedaba grande, y parecía más un payaso que un presidente.

Como en muchos años electorales, los principales eventos de la campaña de 1988 fueron los debates presidenciales. El primero se celebró en Carolina del Norte a finales de septiembre. Para mí, el momento más memorable tuvo lugar durante la preparación del debate. Papá había invitado a Barbara y a Jenna a pasar la noche en el Observatorio Naval. En algún momento durante la noche, la pequeña Barbara, de seis años, descubrió que había perdido su querido perrito de peluche Spikey. Se lo dije a su abuelo, pues sin el perrito no podía dormir. Empezó una búsqueda intensiva del mencionado peluche por la casa y por el jardín, liderada por el propio Gampy en persona. No sé qué estaba haciendo Michael Dukakis la noche antes del debate, pero dudo que estuviera buscando un perrito de peluche con una linterna.

Afortunadamente, encontraron a Spikey sin un rasguño, y la mayoría de los observadores dijo que el debate había quedado en un empate.

Así que había mucha anticipación para el segundo y último debate presidencial, que iba a celebrarse en Los Ángeles. Con apenas unas semanas por delante antes de las elecciones, el debate era la última oportunidad para los dos candidatos: si querían mejorar su proyección frente a una audiencia nacional, ese era el momento. Yo no asistí al debate, ni a ningún otro de papá: me ponía demasiado nervioso. Para calmarnos, mi hermano Marvin y yo decidimos ir a ver una película de Woody Allen. No recuerdo cuál era, pero sí que Marvin utilizaba el teléfono que había en el vestíbulo del cine para ir llamando a su buen amigo, PQ, para que le contara cómo iba el debate. Marvin volvió con la noticia de que papá había empezado con buen pie. Pasaron otros veinte minutos, y Marvin se dirigió al vestíbulo para volver a llamar. De nuevo las noticias eran buenas. Después de un tercer informe tranquilizador de PQ, abandonamos el cine y nos fuimos a casa directamente después del fin del debate. Unos minutos más tarde, sonó el teléfono.

—¿Qué tal lo he hecho, hijo? —preguntó papá.

Sin dudarlo un instante, le dije:

—Papá, ha sido un *home run*.

Tenía más razón de la que yo sabía. Como muchos debates, este fue recordado por un único instante. Sucedió con la primera pregunta de la noche. El moderador, Bernard Shaw de la CNN, empezó preguntándole a Dukakis:

—Gobernador, si a Kitty Dukakis la violaran y la asesinaran, ¿estaría a favor de la pena de muerte irrevocable para el culpable?

La horrorosa estampa debió repugnar a muchos espectadores, pero el gobernador contestó como si le hubiera preguntado por el tiempo:

—No, no lo estaría Bernard. Y creo que sabe que me he opuesto a la pena de muerte durante toda mi vida—añadió.

Prosiguió explicando las razones de su postura política sin mencionar ni una sola vez el hecho de que la pregunta viniera de la mano de esa imagen terrible, la violación y asesinato de su esposa.

La respuesta de Dukakis lo perjudicó porque reforzó la percepción del electorado de que el gobernador era un tecnócrata frío. La respuesta de mi padre fue visceral. Dijo que apoyaba la pena de muerte para los crímenes que eran "tan odiosos, brutales y repugnantes".

Bernie Shaw no le puso las cosas fáciles a papá. En su primera pregunta a mi padre, le pidió que explicara cuál sería su reacción ante la posibilidad de que lo eligieran y que muriera antes de la inauguración, dejando a Dan Quayle como presidente del país. La pregunta venía a raíz de una de las frases más memorables del debate de vicepresidentes una semana antes. Cuando Quayle señaló que se había pasado tantos años en el Congreso como John F. Kennedy, Lloyd Bentsen replicó: "Senador, yo serví con Jack Kennedy. Conocí a Jack Kennedy. Era amigo mío. Senador, usted no es ningún Jack Kennedy". La réplica de Bentsen cristalizó la opinión de algunos sectores críticos que creían que Quayle no estaba preparado para ser presidente.

Papá contestó que confiaba en la experiencia y la capacidad de su compañero de candidatura. También dijo que "nunca había sido testigo de una campaña presidencial donde un candidato presidencial se enfrentara a un candidato a la vicepresidencia". Papá era consciente de un axioma de la política norteamericana: la gente vota por el presidente, no por el vicepresidente. De la misma manera que George Bush no ganó las elecciones para

Ronald Reagan, y que Geraldine Ferraro no pudo ganarlas para Walter Mondale, Lloyd Bentsen no ganaría las elecciones para Michael Dukakis. Cuando las nuevas encuestas llegaron unos días después del último debate presidencial, el tándem Bush-Quayle contaba con una ventaja de diecisiete puntos.

AUNQUE TENÍA UN claro liderazgo, papá se negó a dar las elecciones por ganadas. Después de todo, apenas hacía dos meses estaba arrastrándose para llegar a los dobles dígitos. Así que volvió a recorrer las zonas rurales para hacer campaña durante las semanas finales. Yo viajé con él en alguna ocasión, lo que me hizo recordar a cuando cruzábamos Texas en autobús en 1964, cuando fue candidato por primera vez y yo era un muchacho de dieciocho años. Había cambiado mucho en esos veinticuatro años, pero algo seguía igual: a papá le gustaba estar con su familia.

Uno de mis recuerdos favoritos de la campaña de 1988 fue cuando papá invitó a Barbara, Jenna y Laura a acompañarlo en un viaje en tren por el Medio Oeste en Halloween. El gesto fue muy amable: sabía que se lo pasarían bien y disfrutó con sus nietas al lado. En el vuelo de regreso a Washington, Barbara y Jenna se pusieron sus trajes de Halloween. Aún sonrío al ver la imagen de nuestras hijas, vestidas de vampira y de paquete de chicles Juicy Fruit, caminando por los pasillos del Air Force Two, pidiendo *trick-or-treat* a los miembros de la prensa.

La campaña de 1988 fue la primera en la que trabajé de principio a fin. Aprendí mucho por el camino, acerca del proceso político, y también del carácter de mi padre. Entre las naturales dudas que surgen cuando una campaña electoral está en peligro, George Bush siempre supo permanecer tranquilo y firme.

Se concentró en su estrategia a largo plazo, no en las cifras diarias que escupían las encuestas. Aunque hubo mucha gente que dudó de sus posibilidades, siguió animado y nunca dejó de creer que ganaría. Aún hoy, mirando hacia atrás, admiro la energía, disciplina y el sentido de la oportunidad que demostró durante toda la campaña de 1988.

FINALMENTE LLEGÓ EL día de las elecciones, el 8 de noviembre de 1988. Papá estaba exhausto pero optimista. Nuestra gran familia se reunió para ver juntos los resultados en el hotel Houstonian. Cuando New Jersey y Ohio se sumaron a la columna de papá, supimos que habíamos ganado. Siguió ganando votos, y sumó cuarenta de los cincuenta estados, incluyendo algunos que ningún republicano ha logrado ganar desde entonces: California, Connecticut, New Jersey, Maryland, Michigan y Pennsylvania. Michael Dukakis esperó a que se cerraran las encuestas en la Costa Oeste y luego llamó para conceder la victoria a mi padre.

Después de una breve celebración con la familia y los miembros de la campaña, papá se dirigió a pronunciar su discurso de victoria. Mamá estaba a su lado, y toda nuestra familia lo respaldó, de pie detrás de él. Cuarenta años antes, él, mamá y yo nos habíamos mudado a una casita en el oeste de Texas, sin tener ni idea de lo que nos depararía el futuro. El camino desde ese día no había sido fácil para George Bush. Había escogido una carrera política como republicano en un estado demócrata. Había perdido tantas elecciones como las que había ganado. Vivió a la sombra del factor Van Buren y del escándalo del Irangate. Y a lo largo de todo eso, se negó a abandonar. Siguió trabajando, siguió presentándose, siguió intentando hacerlo mejor. Ahora, después de una de las carreras políticas más impresionantes del siglo XX, tenía el trabajo que más deseaba en el mundo: George Herbert Walker Bush sería el presidente número 41 de los Estados Unidos de América.

NÚMERO 41

DESPUÉS DE PASAR DOS DÉCADAS EN puestos gubernamentales de responsabilidad y de observar al presidente
Reagan en la Casa Blanca durante ocho años, George Bush
entendía cuál era la labor de un presidente. Y no perdió un instante en ponerse manos a la obra. El día después de las elecciones, anunció que su candidato para secretario de Estado era
James A. Baker. Poco después, nombró a John Sununu como
jefe de gabinete de la Casa Blanca. Siguió con el nombramiento
de su asesor de seguridad Nacional: Brent Scowcroft, un astuto
ex general de las Fuerzas Aéreas que también había ocupado
ese puesto en la administración del presidente Ford. (Scowcroft
sigue siendo la única persona que ha repetido en ese cargo tan
delicado a las órdenes de más de un presidente).

Papá utilizó el período de transición como una ocasión para
seguir desarrollando su visión para el país. Abordó temas que
iban desde la economía hasta la Guerra Fría, con decisión y
entidad. Su actividad impresionó a los periodistas que lo habían
subestimado durante la vicepresidencia. Como uno de los pre-
sentadores de televisión dijo: "Fue como ver a Clark Kent convertirse en Superman".

El día después de las elecciones, mamá y papá invitaron a

nuestra familia a un servicio en la Iglesia Episcopal de St. Martin en Houston. Me pidieron que fuera el conductor de la plegaria. "Por favor, guíanos y protégenos en nuestros viajes y, especialmente, cuida de mi padre y de mi madre", dije. "Rogamos que nuestras vidas sean ejemplos, recordando las palabras de David: 'Que mis palabras y lo que mora en mi corazón sea de tu agrado, oh Señor'". Mientras regresaba al banco de la iglesia, el cansado y humilde presidente-electo seguía rezando.

Ese momento era un reflejo de la tranquila fe de mi padre. Era un hombre religioso, pero no le gustaba hacer gala de su fe en público. A mí me costaba menos. En un debate presidencial en 1999, el moderador preguntó a los candidatos cuál era el filósofo con el que más se identificaban. Yo respondí: "Cristo, porque cambió mi corazón". No fue una respuesta aprendida de antemano; simplemente me limité a decir la verdad. Papá me llamó poco después del debate, como solía hacer, y me dijo: "Bien hecho, hijo". Hablamos de los momentos más destacados del debate y luego me dijo: "No creo que esa respuesta sobre Jesús te haga mucho daño". Su primer instinto fue pensar que ese comentario podía perjudicarme. Su reacción fue un reflejo de lo reticente que era a hacer algo que pudiera percibirse como imponer la religión a los demás. En retrospectiva, esa conversación quizá fue la manera de papá de recordarme otro de mis versículos favoritos de la Biblia para políticos (del Evangelio de San Mateo): "Por qué miras la paja que hay en el ojo de tu hermano y no ves la viga que está en el tuyo?".

Mis padres invitaron generosamente a Laura, a las niñas y a mí a viajar a Washington con ellos al día siguiente. Para mi horror, descubrí que Barbara y Jenna habían tapado los lavabos del Air Force Two llenándolos de papel higiénico. Hasta el día de hoy, mi madre sigue preguntándoles a las niñas, en broma, si lo hicieron a propósito. Por suerte, nadie pareció enfadarse. Todos disfrutábamos de la victoria de papá.

Ese año celebramos la Navidad en la residencia del vicepresidente, la última que pasaríamos en la maravillosa casa que había en los terrenos del Observatorio Naval. Faltaban unas pocas semanas para que papá fuera presidente, pero no daba muestras de estar estresado. El único momento de crisis que recuerdo fue durante un partido de herraduras, en el que papá y yo jugamos contra un asesor naval y el periodista de *Sports Illustrated* George Plimpton. Éste enseguida se puso a la cabeza, pero papá lanzó con tanto acierto que logró una victoria remontando la puntuación. "¡Qué jugada!", exclamó Plimpton. Y publicó un estupendo artículo acerca del partido, que capturaba la energía, el humor y el entusiasmo por la vida de mi padre. Es uno de mis perfiles favoritos de George Bush.

LA SOLEADA MAÑANA del 20 de enero de 1989, nuestra familia se colocó en la plataforma inaugural. Billy Graham pronunció la plegaria de la inauguración, y Alvy Powell, del coro del Ejército, cantó el himno nacional. Unos minutos antes del mediodía, papá se acercó al podio para realizar el juramento. Mamá sostuvo la Biblia sobre la que George Washington había jurado su cargo, doscientos años antes, en 1789. El juez de la Corte Suprema William Rehnquist le pidió a papá que alzara la mano derecha y repitiera el juramento. Mientras observaba a mi padre, me invadió una oleada de tremendo orgullo, junto con una ligera aprensión sobre lo que nos depararía el futuro.

Quizá la persona de la familia que más excitada estaba ese día fue Dorothy Walker Bush, de ochenta y siete años. La salud de mi abuela era tan frágil que tuvo que viajar a Washington en un avión acompañada de enfermeros y médicos. No se hubiera perdido este momento por nada del mundo. Solamente lamentó que mi abuelo, que habría estado orgullosísimo de su hijo, no pudiera compartir la alegría de ese día. Papá le preguntó por las muchas inauguraciones a las que había asistido a lo largo de los últimos cincuenta años. "Por supuesto, esta es la mejor", dijo, "porque estoy aquí sentada, sosteniendo la mano de mi hijo, el presidente de los Estados Unidos". Es el máximo nivel de alardeo al que jamás llegó Dorothy Walker Bush.

El país había cambiado mucho desde que Ronald Reagan se había subido a la plataforma inaugural para su juramento, ocho años antes. En 1981, Reagan había iniciado su discurso describiendo una de las "inflaciones más largas y sostenidas de nuestra historia nacional". En parte gracias a las políticas financieras de las dos administraciones Reagan, papá se instaló en el Despacho Oval con una economía que crecía al 3,8 por ciento y una tasa de desempleo del 5,3 por ciento. Aún así, la Bolsa se había desplomado en octubre de 1987, y algunos sectores industriales lo estaban pasando muy mal. En el plano de la política exterior, el presidente Reagan y Gorbachov habían avanzado conjuntamente para suavizar la tensión de la Guerra Fría. Habían firmado el Tratado INF, por sus siglas en inglés, y la Unión Soviética se retiraba de Afganistán. Y sin embargo, los soviéticos aún dominaban Europa del Este, seguían interfiriendo en América Latina y todavía representaban una amenaza a causa de su arsenal de armas nucleares. También había otros problemas a nivel internacional, como los terroristas que habían hecho estallar el vuelo Pan Am 103 en Lockerbie, Escocia, un mes antes con el objetivo de desestabilizar a Oriente Medio.

Ahora, cuando se disponía a emprender el reto más importante de su carrera, lo primero que hizo George Bush fue dar las gracias. Al presidente Reagan, por los servicios que había prestado al país. Luego pronunció una oración de agradecimiento: "Padre nuestro que estás en los cielos, inclinamos la cabeza y te agradecemos Tu amor". Y concluyó: "Sólo existe una manera de utilizar el poder con justicia, y es servir a la gente. Ayúdanos a recordarlo, Señor. Amén".

"Estoy frente a ustedes y asumo presidencia en un momento lleno de promesa", continuó. "Vivimos tiempos prósperos y pacíficos, pero podemos lograr que sean mejores". Luego expresó su optimismo acerca del futuro: "Porque llega una nueva brisa, y parece renacer un mundo refrescado por la libertad. Pues en el corazón del hombre, si no de hecho, el tiempo de las dictaduras ha terminado. La era de los totalitarismos ha acabado, y sus viejas ideas se alejan como hojas muertas de un árbol anciano y sin vida".

Después se concentró en sus objetivos a nivel nacional: "Amigos", dijo, "no somos la suma de nuestras posesiones. Esa no es la medida de nuestras vidas. Sabemos lo que importa de veras, en nuestros corazones. No podemos esperar simplemente legar a nuestros hijos un coche más grande, o una cuenta con más dinero. Nuestra esperanza es enseñarles lo que significa ser un amigo leal, un padre que los ama, un buen ciudadano, que deja su hogar y su barrio mejores de lo que eran antes". Y prosiguió, uniendo sus objetivos a nivel de política nacional y exterior: "Estados Unidos nunca estará completa a menos que se comprometa con los más elevados principios morales", dijo. "Nosotros, como un pueblo unido, tenemos hoy ese propósito: hacer que el rostro de nuestra nación sea más amable, y que el rostro del mundo también lo sea".

Después del discurso, mis padres acompañaron a los Reagan hasta su último viaje a bordo del helicóptero presidencial. Luego comieron en el Capitolio y realizaron el tradicional desfile en coche por la Avenida Pennsylvania. Esa noche asistieron a doce fiestas inaugurales antes de regresar, muertos de cansancio, a la Casa Blanca. Afortunadamente, la residencia es lo bastante espaciosa como para que no oyeran los chillidos de alegría de sus diez nietos, todos ellos invitados a pasar la noche allí. A la mañana siguiente papá se levantó temprano, listo para trabajar como el presidente número 41 de los Estados Unidos.

GEORGE BUSH NO tardó en adaptarse a la presidencia, especialmente en lo relacionado a la política exterior. Su primera decisión diplomática relevante fue asistir al funeral del emperador japonés Hirohito, lo cual le granjeó algunas críticas de sus compañeros veteranos de la Segunda Guerra Mundial, que recordaban las atrocidades que se cometieron bajo las órdenes del emperador. Mi padre entendió sus reacciones; después de todo, había luchado contra el mismo enemigo. Pero también creía que una nación, igual que las personas, era capaz de cambiar. Y Japón había cambiado de maneras fundamentales. Después de la guerra, Hirohito había colaborado en la transición de Japón hacia la democracia. Hacia 1989, era uno de los aliados más estrechos de Estados Unidos, y papá quería honrar la relación que existía entre las dos democracias. Los líderes de Japón le agradecieron su gesto de respeto, y durante mi propia presidencia, doce años más tarde, uno de mis mejores amigos en la escena política mundial fue el primer ministro japonés, Junichiro Koizumi.

Desafortunadamente para papá, la mayor parte de la atención mediática durante su viaje a Japón tuvo muy poco que ver con la política exterior. Los periodistas tenían la vista puesta en el Senado de los Estados Unidos, donde John Tower, su candidato a secretario de defensa, se hallaba inmerso en una dura batalla por la confirmación de su cargo. Tower se había ganado enemigos al otro lado de la tribuna, y eso salió a la luz durante las audiencias. Los ásperos debates destilaban insidia acerca de la vida personal de Tower. A George Bush le sentó muy mal que su amigo fuera objeto de un trato tan injusto y trató de defender a su candidato. A pesar del fuerte respaldo de papá, sin embargo, el Senado rechazó una candidatura al gabinete por primera vez en treinta años. En una decisión que nos afectaría a los dos en los años venideros, el líder de la minoría del Congreso fue el candidato nominado para ocupar el lugar de Tower. Su nombre era Dick Cheney, era congresista por Wyoming y el Senado lo confirmó rápidamente para el cargo de secretario de defensa.

La siguiente parada en el viaje de papá por Asia fue China. Como uno de los mayores expertos sobre ese país, tanto por sus conocimientos como por su experiencia de primera mano, papá conocía a todos los funcionarios importantes de Pekín. Así, el presidente Deng Xiaoping y el primer ministro Li Peng recibieron con calidez a mis padres. También les regalaron un juego de bicicletas, un recordatorio de una de sus actividades preferidas durante el tiempo que mi padre pasó al frente de la Oficina de Relaciones, quince años antes. Un domingo por la mañana, mis padres asistieron a la iglesia donde solían acudir, y donde mi hermana Doro había sido bautizada en 1975. Como papá reflexionó más tarde, el servicio les recordó lo mucho que habían disfrutado de su etapa en China, o como él decía, "su hogar lejos de casa".

En 1974, el Presidente Ford nombró a George Bush como representante autorizado de los Estados Unidos en China. Papá se había dado cuenta de que China, como el oeste de Texas, era una excitante nueva frontera. Mamá y papá se desplazaban por Pekín en bicicleta. *GBPLM*

Pocas horas después de recibir un telegrama de la Casa Blanca pidiéndole que volviera a los Estados Unidos para dirigir la CIA, respondió: ". . . si eso es lo que el presidente quiere que haga, mi respuesta es un rotundo SÍ". El Presidente Ford le ofreció un despacho al lado del Ala Oeste, pero el director Bush pensó que su despacho tenía que estar en la sede de la CIA, en Langley, Virginia. *GBPLM*

Planeando la primera candidatura presidencial de mi padre en 1979, con su amigo y asesor James A. Baker III. Jimmy es un estratega brillante, un negociador hábil y uno de los mejores contadores de chistes que he conocido jamás. Creo que es una de las grandes figuras políticas del siglo XX.

Fotografía del archivo de la familia Bush

El vicepresidente de Franklin Roosevelt se quejaba de que su trabajo no valía "ni un cubo de escupitajos". Afortunadamente, el vicepresidente de Ronald Reagan tuvo una experiencia más positiva. Papá y el presidente comían juntos una vez por semana, una tradición que yo mantuve con el Vicepresidente Dick Cheney.

GBPLM / Cynthia Johnson

Uno de mis recuerdos favoritos de la campaña presidencial de papá en 1988 fue cuando invitó a la familia a acompañarlo en un viaje por el Medio Oeste durante Halloween. Aún sonrío al ver la imagen de Barbara y Jenna caminando por los pasillos del Air Force Two pidiendo *trick-or-treat* a los miembros de la prensa que nos acompañaban. *GBPLM*

Cuando el vicepresidente, a los sesenta años, participó en el partido de veteranos en el Mile High Stadium se enfundó en el uniforme de los Denver Bears y bateó una pelota hacia el campo derecho. *GBPLM / David Valdez*

En la soleada mañana del 20 de enero de 1989, George H. W. Bush juró su cargo como el presidente número 41 de los Estados Unidos. Al contemplarlo levantar la mano derecha y repetir el juramento, me invadió una oleada de orgullo infinito. *GBPLM / Carol Powers*

Jugando a arrojar herraduras con el presidente soviético Mijaíl Gorbachov en Camp David en 1990. La estrategia de papá era desarrollar su amistad mientras animaba a Gorbachov a permitir que la Unión Soviética iniciara una transición pacífica. El día de Navidad de 1991, Gorbachov firmó la legislación que disolvía el régimen comunista. *GBPLM / David Valdez*

Papá fue un prolífico escritor de cartas personales. Hoy en día hay miles de personas en todo el mundo que pueden abrir un cajón de su escritorio y sacar una carta de agradecimiento de George Bush. *GBPLM / David Valdez*

Una vez le pregunté a mi madre cómo habían logrado seguir casados felizmente durante casi setenta años. "Ambos siempre hemos estado dispuestos a recorrer tres cuartos del camino", me dijo. *GBPLM*

La trayectoria legislativa del Presidente George H. W. Bush contiene el mayor
número de logros a nivel de política nacional. Una de las leyes que más lo
enorgullece es la Ley de Estadounidenses con Discapacidades (ADA).

GBPLM / Joyce Naltchayan

Esperando con Laura junto a la Primera Dama para lanzar nuestra primera
pelota en un partido de los Texas Rangers. Papá nunca tuvo que preocuparse
por si mamá podía soportar la presión de la presidencia al tiempo que mantenía
a la familia unida. Yo disfruté de la misma bendición con Laura.

GBPLM / Carol Powers

En una reunión con el General Colin Powell, el Secretario de Defensa Dick
Cheney, el Jefe de Gabinete John Sununu y el Asesor de Seguridad Nacional
Brent Scowcroft, después de que Saddam Hussein invadiera Kuwait. "No
toleraremos esta agresión contra Kuwait", le dijo papá a la prensa. No fueron
palabras vacías. *GBPLM / Susan Biddle*

Como veterano del combate, papá entendía perfectamente la agonía de la guerra
y sentía una conexión especial con las tropas de las que era Comandante en Jefe.
En 1990, mamá y papá pasaron el Día de Acción de Gracias con los soldados que
estaban desplegados en Arabia Saudita. *GBPLM / Susan Biddle*

No todos los aspectos de la visita a China fueron tan agradables. Se produjo una inesperada crisis durante una barbacoa que ofrecieron mis padres, a la que habían invitado a un grupo de responsables políticos chinos. El embajador Winston Lord convocó a una larga lista de miembros de la sociedad civil china, incluyendo al activista por los derechos humanos Fang Lizhi. Papá se enteró más tarde de que la seguridad china había impedido que Fang asistiera al evento. Al día siguiente, el incidente ocupaba la primera plana de todos los medios. Al igual que la candidatura de Tower, el titular del día ensombrecía el mensaje de la visita.

El episodio con Fang Lizhi fue un aviso de los problemas que vendrían más adelante con China. Unos meses después, un grupo de activistas democráticos chinos decidió manifestarse por la libertad en la Plaza de Tiananmen. Las protestas atrajeron la atención del mundo entero, en parte porque coincidían con la visita de Mijaíl Gorbachov a China. El gobierno chino declaró la ley marcial y desplegó tanques y al ejército para sofocar las manifestaciones. El mundo contempló cómo se desarrollaba el drama en tiempo real. Una fotografía de un joven chino de pie frente a una hilera de tanques se convirtió en la imagen icónica de la pérdida de vidas humanas que se avecinaba.

El incidente de Tiananmen colocó al presidente en una posición delicada. Por un lado, apoyaba la reforma democrática en China. Por el otro, también comprendía la importancia estratégica de conservar una estrecha relación a nivel diplomático y económico con el poder emergente. Creía, igual que yo, que el progreso económico en China traería consigo también avances políticos. Y sabía, tras su paso por Pekín, que el gobierno chino se mostraría muy sensible ante cualquier acción norteamericana que pudiera interpretarse como una interferencia en sus asuntos internos.

Papá logró conservar el equilibrio en su reacción al incidente de Tiananmen. Denunció el uso de la fuerza que había hecho el gobierno chino e impuso una serie de sanciones económicas limitadas. Al mismo tiempo, rechazó los llamamientos del Congreso para revocar los privilegios comerciales que habían abierto nuevas vías de intercambio de productos y capital entre ambos países. Los chinos se negaron a responder a los contactos diplomáticos oficiales, así que papá utilizó sus conexiones personales y le escribió una carta privada a Deng Xiaoping. "Escribo como un amigo de verdad", empezó, "esta carta que viene, como creo que ya sabe, de alguien que cree apasionadamente que las buenas relaciones entre Estados Unidos y China son una prioridad para los intereses básicos de ambos países". Y continuaba proponiéndole al presidente mandar un emisario personal a Pekín para abordar formas de rebajar la tensión.

En las veinticuatro horas siguientes, Deng había aceptado la oferta de mi padre. El asesor de seguridad nacional Brent Scowcroft y el adjunto al secretario de Estado Lawrence Eagleburger viajaron a Pekín, donde se reunieron con responsables políticos de alto nivel del gobierno chino. Después de esos contactos, papá envió otra carta a Deng, a quien se dirigió como su "querido amigo". Escribió: "Ambos podemos hacer más por la paz mundial y el bienestar de nuestros pueblos si logramos recomponer la relación entre nuestros países . . . Si debe haber un período de oscuridad, que así sea; pero intentemos encender alguna vela para arrojar luz en las tinieblas".

Nadie supo del viaje de Scowcroft y Eagleburger hasta que regresaron a China varios meses más tarde, y los filmaron brindando con líderes chinos. La imagen perjudicó a papá en ciertos círculos, y Bill Clinton lo criticó por suavizar su actitud hacia China durante su campaña en 1992. A largo plazo, sin embargo, la gestión de la crisis por parte de George Bush se demostró muy hábil. Guió la relación de Estados Unidos con China durante una etapa muy delicada, y contribuyó a sentar las bases de dos décadas de crecimiento económico que benefició a las dos naciones. El crecimiento de China ha sacado a cientos de millones de personas de la pobreza en ese país. También ha creado un nuevo y enorme mercado para los bienes y servicios norteamericanos, a la vez que ha incrementado las perspectivas de reforma política en China. En los Juegos Olímpicos de 2008, celebrados en Pekín, el presidente Hu Jintao celebró una comida en honor de un hombre que se había ganado el respeto de sus conciudadanos desde hacía más de treinta años: George H.W. Bush.

LAS RELACIONES con China plantearon una prueba durante el primer año de la presidencia de papá. La Unión Soviética fue otro reto. Desde el principio, papá tenía muchas esperanzas depositadas en su colega en Moscú, Mijaíl Gorbachov. Como vicepresidente en 1985, había sido el primer representante gubernamental norteamericano de alto nivel que había conocido al nuevo líder soviético. Papá admiraba el enfoque fresco y nuevo de Gorbachov, su capacidad de apertura hacia Occidente, y su compromiso de reforma del sistema soviético, que Gorbachov llamaba la *perestroika*. Cuando tomó posesión del cargo, papá hizo que su equipo de seguridad nacional llevara a cabo una minuciosa revisión de la política nacional hacia la Unión Soviética. En un discurso en el que explicaba su estrategia en mayo de 1989, anunció que Estados Unidos quería ir más allá de la estrategia de "contención" y de las implicaciones negativas de la destrucción mutuamente garantizada, y hacia una relación más cooperativa con una Unión Soviética que estaba en transformación.

El compromiso de Gorbachov con el cambio se puso a prueba con los dramáticos acontecimientos que recorrieron Europa del Este. En Polonia, el movimiento Solidaridad, liderado por Lech Walesa (e inspirado por el papa Juan Pablo II, el primer papa polaco) organizó huelgas en los puertos de Gdansk. En Hungría se produjeron masivas protestas para honrar al líder democrático Imre Nagy, que murió como mártir después de la breve revolución que tuvo lugar allí en 1956. En Checoslovaquia, el autor teatral Václav Havel organizó a los artistas y a otros ciudadanos para rechazar al comunismo en lo que más tarde se conocería como la Revolución de Terciopelo. Y en Alemania del Este, los grupos anticomunistas celebraban misas semanales en las catedrales de las grandes ciudades.

A medida que se desarrollaban los notables eventos de 1989, la cuestión era si Gorbachov suprimiría de manera violenta los movimientos por la libertad, como había hecho la Unión Soviética en Hungría en 1956 y en Praga en 1968, y como China venía de hacer en la Plaza Tiananmen. Papá se dio cuenta de que su reacción frente a esos movimientos revolucionarios podía afectar a su vez la respuesta soviética. En julio de 1989, viajó a Hungría y Polonia, donde habló frente a grandes multitudes. Evitó hacer ninguna declaración que pudiera provocar a las facciones duras de esos países o de la Unión Soviética. Inmediatamente, se puso en contacto con Gorbachov para reforzar su deseo de que sus relaciones fueran más estrechas. "Querido presidente", escribió a bordo del Air Force One, "le escribo esta carta en mi vuelo de regreso de Europa a Estados Unidos. Déjeme que sea directo acerca del objetivo de mi misiva", prosiguió, "me gustaría mucho sentarme a hablar con usted".

Gorbachov aceptó la oferta de papá, y fijaron una cumbre en Malta para diciembre de 1989. Mientras tanto, las revoluciones seguían ganando empuje. En noviembre de 1989, Alemania del Este anunció que abría sus fronteras al lado occidental. En unas pocas horas, decenas de miles de habitantes se agolparon frente al Muro de Berlín y empezaron a derrumbarlo. Papá se enfrentó a numerosas presiones que lo animaban a celebrarlo. Los demócratas del Congreso querían que se presentara en Berlín. Los periodistas, siempre en busca de noticias, exigían saber por qué no demostraba más emoción ante los acontecimientos históricos que se estaban produciendo. "La filosofía Bush es como la de Reagan pero sin la pasión por la libertad", se quejó un periodista. Papá se negó a ceder. Durante toda su vida, George Bush había sido un hombre humilde. No trataba de quedar bien; solamente le importaban los resultados. Y sabía que la mejor manera de conseguir su objetivo era pensar acerca de la situación desde la perspectiva de otra persona: la libertad tenía más posibilidades de abrirse paso en Europa del Este y Central si no provocaba a los soviéticos para que intervinieran y aplastaran las incipientes revoluciones.

"No pienso ir a bailar encima del muro", concluyó.

Siguió presionando, en cambio, para estrechar sus relaciones con Gorbachov. En diciembre de 1989, los dos líderes se reunieron para celebrar una cumbre histórica en Malta. Papá pasó la noche anterior a bordo del *USS Belknap* en el Mediterráneo. Mientras se preparaba para la reunión más importante de su presidencia, papá recordó sus días a bordo del *USS San Jacinto* en la Segunda Guerra Mundial. "Amo la Fuerza Naval", escribió en su diario, "y caminando por la cubierta me sentí como un jovenzuelo de 31 años". Incluso pudo pescar desde la popa del barco. (Aunque, lamentablemente, no sacó nada grande).

Al día siguiente, papá y Gorbachov se reunieron a bordo de un crucero, el *Maxim Gorky*. Hablaron de muchos temas y convinieron en seguir esforzándose por mejorar las relaciones entre ambos países. Estados Unidos ofreció un paquete de ayudas económicas para que Gorbachov pudiera sostener su economía tambaleante. Al mismo tiempo, papá dejó en claro que esperaba que los soviéticos siguieran adoptando el mismo enfoque pacífico frente a los movimientos que sacudían a Europa del Este y Central.

Fue una estrategia polémica, y los críticos lo acusaron de no ser lo suficientemente duro. Al final, sin embargo, demostró ser un éxito histórico. A diferencia de sus predecesores en el Kremlin, una generación antes, Mijáil Gorbachov permitió que los movimientos reformistas que eclosionaron en Europa del Este y Central siguieran su curso, pacíficamente. Por primera vez en décadas, el Muro de Berlín ya no dividía la ciudad. Y por primera vez en la historia, el continente se acercó a la visión que George Bush había definido y que guiaría la política exterior de Estados Unidos durante los próximos años: una Europa completa, libre y en paz.

POCO DESPUÉS DE la caída del Muro de Berlín, se produjo otra crisis, esta vez más cerca de casa. Panamá era un aliado de Estados Unidos y un país de importancia estratégica a causa del Canal de Panamá. Estaba en manos de un dictador, Manuel Noriega, que una vez había cooperado con Estados Unidos para impedir la expansión del comunismo. Con los años, Noriega se involucró en el tráfico de drogas y su nuevo poder y riquezas lo convirtieron en un enemigo de Estados Unidos. La administración Reagan lo acusó por tráfico de drogas.

La beligerancia de Noriega aumentó después de que papá ocupara la presidencia. En mayo de 1989, Noriega anuló los resultados de unas elecciones democráticas. Cuando un golpe subsiguiente fracasó, el dictador procedió a ejecutar a los líderes de la rebelión. Meses más tarde, Noriega declaró un "estado de guerra" con los Estados Unidos. Las fuerzas militares panameñas acosaban a las tropas norteamericanas estacionadas en su país. En un control de carreteras, dispararon y asesinaron a un marine. Más tarde, soldados panameños asaltaron a otro marine y humillaron a su esposa.

Fue la gota que colmó el vaso. Los esfuerzos diplomáticos para modificar el comportamiento de Noriega no lograban nada. Papá aprobó un plan de invasión altamente clasificado, con el objetivo de derrocar al dictador. La operación Causa Justa estaba prevista para la mañana del 20 de diciembre de 1989. Unas veinte mil tropas norteamericanas, el mayor despliegue desde la guerra de Vietnam, caerían sobre la isla, derrocarían al dictador y permitirían que el gobierno elegido democráticamente ocupara el poder.

Papá no pudo dormir la noche antes de la misión secreta. "Pienso en esos muchachos", escribió, "esos chicos de diecinueve años que esta noche saltarán en paracaídas sobre ese país". Sabía que algunos de ellos no volverían vivos a sus hogares. Dar esa orden fue la decisión más dura de su joven presidencia.

Nuestra familia se encontraba en Camp David unos días más tarde, para celebrar la Navidad. Papá estaba inusualmente callado y su semblante era ceñudo. La presión de la decisión que había tomado era evidente. Se pasaba mucho tiempo en el pequeño despacho de paredes de madera, supervisando el avance de la operación. Los informes iniciales eran positivos. El ataque había derribado al régimen del dictador, y el nuevo gobierno se había establecido en el poder. Pero Noriega seguía libre.

En Nochebuena, mis hermanos y yo estábamos jugando al *"wallyball"* (volley con una raqueta) contra varios marines destinados a Camp David. De repente apareció papá en el balcón de la pista con el presidente de los Jefes de Estado Mayor, Colin Powell.

—¡Lo tenemos! —exclamó papá.

Sabíamos exactamente a quien se refería. La sala estalló en vítores. Un sudoroso sargento me abrazó. Papá nos dijo que Noriega le había pedido asilo al nuncio papal en la ciudad de Panamá. Unos días más tarde, lo entregaron a Estados Unidos y viajó en avión hasta Miami, donde eventualmente lo juzgaron, condenaron y enviaron a prisión.

La misión fue un gran éxito. Noriega ya no era el dictador de Panamá y se había restaurado la democracia. Pero sin embargo, la victoria tuvo un alto costo: veintitrés soldados norteamericanos perdieron sus vidas, y más de trescientos resultaron heridos. Como veterano de combate, papá sentía una conexión especial con las tropas. Comprendía la agonía de la guerra por experiencia propia. Creía que su labor como comandante en jefe era demostrar su compromiso personal con los que ejecutaban sus órdenes. En vísperas de Año Nuevo, mamá y papá visitaron un hospital militar en San Antonio, donde estaban ingresados algunos de los soldados heridos en Panamá. Un marine le entregó a papá una pequeña bandera de los Estados Unidos, que conservó en el escritorio de su Despacho Oval durante el resto de su mandato.

Poco después de esa visita, papá me habló de un SEAL del

Ejército al que había visitado en el hospital. Resultó que era un fan de los Texas Rangers. Yo acababa de comprar un porcentaje de las acciones del equipo, y era socio director. Contactamos con el soldado herido y le dijimos que sería un orgullo para los Rangers que lanzara la primera pelota el día de la inauguración de la temporada de 1990.

Aceptó, y la gente lo recibió con una enorme ovación. Fue un pequeño gesto, pero me alegró participar en un acto que honraba a nuestros soldados. Una de las lecciones que aprendí fue la importancia de que el Ejército sepa que su presidente los apoya. No llegué a entender a fondo la relación tan especial que un comandante en jefe mantiene con sus tropas hasta doce años después, cuando me tocó a mí dar la orden de que nuestros soldados se desplegaran en otra operación militar que pondría sus vidas en peligro.

NADA PONÍA A George Bush de mejor humor que una visita a Walker's Point. Y en verano de 1990, necesitaba ánimos. Después del triunfo de Panamá, había soportado seis meses de malas noticias. La economía se debilitaba. Estaba enrocado en una batalla presupuestaria con el Congreso, dominado por los demócratas. Mi hermano Neil estaba siendo investigado por su participación en un banco que había quebrado. A finales de julio, Laura, Barbara, Jenna y yo visitamos Maine, una pausa bienvenida y muy refrescante en contraste con el calor texano. Como de costumbre, George Bush no paraba. Su idea de relajarse consistía en jugar al golf o el tenis por la mañana y pescar por la tarde. Después de unos días, papá nos anunció que debía volver a Washington. El 2 de agosto, se supo que Iraq había invadido Kuwait.

El hombre responsable de la invasión era Saddam Hussein,
un dictador opresivo y despiadado que desde 1979 había devas-
tado Iraq. Además de reprimir a sus opositores, Saddam había
utilizado armas químicas contra sus propios ciudadanos, y se
había embarcado en un conflicto sin sentido contra Irán que
había causado cientos de miles de víctimas en ambos bandos.
Luego, sin la menor provocación, había invadido la pequeña
nación de Kuwait, rica en petróleo y un aliado clave de Estados
Unidos con sus valiosos puertos en el Golfo Pérsico. La familia
real kuwaití huyó del país y las fuerzas iraquíes masacraron a la
indefensa población civil, saqueando el país. Se decía que Arabia Saudita, otro aliado muy importante de nuestro país, podía
ser el siguiente objetivo de Saddam, lo cual situaría al dictador
al mando del principal porcentaje de reservas de petróleo del
mundo. Estaban en juego intereses diplomáticos y económicos
vitales de Estados Unidos en el Oriente Medio.

Papá reunió a su Consejo de Seguridad Nacional en Camp
David. Al equipo habitual se sumó un nuevo miembro, el general Norman Schwarzkopf, el hosco y confiado comandante
del mando central del país. Papá les pidió opciones. Algunos
dijeron que creían que bastaría con un duro régimen de sanciones económicas para convencer a Saddam de que se retirara de
Kuwait. Otros creían que sería suficiente una serie de bombardeos aéreos. Todos estaban de acuerdo en que eventualmente
quizá haría falta una invasión por tierra. El Consejo de Seguridad Nacional también habló de cómo proteger a Arabia Saudita. Papá había hablado con el rey Fahd acerca de la posibilidad
de desplegar tropas norteamericanas en su reino para disuadir a
Iraq de invadirlos, y también para tener una base desde la cual
emprender la liberación de Kuwait. Como guardián de los dos
lugares sagrados del islam, La Meca y Medina, Arabia Saudita

tenía una fuerte aversión a permitir la entrada de tropas extranjeras en su territorio. Sin embargo, el rey aceptó considerarlo y el secretario de defensa Dick Cheney viajó hasta allí para detallar al propuesta.

Cuando papá volvió a la Casa Blanca desde Camp David, un gran número de periodistas se había acumulado en la Pradera Sur. Papá les dijo que mantenía sus opciones abiertas, y añadió: "Pero no permitiré esta agresión contra Kuwait". No eran palabras huecas. George Bush sabía que el Presidente tiene que ser consecuente con sus afirmaciones. Más tarde Colin Powell afirmó que las declaraciones de papá marcaron el momento en que supo a ciencia cierta que el Ejército tendría que prepararse para la guerra. La frase permaneció en mi mente, al menos de forma inconsciente. Una década más tarde, después de los ataques de Al Qaeda el 11 de septiembre de 2001, le dije a mi país en mis primeras declaraciones públicas que "no permitiremos que el terrorismo ataque nuestra nación".

La estrategia de papá consistía en reunir una coalición de aliados para presionar a Saddam Hussein y conseguir que abandonara Kuwait. Gracias a los años que había dedicado a la diplomacia personal, George Bush se había ganado la confianza de muchos líderes mundiales. Ahora había llegado el momento de utilizarla. El rey Fahd aceptó que Estados Unidos estacionara sus tropas en Arabia Saudita (una decisión que más adelante, Osama bin Laden citaría como una razón para atacar el gobierno saudí). Los líderes árabes de Oriente Medio aceptaron denunciar públicamente la invasión de Kuwait por parte de Iraq, un paso muy importante dada la relevancia de Saddam Hussein en la Liga Árabe. Nuestros aliados europeos, como Margaret Thatcher, en Inglaterra, o Helmut Kohl en Alemania, ofrecieron su firme apoyo. También lo hizo el primer ministro japonés Toshiki Kaifu, que recordaba una de las primeras decisiones de mi padre, asistir al funeral del emperador Hirohito. Un aliado más sorprendente se reveló en la persona de François Mitterrand, el presidente de Francia. Papá se había esforzado por forjar una buena relación con él a principios de su mandato, invitándolo a Walker's Point, y ahora el presidente francés le ofreció su apoyo.

La noticia más sorprendente fue que la Unión Soviética se sumó a Estados Unidos en la condena de la agresión de Iraq contra Kuwait. Jim Baker y el ministro de relaciones exteriores soviético Eduard Schevardnadze emitieron una declaración conjunta el día después del ataque; fue un momento importante, y más tarde Baker afirmó que eso lo convenció de que la Guerra Fría había terminado. A principios de septiembre, papá y Gorbachov se reunieron en Finlandia, donde decidieron colaborar para mantener la presión sobre Iraq a fin de que abandonara Kuwait. Su acuerdo marcó la cooperación estratégica más significativa entre líderes soviéticos y norteamericanos desde FDR y Stalin. En una declaración durante la sesión conjunta del Congreso en septiembre de 1990, papá describió su visión del "nuevo orden mundial", en el que todas las naciones civilizadas, incluyendo la Unión Soviética, colaborarían para disuadir las agresiones militares e impulsar la paz.

La campaña diplomática de la administración Bush también incluía una iniciativa concertada en las Naciones Unidas. El Consejo de Seguridad Nacional había aprobado once resoluciones sancionando a Iraq y exigiendo la retirada de sus tropas de Kuwait. Saddam las había ignorado todas. Así que el 29 de noviembre de 1990, el Consejo de Seguridad Nacional adoptó la Resolución 678, que ofrecía a Saddam Hussein "una oportunidad final" de aceptar los pedidos del mundo. La resolución fijaba como fecha límite el 15 de enero de 1991 para que Iraq abandonara Kuwait. Si Saddam seguía desafiando a la ONU, la resolución autorizaba a los estados miembros a emplear "todos los medios necesarios" para obligarlo a cumplirla. La resolución se aprobó por doce votos contra dos, y China se abstuvo. La relación que papá había cultivado con François Mitterrand fue muy útil en ese momento, pues el apoyo de Francia fue clave para lograr aprobar la resolución. Solamente Cuba y Yemen se opusieron. Después de cuatro meses de diplomacia personal intensiva, George Bush había unido al mundo contra Saddam Hussein.

En 1990, nuestra familia pasó la Navidad en Camp David. Era el segundo año seguido en que una crisis militar ensombrecía las fiestas. Una vez más, papá hizo lo que pudo por disfrutar de la reunión familiar. Se negó a permitir que la carga de las decisiones que recaía sobre sus hombros estropeara el tiempo que pasábamos juntos. Sin embargo, era obvio que su mente estaba en otra parte. En vísperas de Año Nuevo nos escribió una carta a mis hermanos y a mí. Decía: "He pensado mucho en lo que debería hacerse", escribió. "Supongo que lo que quiero que aprendan de su padre es esto: toda vida humana es preciada. Cuando la pregunta es ¿cuántas vidas humanas estás dispuesto a sacrificar?, mi corazón se desgarra. La respuesta es, por supuesto, ninguna. Ninguna en absoluto. Hay que respetar los principios. Saddam no puede beneficiarse de ninguna manera de la invasión ni de su opresión del pueblo de Kuwait".

Apenas faltaban diez días para que transcurriera la fecha límite del 15 de enero que la ONU había fijado, y papá decidió darle una última oportunidad a la diplomacia. Como dijo él, "caminaría una milla más por la paz". Le escribió una carta personal a Saddam Hussein urgiéndole a que respetara y cumpliera con las resoluciones de la ONU. Anunció que el encargado de entregar la carta sería el secretario de estado Jim Baker, quien viajaría para hacérsela llegar. El ministro de relaciones exteriores de Iraq, Tariq Aziz, se reunió con Baker en Ginebra, pero se negó a aceptar la misiva. Saddam había dejado pasar la oportunidad para la paz.

Antes de dar luz verde a la operación militar, papá debía tomar una última decisión: pedirle o no autorización al Congreso para el uso de la fuerza. Desde la Segunda Guerra Mundial, el Congreso no había declarado ninguna guerra formalmente, y varias operaciones militares, como la guerra de Corea, la de Granada y Panamá, se habían lanzado bajo el Artículo 2 de la Constitución, que establece que el presidente es el comandante en jefe de nuestro ejército, y que no precisa autorización del Congreso. Papá y sus asesores creían que el Artículo 2 le otorgaba suficiente autoridad como para seguir adelante, pero decidió que sería prudente contar también con el Congreso. Fue una votación muy ajustada, especialmente en el Senado, donde los que se oponían a la guerra agitaron el fantasma de decenas de miles de soldados cuyos cuerpos regresarían a casa en bolsas. El 12 de enero, el Senado aprobó la resolución por 52 votos a 47, y la Cámara de Representantes por 250 contra 183.

EL 15 DE ENERO de 1991, la fecha límite fijada por la ONU pasó sin que Saddam Hussein reaccionara. A las 9:01 de la noche siguiente, George Bush se dirigió a la nación desde el Despacho Oval. "Hace cinco meses, Saddam Hussein dio inicio a una cruel guerra contra Kuwait", dijo. "Esta noche, nos unimos a la batalla".

La primera fase del ataque, la Operación Tormenta del Desierto, consistía en un bombardeo aéreo masivo de objetivos militares iraquíes. Con ello pretendíamos reducir la capacidad·

operativa de Saddam y convencerlo de que retirara su tropas de Kuwait. De no ser así, un ejército compuesto por fuerzas militares de veintiocho naciones estaba dispuesto a llevar a cabo un ataque terrestre.

Las horas previas al momento decisivo fueron muy angustiosas. Mamá me dijo que papá no dormía bien desde hacía días. Su amigo, el reverendo Billy Graham, visitó la Casa Blanca para celebrar un servicio religioso especial. Papá entendía perfectamente las ramificaciones de la orden que estaba a punto de dar. "Es mi decisión", escribió en su diario, "mi decisión la de mandar a estos jóvenes a la guerra, mi decisión la que afectará las vidas de los inocentes (. . .) Mi decisión la que afecta al marido, a la novia o a la esposa que lo está esperando. Y sin embargo, sé lo que debo hacer".

Admiré la manera en que mi padre manejó la situación. Se había tomado su tiempo, explorado todas las opciones. Había decidido proteger los intereses de los Estados Unidos, defender a un aliado e impulsar la paz a largo plazo. Había unido al mundo y convencido al Congreso de que se sumara a la causa. Fue como si toda su vida —desde el momento en que se enfundó el uniforme, hasta su paso por el Capitolio, pasando por su experiencia diplomática— lo hubiera preparado para este momento.

Mientras papá hablaba desde el Despacho Oval, el cielo sobre Bagdad se iluminó. Por primera vez en la historia de la guerra, el mundo pudo ser testigo de cómo se desarrollaba la contienda en directo, mirando la CNN. Me sorprendió muchísimo la precisión de las bombas que destruían los objetivos militares y al mismo tiempo minimizaban las pérdidas de vidas civiles.

Aunque la campaña aérea progresaba según lo previsto, Saddam se negaba a abandonar Kuwait. Cada vez estaba más claro que la única manera de liberar el país era desplegar al ejército en una invasión por tierra. Papá dio la orden de que las fuerzas estacionadas en Arabia Saudita cruzaran la frontera y entraran en Iraq el 23 de febrero de 1991. En un servicio religioso a la mañana siguiente, Dick Cheney le entregó una nota con las primeras informaciones desde el inicio de la operación. La misión había sido un éxito arrollador. Las tropas habían superado las vallas de alambre de púas y los campos de minas de la frontera y emprendían el camino por carretera hacia la capital.

Lo que sucedió en los días siguientes fue asombroso. Las fuerzas de la coalición acorralaron a los soldados de Saddam. Miles de soldados iraquíes abandonaron las armas y se rindieron voluntariamente. Exactamente cien horas después de que papá ordenara la entrada de las tropas en Kuwait, la Guerra del Golfo había terminado. "Kuwait es libre. El ejército de Iraq está derrotado. Hemos cumplido con nuestros objetivos militares", dijo papá desde el Despacho Oval. "Dijimos que no permitiríamos que la agresión contra Kuwait permaneciera sin respuesta. Y esta noche, Estados Unidos y el mundo han cumplido con su palabra".

Papá anunció que las fuerzas de la coalición abandonarían inmediatamente las operaciones de combate activo. En conjunto, murieron 148 norteamericanos y otros 467 fueron heridos. Las predicciones de que decenas de miles de soldados fallecerían en la contienda demostraron ser falsas. El síndrome de Vietnam, la reticencia de Estados Unidos de desplegar tropas en el extranjero por temor a quedar atrapados en un conflicto, se había superado.

Saddam Hussein abandonó Kuwait pero retuvo el poder en Iraq. Había gente que quería que papá siguiera adelante con la misión, orientándola esta vez a derrocar a Saddam del poder, pero él se negó. El Congreso y la coalición habían acordado unir fuerzas para liberar a Kuwait, y esa era la misión. Lo habían logrado, y era el momento de traer a los soldados de vuelta a casa. Las cifras de aprobación del presidente George H.W. Bush alcanzaron un 89 por ciento, el nivel más alto que había conseguido un presidente hasta ese momento.

EN MARZO Y EN abril de 1991, diversos grupos iraquíes en varios puntos del país encabezaron revueltas contra Saddam, pero terminaron aplastados brutalmente por las fuerzas terrestres del dictador y fueron bombardeados por helicópteros. A los muertos los arrojaron a fosas comunes. A lo largo de los años, algunas voces críticas han sugerido que Estados Unidos debería haber intervenido para impedir esa represión, pues algunos de los rebeldes contaban con el apoyo de Estados Unidos. La respuesta de papá siempre ha sido la misma, que no tenía ningún mandato por parte del Congreso o de nuestros aliados internacionales para intervenir militarmente en un país soberano.

La información obtenida durante la Guerra del Golfo demostró que los programas de armas biológicas, químicas y nucleares de Saddam Hussein estaban más avanzados de lo que la CIA había estimado. Y a medida que transcurrían los años, durante la década de los 90, el dictador siguió constituyendo una amenaza. Desafió las resoluciones de la ONU que le exigían que desarmara o informara acerca de sus armas de destrucción masiva, o que las sometiera a inspecciones por parte de terceros neutrales. No respetó las sanciones que la ONU le había impuesto, y lo hizo sin pagar ninguna penalización seria a cambio. Además violaba rutinariamente las zonas de exclusión aérea que se habían creado para proteger a los iraquíes en las zonas norte y sur del país. En 1998, el Congreso aprobó la Ley de Liberación de Iraq, que el presidente Clinton firmó, y que convertía en un objetivo oficial de la política de Estados Unidos al derrocamiento de Saddam y el impulso de un Iraq democrático.

Cuando ocupé el Despacho Oval en 2001, parecía que la mejor manera de alcanzar ese objetivo era contener a Saddam dentro de sus fronteras y seguir presionando para obtener sanciones más duras. Esperábamos que al intensificar la presión contra el régimen, éste acordaría a cambiar. El 11 de septiembre de 2001, fue el mundo quien cambió. Los terroristas de Al Qaeda que operaban desde Afganistán mataron a casi tres mil ciudadanos en suelo norteamericano. En los meses posteriores, recibimos un flujo constante de estremecedores informes de inteligencia que indicaban que los terroristas querían volver a atacar Estados Unidos, esta vez a una escala mayor, incluyendo armas químicas, biológicas o nucleares. Las agencias de inteligencia y los servicios de información de todo el mundo creían que Saddam Hussein poseía armas químicas y biológicas, así como un programa de armas nucleares. Una de las cosas que más nos aterraba era que Saddam Hussein compartiera su arsenal de armas y lo que estaba desarrollando con terroristas.

Sabíamos que Hussein había pagado a familias de suicidas palestinos que se inmolaban detonando bombas, utilizado armas químicas contra su propio pueblo, invadido a dos países vecinos, disparado regularmente a los aviones norteamericanos que patrullaban las zonas de exclusión aérea y que, en definitiva, era un enemigo a muerte de los Estados Unidos. Así pues, tras el horror del 11 de septiembre y la información sobre las amenazas que nos llegaba, sabíamos que teníamos que hacer algo con respecto al dictador. A principios de 2002, organicé una cam-

paña diplomática sostenida, respaldada con la amenaza de la
fuerza militar, para convencer a Hussein de que cumpliera con
sus obligaciones a nivel internacional. No trataba de "terminar
lo que mi padre había empezado", como dijeron algunos. Mi
única motivación era proteger a Estados Unidos, como había
jurado hacerlo al asumir la presidencia.

Pensé acerca del liderazgo que había exhibido mi padre
durante la Guerra del Golfo. Igual que él, pedí al Consejo de
Seguridad de la ONU que incrementara la presión internacional
sobre Hussein. Para ese entonces, el Consejo ya había emitido
dieciséis resoluciones pidiendo, entre otras cosas, que Saddam
revelara, informara y desarmara sus programas de armas químicas, biológicas y nucleares. Hussein había desafiado todas
y cada una de esas resoluciones. En noviembre de 2002, yo
estaba trabajando con líderes de todo el mundo para aprobar
la Resolución Número Diecisiete, en la que se declaraba que
Iraq estaba "violando materialmente" las anteriores resoluciones pero le concedía una "última oportunidad para obedecer"
los requerimientos de la ONU y cumplir con sus obligaciones
o de lo contrario "se enfrentaría a las consecuencias". Además
de los esfuerzos diplomáticos frente a la ONU, mi administración logró reunir una gran coalición de naciones que pensaban
igual que nosotros, para incrementar la presión contra Hussein.
Igual que mi padre, me dirigí al Congreso, donde ambas cámaras votaron a favor de una resolución autorizándome a emprender acciones militares para hacer respetar las resoluciones de
la ONU y defender a nuestro país de la amenaza que representaba Saddam Hussein. El Senado aprobó la autorización por 77
contra 23 y la Cámara de Representantes por 296 votos contra
133. (Curiosamente, algunos de los Senadores que se pasaron
los años 90 disimulando que habían votado contra la Guerra

del Golfo también se pasaron la siguiente década ocultando que habían votado a favor de la Guerra de Iraq). También denuncié las terribles violaciones de los derechos humanos que Saddam Hussein cometía diariamente, y animé a nuestros ciudadanos y aliados a que apoyaran nuestros esfuerzos contra el dictador, como una prioridad en defensa de los derechos humanos.

También como mi padre, colaboré estrechamente con nuestros comandantes militares para diseñar un plan que cumpliera con nuestro objetivo —en este caso, derrocar el régimen de Saddam Hussein— de manera decisiva y con una pérdida mínima de vidas humanas si nuestros esfuerzos diplomáticos llegaran a fracasar.

Desafortunadamente, y por segunda vez en dos décadas, Saddam Hussein desafió a los Estados Unidos, a nuestros aliados y a las Naciones Unidas. A medida que se dejaba entrever con mayor claridad que la respuesta militar sería la única manera de abordar la amenaza que venía de Iraq, envié asesores de inteligencia para que informaran a mi padre de la situación. (Y también los envié al ex presidente Clinton). Nunca le pregunté a papá qué debía hacer. Ambos sabíamos que esa es una decisión que solamente puede tomar el presidente. Sí hablamos del tema, no obstante. Durante la Navidad de 2002 en Camp David, le di a mi padre un breve resumen de nuestra estrategia.

"Sabes lo dura que es la guerra, hijo, y tienes que hacer todo lo que esté a tu alcance para evitarla —me dijo—. Pero si él no cede, no te quedará otra opción".

A principios de 2003, Hussein permitió durante un breve tiempo que los inspectores de armas visitaran el país, pero no les concedió el acceso a las instalaciones que precisaban para verificar que había cumplido con su obligación de deshacerse de las armas de destrucción masiva. Al recordar la promesa que hizo papá de "caminar una milla extra por la paz" en 1991, llevé a cabo un último esfuerzo diplomático para darle a Saddam una salida. Mi administración contactó a líderes del Oriente Medio para explorar la posibilidad de encontrar un exilio para el dictador. Pero estaba claro que no tenía la menor intención de abandonar su país. El 17 de marzo de 2003, le di un ultimátum de cuarenta y ocho horas para que aceptara irse de Iraq. De nuevo se negó. Una y otra vez, Saddam Hussein podía haber escogido la paz y en lugar de eso, optó por la guerra.

El 19 de marzo de 2003 di la orden de lanzar la Operación Libertad Iraquí. Esa mañana, escribí una carta a mi padre. "Sé que he tomado la decisión correcta y rezaré para que se pierda el menor número de vidas posible". Añadí: "Iraq será libre y el mundo será un lugar más seguro. La emoción del momento ha pasado, y ahora espero que me den noticias acerca de las operaciones militares que se están desarrollando. Sé por lo que pasaste".

Horas más tarde, me respondió: "Tu nota manuscrita me ha conmovido. Estás haciendo lo correcto . . . Recuerda las palabras de Robin: 'Te quiero más de lo que la lengua puede decir'. Pues así es, hijo mío".

La operación militar, que contaba con el apoyo de treinta y cinco países, fue un éxito muy rápido. Al cabo de un mes, nuestros soldados habían liberado Bagdad y derrocado el régimen de Saddam. Seguimos colaborando con un grupo diverso de aliados y líderes iraquíes para construir un régimen gubernamental democrático en Iraq que reemplazara la brutal tiranía de Saddam: el objetivo era lograr una democracia en el corazón de Oriente Medio, y un aliado en la guerra contra el terror.

Por una serie de razones, esa parte de la misión demostró ser más difícil de lo que esperábamos. En primer lugar, nunca encontramos las armas de destrucción masiva que las agencias de inteligencia y los servicios de información en todo el mundo creían que Hussein controlaba. (Sí encontramos indicios de que poseía la capacidad de fabricar armas químicas y biológicas y que tenía intención de reiniciar su programa nuclear en cuanto se levantaran las sanciones contra él).

En segundo lugar, después de la rápida y exitosa liberación de Iraq, estalló un violento movimiento de insurgencia. Los rebeldes estaban impulsados en parte por la riña étnica interna que el dictador había cultivado durante décadas, y también en parte por Irán y Siria. Ambos países tenían incentivos para entrometerse en los asuntos internos de Iraq y así impedir el desarrollo de una democracia en la zona que sería una aliada del mundo libre. La fuerza más peligrosa e inesperada que respaldaba a los insurgentes, sin embargo, era Al Qaeda. En los años posteriores a la caída de Hussein y después de que fuera expulsada de Afganistán, Al Qaeda optó por enfrentarse a Estados Unidos utilizando Iraq como su escenario de operaciones. Los líderes de la facción terrorista hablaban abiertamente de ello, y de cómo utilizar Iraq como la base desde la cual organizar sus ataques terroristas. También hicieron públicas sus intenciones de incitar la violencia sectaria en Iraq asesinando chiíes iraquíes inocentes para fomentar un caos que luego pudieran explotar para sus fines. A pesar de los decididos esfuerzos de nuestras fuerzas, Al Qaeda y sus aliados en Iraq llevaron a cabo esa estrategia con estremecedora brutalidad y un éxito aterrador.

En 2007, decidí que debíamos modificar nuestra propia estrategia en Iraq. Incrementé las tropas destinadas a la zona para que ayudaran al nuevo gobierno democrático en Iraq a erradicar a los terroristas y a los insurgentes. Gracias a los históricos esfuerzos de nuestro ejército, los oficiales de inteligencia y los diplomáticos, la iniciativa fue un éxito. Después de varios meses de duros enfrentamientos, derrotamos a Al Qaeda en Iraq y sus habitantes pudieron recuperar a su país.

Lamentablemente, a causa de decisiones subsiguientes y de los hechos que se produjeron como resultado de ellas, una organización inspirada en Al Qaeda y autodenominanda el Estado Islámico de Iraq y Siria (ISIS, por sus siglas en inglés) se hizo fuerte en Siria, cruzó la frontera adentrándose en Iraq, destrozó la frágil democracia que brotaba en el país, y trató de instalar allí su base para desarrollar sus operaciones terroristas. En el momento en que escribo estas líneas en 2014, el futuro de Iraq es incierto. Por el bien de nuestra seguridad y del pueblo iraquí, espero que hagamos lo que sea necesario para derrotar a ISIS y permitir que el gobierno democrático iraquí tenga la oportunidad de consolidarse. Una cosa es segura: el pueblo iraquí, Estados Unidos y el mundo entero están mejor sin Saddam Hussein en el poder. Creo que la decisión que mi padre tomó en 1991 fue correcta, y también pienso lo mismo de la decisión que yo tomé una docena de años más tarde.

EN APENAS DOS AÑOS como presidente, George Bush había gestionado hábilmente la política norteamericana en relación a los movimientos democráticos de Europa del Este, la liberación de Panamá y la expulsión de Saddam Hussein de Kuwait. Su trayectoria en política exterior podía compararse más que favorablemente con la de cualquier presidente moderno. Entonces, la historia depositó en sus manos un reto más: el colapso de la Unión Soviética.

En muy poco tiempo, la Unión Soviética había pasado de ser una superpotencia rival a un imperio en declive. Mijáil Gorbachov había sido muy prudente cuando las naciones de Europa del Este y Central se habían rebelado contra el comunismo, pero nadie sabía cómo reaccionaría el Kremlin cuando las propias repúblicas que pertenecían aún a la Unión Soviética solicitaran su independencia.

La estrategia de papá era desarrollar su amistad con Gorbachov mientras privadamente lo urgía a permitir que la Unión Soviética se dividiera en un proceso pacífico. La estrategia funcionó cuando a principios de 1991 Gorbachov aceptó permitir que se celebraran elecciones libres para la presidencia de la Federación Rusa. Los votantes eligieron al carismático reformista Boris Yeltsin.

El paciente enfoque de papá también tuvo sus opositores. Su discurso en Kiev, Ucrania, destacando la importancia de una transición gradual hacia la democracia recibió burlas y fue apodado "gallina Kiev". George Bush no hizo caso de esas críticas. Estaba seguro de que los movimientos por la libertad tendrían éxito mientras no los reprimieran con violencia. Y creía que animar a Gorbachov a respetar la voluntad de la gente, en lugar de provocar a los intransigentes soviéticos, era la mejor manera de evitar una debacle.

Las amenazas procedentes de las facciones más intransigentes del Kremlin quedaron patentes en agosto de 1991. Nos encontrábamos en Maine con papá cuando Brent Scowcroft le informó que un grupo de funcionarios soviéticos que se oponían a las políticas reformistas de Gorbachov habían organizado un golpe. Gorbachov estaba bajo arresto en su casa de vacaciones en Crimea. Papá trató de llamarlo pero nadie sabía cómo localizarlo. Parecía que su amigo había perdido la batalla contra la vieja guardia. Entonces, en una escena memorable, Boris Yeltsin se subió encima de un tanque y urgió a los líderes del golpe a que echaran marcha atrás. Eventualmente así lo hicieron, y Gorbachov recuperó el poder. Papá llamó a Yeltsin para agradecerle su valiente gesto y lo animó a que mantuviera su postura frente a los que propugnaban mano dura contra la reforma. Aunque Gorbachov sobrevivió, la Unión Soviética había cambiado irrevocablemente.

El 7 de diciembre de 1991, mamá y papá viajaron a Hawái para conmemorar el aniversario número cincuenta del bombardeo de Pearl Harbor. Fue un día conmovedor para él, porque le trajo muchos recuerdos de su paso por la guerra y de los camaradas que habían dado sus vidas por su país. En la ceremonia de homenaje al USS *Arizona*, donde habían muerto más de 1.100 marineros norteamericanos, papá guardó un momento de silencio en el instante exacto en que los bombarderos japoneses habían aparecido. Él y mi madre se reunieron con supervivientes y lanzaron flores al agua para honrar a los caídos. En su discurso, papá destacó la importancia de recordar y de perdonar: "No guardo rencor en mi corazón hacia Alemania y Japón", dijo. "Y espero que a pesar de las pérdidas, tampoco ustedes lo guarden. Ya no es tiempo de recriminaciones. La Segunda Guerra Mundial ha terminado y es historia. Ganamos. Aplastamos al totalitarismo y después ayudamos a nuestros enemigos a que conocieran la democracia".

Al día siguiente papá recibió una llamada de Boris Yeltsin, quien le informó que los presidentes de las repúblicas que aún permanecían en la Unión Soviética habían votado por la disolución de la Unión. Eso significaba que Mijáil Gorbachov ya no tendría trabajo.

El día de Navidad, Gorbachov firmó los documentos que disolvían oficialmente la Unión Soviética. Se bajó la bandera que había ondeado durante décadas en el Kremlin. Antes de abandonar su puesto, Gorbachov hizo una última llamada, a mi padre.

Le dijo que estaba a punto de anunciar su renuncia y que en su escritorio tenía el decreto de disolución de la Unión Soviética. Gorbachov le dio las gracias al presidente de Estados Unidos por el apoyo que siempre le había prestado, y papá le aseguró que la historia recordaría las valientes decisiones que había tomado. Luego intercambiaron las últimas palabras que jamás volverían a intercambiar un líder soviético y un presidente norteamericano.

—En este momento del año tan especial, y en un día histórico, le envío nuestro saludo y le agradezco lo que has hecho por la paz mundial. Muchas gracias —dijo papá.

—Gracias, George —dijo Gorbachov—. Me despido de usted estrechando su mano.

Con el fin de esa llamada llegó uno de los logros diplomáticos más asombrosos de la historia: un final pacífico para la. Guerra Fría.

CON LA DISTANCIA del tiempo, es posible que el fin de la Guerra Fría parezca inevitable. Pero para generaciones de norteamericanos que crecieron en un mundo marcado por los simulacros anti-aéreos y los refugios anti-atómicos y la crisis de los misiles cubanos, parecía que la Guerra Fría nunca iba a terminar, y mucho menos sin que se disparara un sólo tiro. Y sin embargo, bajo la imponente fachada, la asfixiante ideología del comunismo no pudo competir con el deseo humano de la libertad.

Ronald Reagan se dio cuenta de esto mucho antes que los demás, y en su determinación por derrotar a la Unión Soviética se merece el reconocimiento de ser el arquitecto de la victoria de Estados Unidos en la Guerra Fría. Igualmente, Mijaíl Gorbachov comprendió que la Unión Soviética debía reformarse para sobrevivir. Finalmente, no logró conservar la integridad del país, pero sus valientes decisiones permitieron que la unión se disolviera sin violencia, y lo convierte, como dijo el historiador de la Guerra Fría, John Lewis Gaddis, en el "más merecedor de los ganadores del premio Nobel de la Paz".

No creo que Gorbachov hubiera podido lograrlo ni aguantar tanto tiempo sin un cómplice en Estados Unidos. Como el golpe de agosto de 1991 reveló, se enfrentaba a una intensa oposición interna entre las filas de su propio gobierno. Si Estados Unidos hubiera gestionado el colapso del comunismo de forma distinta, regodeándose en su victoria o antagonizando al ala dura de los funcionarios soviéticos, quizá Gorbachov no hubiera podido resistir la presión para intervenir con violencia. Y peor aún, podría haberlo derrocado un líder soviético capaz de utilizar las reservas nucleares de la nación. En cierta manera, los estertores del imperio soviético fueron uno de los períodos más peligrosos de la Guerra Fría.

Afortunadamente, Estados Unidos contó con un presidente que supo estar a la altura de ese momento. A los pocos meses de ocupar su cargo, George Bush tuvo la visión de reconocer el potencial de Gorbachov, la astucia diplomática de ayudarlo, la humildad de evitar las provocaciones y la fuerza de carácter para resistir las presiones de los críticos. El presidente que guió la Guerra Fría hacia un final pacífico fue el mismo hombre decente, humilde y reflexivo que he conocido toda mi vida. No es ninguna exageración afirmar que las lecciones que Dorothy Walker Bush le enseñó a su hijo una generación antes —ganar con elegancia, no alardear, ponerse en el lugar del otro— contribuyeron directamente a la paz mundial. No hay muchas madres que puedan afirmar lo mismo.

Los historiadores del futuro sin duda sabrán reconocer el papel de George Bush en el final pacífico de la Guerra Fría. Sin embargo, en ese momento su éxito tuvo un costo inesperado. Al eliminar los principales temas de política exterior de la agenda de las elecciones de 1992, perdió su mayor fuerza. En uno de los giros más dramáticos de la historia política, George Bush pasó de ser un líder admirado con cifras de aprobación que rondaban los ochenta puntos a ser un hombre sin trabajo.

EL AÑO MÁS DIFÍCIL

E N HALLOWEEN DE 1991, UNA ENORME tormenta azotó la costa de Maine. Los vientos alcanzaban setenta y cinco millas por hora y olas de treinta pies de altura causaron más de doscientos millones de dólares en pérdidas materiales. Entre las propiedades afectadas por la destrucción se encontraba la querida casa de mis padres en Walker's Point. Una pequeña cabaña para huéspedes llamada The Wave quedó brutalmente arrancada desde sus cimientos. La propia residencia de mis padres se vio tremendamente afectada cuando la tempestad arrojó rocas gigantes al interior de la sala. Los sofás terminaron volando en dirección al mar. Como papá explicó en una carta a un amigo, Kennebunkport había soportado "una paliza verdaderamente histórica". Algunos habitantes bautizaron a la tempestad que vino del noroeste en Halloween de 1991 como "la tormenta perfecta".

Esa tormenta fue un presagio del tumultuoso año que le esperaba a George Bush. Apenas unos meses antes, su gestión decisiva de la Guerra del Golfo y el colapso del comunismo en Europa del Este le habían granjeado cifras de aprobación de los votantes de niveles históricos. Pero la economía había entrado en recesión y el pueblo norteamericano estaba frustrado. En menos de un año, los índices de aprobación de papá se hundieron, bajando más de cuarenta puntos. Se enfrentaba a un candidato republicano para las primarias, un billonario independiente y a un partido demócrata decidido a recuperar la Casa Blanca después de doce años exiliados en la jungla política. Para todos los que amamos a George Bush, 1992 fue un año doloroso.

AUNQUE LA POLÍTICA exterior dominó su presidencia, George Bush llegó a la Casa Blanca con una agenda política nacional seria: mejorar la educación, reducir el índice de criminalidad, incentivar el voluntariado y estimular el crecimiento económico manteniendo la presión fiscal baja.

Esos planes chocaron rápidamente con las realidades de una economía asfixiada. Desde la recesión a la que Ronald Reagan se había enfrentado a principios de los años 80, la economía había crecido de forma estable. Pero la creciente inflación combinada con la crisis de los ahorros y préstamos llegó a ralentizar la economía casi hasta detenerla a principios de los 90. No tardó en llegar una nueva recesión. El déficit presupuestario ascendió hasta más de 200 mil millones de dólares, casi el 4 por ciento del producto interior bruto. Los asesores económicos advertían que ese déficit podía arrastrar la economía a una recesión aún más profunda.

La estrategia de la Casa Blanca consistía en reforzar la economía, reduciendo el déficit a través de recortes de gastos. El equipo de política económica pensaba que un déficit más bajo también reduciría los tipos de interés, recuperaría los niveles de confianza de los consumidores y a su vez así se estimularía el crecimiento económico. Pero en 1990, los demócratas controlaban ambas cámaras del Congreso, y querían reducir el déficit aumentando los impuestos, en lugar de recortando el gasto. Después de meses de negociaciones con los líderes de ambos partidos, papá aceptó un compromiso presupuestario: a cambio de importantes reducciones de gastos, también aceptaría algunos aumentos impositivos. Era lo mismo que había hecho el presidente Reagan en 1982, cuando aceptó introducir una subida de impuestos en una ley de reducción del déficit. Sin embargo, entre 1982 y 1990 hubo una gran diferencia. Ronald Reagan no había dicho: "Léanme los labios: no más impuestos". George Bush, sí.

El Congreso estudió el compromiso presupuestario en otoño de 1990. Los republicanos, liderados por el congresista Newt Gingrich de Georgia —quien en cierto momento había apoyado el compromiso—, se rebelaron y no aprobaron la ley. Sin una ley de gasto presupuestario aprobada, se produjo un breve paro del gobierno. Los demócratas aprovecharon la oportunidad para pedir incrementos en los impuestos personales además de otros incrementos de ingresos. (Como ya hemos descubierto a lo largo de los años, los ciudadanos esperan que su gobierno funcione, y un paro gubernamental causado por los republicanos siempre refuerza la mano de los demócratas). Por ese entonces, papá había mandado al ejército a Arabia Saudita, donde se preparaban para expulsar a Saddam Hussein de Kuwait. Pensó que no podía permitirse una crisis presupuestaria en el país mientras se las tenía que ver con una crisis de seguridad nacional en el extranjero. Y creía que reducir el déficit era esencial para que la economía se reactivara. Aceptó el pacto presupuestario revisado, incluyendo las subidas de impuestos que los demócratas habían propuesto.

Desde una perspectiva económica, la ley presupuestaria tenía sentido. Imponía disciplina en el gasto, fijando topes muy claros en las partidas de gastos y exigiendo que la inversión gubernamental adicional en programas como Medicare o la Seguridad Social se acompañara de reducciones del gasto en otras áreas. Por cada dólar de ingresos impositivos que papá aceptó, el Congreso demócrata pactó dos dólares de recortes en otros gastos.

Sin embargo, desde una perspectiva política, el pacto presupuestario fue un desastre. La decisión de papá de romper su promesa de "no más impuestos" fracturó al Partido Republicano. La Casa Blanca no supo comunicar bien las razones por las que había pactado esa ley presupuestaria, y me pareció que no se produjo ningún esfuerzo a gran escala para defender el pacto. No estoy seguro de los motivos; quizá los asesores de mi padre no querían atraer más atención sobre la promesa incumplida. De ser así, fue un error de cálculo.

En retrospectiva, la Casa Blanca debería haber llevado a cabo una campaña explícita de relaciones públicas para dar los motivos que habían llevado a esa decisión presupuestaria. Cuando plantea un tema abiertamente frente a los ciudadanos, un presidente es capaz de conseguir el apoyo del público y cambiar la opinión de los que están en Washington. Desafortunadamente, George Bush no hizo eso con el pacto presupuestario de 1990, y la amargura que causó su promesa incumplida perjudicó su posición en el seno de su propio partido.

En última instancia, muchos economistas reconocieron después que la decisión de papá sentó las bases del explosivo crecimiento económico de los años 90. Pero por desgracia para el presidente Bush, las noticias económicas positivas no llegaron hasta justo después de las elecciones de 1992.

*   *   *

EL PACTO PRESUPUESTARIO para la reducción del déficit oscureció muchos de los logros de la política nacional de la presidencia de papá. Cumplió una de sus promesas de campaña firmando la Ley de Ciudadanos con Discapacidades, un hito legislativo que ha permitido a millones de norteamericanos con discapacidades físicas participar más plenamente en la sociedad. Tuve ocasión de ver el impacto de esa ley directamente. Cuando era el socio director de los Texas Rangers, diseñamos el nuevo estadio en Arlington con rampas para sillas de ruedas y asientos con acceso para discapacitados para que todos los seguidores del equipo pudieran venir a animarlos. Papá también firmó la Ley de Derechos Civiles en 1991, un complemento a la que había apoyado en 1968 contra la discriminación en el alojamiento; en esta ocasión, permitía un mayor acceso a los tribunales a las víctimas de la discriminación racial, sin apoyar las cuotas. También firmó las enmiendas a la Ley del Aire Limpio de 1990, la legislación medioambiental más significativa en dos décadas. La ley aplicaba las fuerzas del mercado para reducir el problema de la lluvia ácida, de la manera económicamente más eficiente. Y funcionó: en 2002, la revista *The Economist* dijo que la ley era "la historia del mayor éxito ecológico de la última década".

En uno de sus logros personales más satisfactorios, impulsó una orden ejecutiva que establecía un programa para reconocer y fomentar la creación de organizaciones de voluntarios. Con una frase extraída de su discurso inaugural, la bautizó como la iniciativa Puntos de Luz. Cada día, la Casa Blanca reconocería a un voluntario que había hecho algo para mejorar su comunidad con un Premio Punto de Luz. Al final de la administración Bush, se habían otorgado más de mil puntos de luz. Papá no se conformó con eso. Cuando dejó el Despacho Oval, entregó la iniciativa Puntos de Luz a una organización privada, que ahora preside mi hermano Neil, y que sigue fomentando el voluntariado. En 2013, el presidente Barack Obama invitó a papá a la Casa Blanca para que entregara el Premio Punto de Luz número cinco mil a una pareja de Iowa que habían fundado una organización para ayudar a alimentar a los niños desamparados.

Como todos los presidentes antes que él, papá también tuvo ocasión de influir en el tercer brazo del gobierno, el judicial. Sustituyó a dos jueces de la Corte Suprema, William Brennan y Thurgood Marshall, dos de los jueces más liberales del siglo XX, por David Souter y Clarence Thomas. Souter había sido juez del Tribunal Supremo de New Hampshire, y venía recomendado por John Sununu y el senador Warren Rudman; resultó, inesperadamente, casi tan liberal como Brennan y Marshall. Clarence Thomas, un afroamericano que se había criado en una familia pobre de Pin Point, Georgia, en un entorno rural, y que se abrió paso gracias a la educación recibida en el Holly Cross College y la facultad de derecho de la universidad de Yale, se convirtió en uno de los jueces más consistentes y de principios más firmes de la Corte Suprema.

Antes de entrar en el tribunal, el juez Thomas tuvo que someterse a uno de los procesos de escrutinio más injustos de la historia del Senado. El foco de las sesiones rápidamente dejó a un lado sus calificaciones legales y sus opiniones judiciales y se centró en insidiosos y viles ataques personales. Los demócratas del Senado convocaron un desfile de testigos para demostrar que el carácter del nominado era objetable, deleitándose en escabrosos detalles sobre supuestos acosos sexuales en un vergonzoso despliegue que Clarence Thomas calificó de "linchamiento moderno".

Durante las sesiones, la presión para retirar la candidatura de

Thomas fue enorme. Yo sabía, sin embargo, que George Bush jamás abandonaría a un buen hombre como Clarence Thomas. Recuerdo que hablé con él después de ver cómo los medios televisivos cubrían el proceso de escrutinio.

—Esto de Thomas se está poniendo de lo más desagradable —dije.

—¿Sabes, hijo? —dijo él— Cuanto peor lo traten, más decidido estoy a que le confirmen en el cargo.

Y lo decía convencido. Después de muchas negociaciones y de trabajar muy duro, el Senado confirmó al juez Thomas por 52 contra 48 votos, con once demócratas votando a su favor.

Cuando yo tuve la oportunidad de nombrar nuevos jueces para la Corte Suprema, me sirvió mucho haber sido testigo de la experiencia de mi padre durante ese proceso. Descubrí que es esencial para un presidente llevar a cabo una profunda investigación sobre sus candidatos. A principios de mi presidencia, le pedí al despacho de mi abogado en la Casa Blanca que empezara a investigar a los potenciales candidatos a la Corte Suprema. Así, cuando la jueza Sandra Day O'Connor anunció su renuncia en 2005, invité a cinco juristas para entrevistarme a solas con cada uno de ellos en la residencia de la Casa Blanca. Ya había revisado sus filosofías judiciales; lo que realmente quería era conocerlos, su manera de ser, y saber si su filosofía cambiaría con el tiempo. Todos los candidatos fueron impresionantes, pero el que más me impactó fue el juez John Roberts, un hombre humilde y generoso que había llevado docenas de casos frente a la Corte Suprema y que muchos consideraban uno de los mejores abogados de su generación. Primero nominé a John para el puesto de la juez O'Connor, y más tarde volví a presentar su candidatura cuando el presidente del tribunal supremo, el juez Rehnquist, falleció. Para el puesto de la jueza O'Connor,

escogí a Sam Alito, un juez brillante de voz suave que amaba la
ley con la misma pasión que adoraba a los Phillies de Filadelfia.
Me enorgullezco de la labor de ambos jueces durante su paso
por la Corte Suprema.

MUCHA GENTE ASUMIÓ durante el primer mandato de papá
que se presentaría a la reelección. Amaba su trabajo y lo hacía
muy bien. Pero la decisión no fue tan automática. Su primera preocupación fue el impacto que otra campaña tendría
en nuestra familia. Una de las razones fue mi hermano Neil:
había pertenecido a la junta directiva del Silverado Banco de
Créditos y Ahorro. Como cientos de otras organizaciones
de préstamo, Silverado había prestado demasiado dinero, se
había vuelto insolvente con el aumento de las tasas de interés y
necesitó del dinero de los contribuyentes para cubrir los depósitos. Los medios de comunicación y los adversarios de papá
utilizaron a Neil como el ejemplo negativo de la crisis de préstamo. Tuvo que presentarse frente a un comité del Congreso
y contestar una batería de preguntas hostiles. La Corporación
de Seguros de Depósitos Federal abrió una investigación que
terminó únicamente con una demanda civil (que luego se arre-
gló sin juicio).

Papá estaba destrozado, sentía muchísimo el mal trago que
su hijo mediano estaba pasando. Como escribió más tarde, lo
torturaba el hecho de que Neil fuera objeto de una cobertura
mediática tan negativa simplemente porque era el hijo del presidente. George Bush estaba dispuesto a soportar toda la presión
que conllevaba la presidencia: pero cuando su trabajo afectaba
a sus hijos, era otra historia. Un día en que él y yo nos encontrábamos pescando en Maine, me dijo de repente:

—Hijo, estoy pensando en no presentarme a la reelección.

—¿Por qué, papá? —pregunté.

—Por lo que Neil está pasando —dijo.

—Sé que es duro —dije— pero aún tienes trabajo que hacer, y el país te necesita.

No respondió. Quedó claro que se estaba planteando muy seriamente abandonarlo todo, para aliviar el dolor que su hijo estaba sufriendo.

Comprendí la difícil posición de Neil un día en un gimnasio de Dallas. Oí que alguien decía mientras me señalaba:

—Ese es el hijo del presidente, están a punto de llevarlo a los tribunales.

Me enfadé muchísimo. Me acerqué al tipo que acababa de decir eso y le solté:

—No están a punto de llevarme a ningún tribunal, ni a mi hermano tampoco. Te agradecería que te enteres de cómo son las cosas en lugar de soltar chismes.

El tipo se quedó inmóvil y balbuceó una disculpa. Mi encuentro personal con la crisis del Silverado fue fugaz. Para Neil, debió parecer que duraba una eternidad.

Recordé la experiencia de Neil años más tarde, cuando decidía si iba a presentarme a presidente. No me gustaba la idea de exponer a mi familia, especialmente a mis hijas, al tipo de trato que Neil había recibido. Al final, como mi padre, pensé que mi familia era lo suficientemente fuerte como para soportar ese escrutinio. La presidencia atrae la atención de los medios y una de las cosas más duras en la vida de un presidente es contemplar cómo la dureza de esos focos hiere a las personas que uno ama.

Papá también dudaba acerca de la reelección por otro motivo: su salud. En 1989, a mamá le habían diagnosticado la enfermedad de Graves, un problema de tiroides que puede comportar pérdida de peso y problemas de visión graves. Dos años más tarde, mi padre empezó a experimentar arritmias y cansancio pronunciado. Cuando Laura y yo fuimos a cenar a la Casa Blanca para una cena de estado con la reina Isabel de Inglaterra en mayo de 1991, el aspecto agotado y exhausto de mi padre me preocupó muchísimo. Él jamás se quejaba, pero estaba claro que sufría. Fue la primera vez en mi vida que vi a mi padre con aspecto de hombre mayor. Extrañamente, los médicos llegaron a la conclusión de que también padecía la misma enfermedad que mi madre. Hicieron lo que estuvo a su alcance para aliviar la dolencia, pero les llevó tiempo ajustar la medicación a la dosis correcta. Y parecía no poder volver a los niveles de energía de antaño, lo cual era un grave problema para alguien que era presidente y que pensaba en presentarse a una reelección. Pero George Bush era competitivo por naturaleza. Como había explicado en su discurso en la convención de 1988, veía la presidencia como una misión y estaba decidido a terminarla.

Alrededor del verano de 1991, empecé a preocuparme por la campaña para la reelección. Los ciudadanos norteamericanos estaban concentrados en la economía. Y en medio de una recesión, no era un tema precisamente positivo para un presidente en el cargo, especialmente uno que había desatado las iras de su propio partido al romper su promesa electoral más recordada.

Además de la economía, me preocupaba el estado de ánimo político del país. Después de sus ocho años como vicepresidente y cuatro como presidente, George Bush llevaba mucho tiempo en la primera línea de la política, y el público lo tenía muy visto. Era natural que los ciudadanos buscaran caras nuevas. El perfil demográfico del país también había cambiado. La generación de *baby boomers*, que había alcanzado los treinta y cuarenta, era más activa políticamente; mientras que los líderes surgidos de la generación de la Segunda Guerra Mundial parecían cada vez más anticuados. Incluso entre los seguidores de Bush, el nivel de energía y de entusiasmo no era ni de lejos tan alto como el que se había alcanzado en 1988.

Para convencer al país que se merecía otros cuatro años, papá necesitaba un mensaje activo y de futuro. Desgraciadamente, su mejor estratega, Lee Atwater, había muerto de un tumor cerebral en 1991. Nadie con un talento comparable al de Lee había aparecido para hacerse cargo de la campaña de reelección. El peligroso paisaje político en el que nos movíamos quedó claro cuando en noviembre de 1991, Dick Thornburgh, el anterior fiscal general de papá y muy popular ex gobernador de Pennsylvania perdió inesperadamente las elecciones al Senado en su estado. En retrospectiva, eso debió haber sido una señal de alarma para la amenaza que esperaba en el futuro de George Bush.

Lo último que un familiar del presidente debe hacer es cargarlo con más quejas o preocupaciones, pero a principios de otoño de 1991, le dije a mi padre que me preocupaba la campaña por la reelección. Supe que él compartía mis inquietudes cuando me pidió que me ocupara de una tarea delicada. Quería que analizara cómo podía mejorar el funcionamiento de la Casa Blanca y que le recomendara cómo estructurar la campaña de 1992. Envió una carta a sus principales asesores pidiéndoles que se reunieran conmigo y me hablaran con franqueza. Al principio me sorprendió mucho que me pidiera que me hiciera cargo de un proyecto tan importante. Pero me conmovió realmente la confianza que depositaba en mí.

Me lo tomé muy en serio. Viajé en varias ocasiones de Dallas a Washington para entrevistarme con los asesores más importantes de la Casa Blanca y con los responsables de la campaña.

Pronto quedó claro que muchos de los asesores del presidente se sentían desconectados: sentían que el presidente estaba aislado y que al no poder acceder a él, la moral se resentía. El consenso de los entrevistados era que papá debía cambiar la manera en que la Casa Blanca operaba, empezando por el jefe de gabinete.

A finales de noviembre de 1991, mis padres y yo cenamos en el comedor familiar de la Casa Blanca. Durante el primer plato, una buena sopa, le esbocé un resumen de las entrevistas que había mantenido. Papá me escuchó y no dijo gran cosa durante el segundo plato. Finalmente, a la hora del postre, reconoció que estaba de acuerdo con la conclusión de que debía reorganizar la Casa Blanca y que tenía que encontrar un nuevo jefe de gabinete. Luego preguntó:

—¿Quién crees que debería decírselo a John Sununu?

La pregunta me sorprendió.

—¿Por qué no hablas tú con él?

—Preferiría que fuera otra persona —me dijo.

Repasamos una lista de posibles candidatos, pero no le pareció bien que ninguno de ellos hablara con Sununu.

Finalmente, a pesar de las dudas que me producía la situación, un poco delicada, de que el hijo del presidente fuera el que transmitiera ese mensaje, le dije:

—Mira, papá, si nadie más puede hacerlo, yo puedo hablar con él cuando quieras.

Para mi sorpresa, después de una larga pausa, dijo:

—De acuerdo.

A lo largo de los años ha habido muchos rumores y especulación acerca de mi conversación con John Sununu. Simplemente le dije a John que debía ir a ver al presidente y hablar con el corazón en la mano para darle la oportunidad de hacer un cambio, si eso era lo que el presidente deseaba. No sé lo que sucedió después de eso, pero sí que unos días más tarde John fue a Camp David para hablar con papá. Poco después del Día de Acción de Gracias de 1991, John Sununu, un hombre muy capaz y fiel amigo de George Bush, renunció como jefe de gabinete.

Siempre me he preguntado por qué razón papá no habló directamente con su jefe de gabinete. Nunca se lo he preguntado. De esa experiencia también aprendí una lección. Cuando me convertí en gobernador o presidente, decidí que o bien me ocuparía yo mismo de los cambios de personal o tendría una persona de absoluta confianza (que no fuera de la familia) que pudiera hablar en mi nombre para hacerlos. Así, cuando decidí reorganizar la Casa Blanca cinco años después de mi presidencia, le dije a mi querido amigo y jefe de gabinete Andy Card que pensaba que había llegado el momento de hacer un cambio. Y cuando decidí reemplazar al secretario del tesoro Paul O'Neill y al secretario de Defensa Don Rumsfeld, le pedí a mi vicepresidente Dick Cheney que se ocupara de transmitir el mensaje.

En esa misma cena en la Casa Blanca, papá y yo empezamos a hablar de cómo organizar la campaña de 1992. A diferencia de 1988, yo no tenía intención de estar presente en Washington durante la campaña. Estaba ocupado con los Rangers en Texas, así que le sugerí a papá que se lo pidiera a Jim Baker, que había estado con él en todas sus campañas nacionales, para que dejara su puesto como secretario de Estado y llevara su campaña en 1992. A papá no le gustaba la idea de pedirle a su amigo que abandonara el Departamento de Estado y volviera a batirse en la arena política. Yo entendí su decisión, pero sin Atwater y con Baker fuera de la primera línea de las trincheras, mi preocupación acerca de la reelección se intensificó.

* * *

EL AÑO 1992 no empezó muy bien para George Bush. Dio comienzo al año con un largo viaje por Asia, donde negoció varios importantes acuerdos comerciales. La parada final del trayecto fue Japón. Después de un día de reuniones, él y mamá asistieron a un banquete con el primer ministro Kiichi Miyazawa. Papá llevaba con malestar todo el día, pero era demasiado educado como para cancelar la cena. Todo fue bien hasta mediados de la comida, cuando las náuseas se hicieron demasiado fuertes. Inclinó la cabeza y se desmayó, cayendo de lado y vomitando encima del primer ministro. El Servicio Secreto se precipitó para sostenerlo y mamá también se abalanzó sobre él con la servilleta. Papá recuperó rápidamente la conciencia, y soltó:

"¿Por qué no me empujan debajo de la mesa y así pueden seguir con el banquete?".

Volvió al hotel mientras mamá se quedaba en la cena para pronunciar el brindis que papá tenía pensado. El incidente saltó inmediatamente a los titulares de la prensa y fue profusamente utilizado por los cómicos de los *late night shows* para sus monólogos humorísticos.

Pero no había nada gracioso en los problemas que se avecinaban desde New Hampshire. En diciembre de 1991, el comentarista político y presentador de televisión Patrick J. Buchanan anunció que se presentaría en las primarias republicanas de New Hampshire para luchar contra papá por la candidatura. Buchanan jamás había tenido un cargo político oficial y en parte parecía que se presentaba para aumentar sus índices de audiencia. Unos meses antes, habría sido inconcebible que ningún republicano retara a George Bush. La entrada de Buchanan en las primarias reveló lo débil que era la posición de papá entre los republicanos. Las encuestas a principios de 1992 decían que

Buchanan podía llegar hasta el 30 por ciento de los votos entre los republicanos de New Hampshire, un significativo voto de protesta. Yo había visto candidatos a la contra presentarse en New Hampshire antes: Eugene McCarthy en 1968, Ronald Reagan en 1976 y Ted Kennedy en 1980. Cada vez, el candidato que ostentaba el cargo salía notablemente tocado del enfrentamiento.

Esencialmente el mensaje de Buchanan era que George Bush había traicionado el legado conservador de Ronald Reagan, un legado que los políticos republicanos siguen invocando hasta hoy, aunque algunos de ellos lo hagan sin prestar atención a la trayectoria del presidente Reagan. Atacaba también a mi padre por violar su promesa de "no más impuestos" y también por firmar la Ley de Derechos Civiles.

Buchanan describió el contraste con papá en el discurso donde anunciaba su intención de ir a las primarias: "Es un globalista y nosotros somos nacionalistas. Cree en una especie de *pax universalis* y nosotros creemos en la antigua república. Él no dudará en poner la salud y el poder de Estados Unidos al servicio de un vago nuevo orden mundial. Nosotros pondremos al país primero". Buchanan se opuso a la Guerra del Golfo, que veía como una traición al "ministerio de defensa israelí y su rincón de fanáticos en Estados Unidos". El mensaje tenía ecos de la posición aislacionista del Primer Comité de América, que se opuso a la entrada de Estados Unidos en la Segunda Guerra Mundial. También me recordó al movimiento de extrema derecha de Texas que conocía desde los años 60 y 70, y fue un precursor del *Tea Party* actual. Y sin embargo, uno de cada tres republicanos de New Hampshire apoyaba a Buchanan.

Después de ignorar inicialmente el reto de las primarias, los asesores políticos de papá decidieron que el presidente debía ir a New Hampshire para contrarrestar los ataques de Buchanan y tranquilizar a los votantes republicanos. En un ayuntamiento, en un evento con republicanos, les dio una respuesta poco satisfactoria: "Mensaje: me importa". Por supuesto que le importaba, y mucho. Les delineó una propuesta para una modesta reducción de impuestos que ayudaría a aliviar el dolor financiero de las familias. Más allá de eso, papá apostaba a lo que sus asesores económicos le habían asegurado: que la economía estaba creciendo y que paulatinamente los informes de creación de empleo pronto mejorarían. Por el momento, eso no había sucedido. La noche de las primarias, Buchanan se llevó más del 37 por ciento de los votos, y los medios de comunicación dieron la noticia de que los republicanos repudiaban a George Bush.

Buchanan siguió en la contienda por las primarias durante varios meses, llenando el aire con ataques contra el presidente. Eventualmente se retiró y dio su apoyo a papá, pero su candidatura reveló que el partido republicano estaba dividido. La experiencia ilustra una de las reglas clave de las campañas electorales: la importancia de consolidar la base. Para mí fue fácil hacerlo en el 2000, cuando los republicanos de todo signo y condición estaban hambrientos y querían recuperar la Casa Blanca después de ocho años. En el 2004, contacté temprano con los líderes más importantes del partido y logré apaciguar los sectores más reticentes. Pat Buchanan no dejó que George Bush llevara a cabo esa tarea en 1992. Y para empeorar las cosas, el éxito de Buchanan animó a los independientes, uno de los cuales estaba a punto de entrar en la carrera electoral.

EN LA SUPERFICIE, H. Ross Perot y George Bush tenían algunas cosas en común. Como papá, Perot era un veterano de la

Armada y un hombre de negocios de Texas. Era hijo de un vendedor de algodón en Texarkana y se había graduado de la Academia Naval. Su primer empleo fue en IBM. Eventualmente lanzó su propia empresa, Electronic Data Systems, y se convirtió en un pionero de la industria informática, haciéndose rico en el ínterin. Papá y Perot se conocían de la comunidad empresarial de Texas. Desde el punto de vista de papá, se llevaban bien. Evidentemente Perot había llegado a respetar a mi padre, porque le preguntó si estaría interesado en dirigir una compañía petrolera financiada por Perot cuando dejase el gobierno, al principio de la administración Carter.

Con el paso de los años, la relación obviamente se estropeó. Papá creía que se trataba de la creencia de Perot de que los prisioneros de guerra norteamericanos habían sido abandonados en Vietnam. Cuando el Departamento de Defensa informó al presidente Reagan que no existían motivos para creer que quedaran prisioneros de guerra vivos en ese territorio, Perot, que no estaba de acuerdo con esa afirmación, abrió su propio diálogo con el gobierno de Vietnam. El presidente decidió que los viajes de Perot tenían que detenerse y le pidió consejo a su equipo de seguridad nacional acerca de cómo abordar la cuestión.

"Yo conozco a Perot de Texas", dijo papá, "y no tengo inconveniente en transmitirle ese mensaje".

Perot estaba convencido de que existía una conspiración para abandonar a los prisioneros de guerra. Después de su conversación con papá, llegó a la conclusión de que George Bush formaba parte de esa conspiración. Como dijo papá más tarde, "Perot le pegó un tiro al mensajero".

El 20 de febrero de 1992, dos días después de la exhibición de fuerza de Pat Buchanan en las primarias de New Hampshire, Perot anunció a través de una llamada al programa de Larry

King en la CNN que se presentaría a presidente si los seguidores de base lo registraban en las papeletas presidenciales en los cincuenta estados. En ese momento, eso parecía casi imposible. Pero al cabo de unas semanas, sin embargo, Perot anunció que había contratado al Home Shopping Network para gestionar las miles de llamadas por hora que estaba recibiendo, animándolo a que se presentara.

La propuesta de Perot tenía elementos que atraían a ambos lados del espectro político. Creía en la reducción del déficit y del despilfarro gubernamental. Propugnaba un mensaje proteccionista y populista que abogaba por defender a las empresas nacionales de los competidores extranjeros. Estaba a favor del aborto y se oponía a la Guerra del Golfo; también quería reducir el aumento de las ayudas de la Seguridad Social para equilibrar el presupuesto y exigía un endurecimiento de la guerra contra la droga. Lo que unificaba su postura era que se declaraba contrario al *establishment* y, por supuesto, estaba en contra de los candidatos oficiales. Y nadie encarnaba al *establishment* político mejor que el candidato presidencial, George Bush.

La primera reacción del equipo de campaña frente a Perot fue ligeramente despreciativa. Para los que habían conocido a Perot desde hacía años, parecía inconcebible que pudiera sobrevivir en la escena política nacional. Yo estaba preocupado. Perot tenía muchísimo dinero y había conectado con una vena populista de descontento anti-Washington. Los medios de comunicación estaban encantados de tener una personalidad tan pintoresca que les daba material para escribir artículos sin cesar y al principio no escatimaron elogios sobre Perot. Desde mi edificio de oficinas en Dallas, yo seguía su avance: mi ventana daba a la sede de la campaña de Perot. Día tras día, observaba a gente que venía en BMWs y en lujosos 4x4 para recoger carteles para poner en sus jardines, y cajas de pegatinas. Era como ser testigo de la desintegración de una base política a cámara lenta.

Hacia verano de 1992, la campaña no tuvo más remedio que tomarse a Perot en serio. Al igual que Pat Buchanan antes que él, Perot fue implacable en sus ataques contra papá y el *establishment* de Washington, y terminaron por hacer daño. Entonces, de repente, Perot anunció que se retiraba de las primarias. Dio una explicación un poco difícil de entender. Primero dijo que no quería empujar al Colegio Electoral a una calle sin salida y forzar a que las elecciones se resolvieran en el Congreso. Más tarde, afirmaría (sin la menor prueba) que la verdadera razón por la cual se había retirado era que la campaña de papá había amenazado con arruinar la boda de su hija. A mí no cesaba de sorprenderme que la gente se hubiera tomado en serio a este hombre como un candidato presidencial. También aprendí a no subestimar a Ross Perot. Después de su retirada, les dije a mis amigos: "Volverá".

EN 1988, PAPÁ se había enfrentado a la historia encarnada en el factor Van Buren. En 1992, trataba de hacer algo sin precedentes. Ningún político que hubiera sido vicepresidente durante dos mandatos y luego consiguiera saltar a la presidencia había obtenido un segundo mandato como tal. John Adams casi lo logró, pero Thomas Jefferson se interpuso. Dos siglos más tarde, George Bush se enfrentó a William Jefferson Clinton.

El Gobernador Bill Clinton de Arkansas no era una elección obvia para los demócratas. En 1991, cuando papá tenía índices de aprobación elevados después de la Guerra del Golfo, varios de los candidatos más destacados —como el gobernador Mario Cuomo de Nueva York o el senador Bill Bradley de

Nueva Jersey— decidieron no presentarse. Clinton, que tenía cuarenta y cinco años (era un mes más joven que yo), apareció en un panorama demócrata sin competencia. Poseía una personalidad encantadora y era un excelente hombre de campaña, al que habían elegido gobernador en cinco ocasiones. En su partido lo consideraban una de las más brillantes mentes políticas, y defendía una política de "tercera vía" que transitaba una zona intermedia entre el liberalismo tradicional y el conservadurismo. Recuerdo que papá me dijo que lo había impresionado el gobernador de Arkansas en una cumbre sobre la educación que se había celebrado en la Casa Blanca.

Clinton tenía además una historia personal muy emotiva. Su padre había muerto en una accidente automovilístico tres meses antes de que naciera, y lo había criado su madre. Trabajó para pagarse su educación, desde una pequeña ciudad de Arkansas hasta la Universidad de Georgetown, gracias a una beca Rhodes, y hasta la facultad de derecho de Yale. En un detalle que ningún directivo de campaña podría haberse inventado, su ciudad natal se llamaba Hope.

El hombre que procedía de la esperanza también había tenido que superar muchas cosas. Algunos decían que no tenía disciplina, y siempre lo perseguían rumores acerca de sus vida personal y de supuestas indiscreciones. Obtuvo menos del 3 por ciento en el voto del *caucus* de Iowa, y en New Hampshire los medios de comunicación publicaron que había mantenido un romance con una ex presentadora de noticias en Arkansas. Clinton replicó con una entrevista en profundidad en el programa *60 minutes* emitida inmediatamente después del Super Bowl. Reconoció que había cometido errores y que su mujer, Hillary, defendía plenamente a su marido y su matrimonio. Poco tiempo después, Clinton dejó al mundo político boquiabierto al terminar segundo en New Hampshire, detrás del gran favorito, el senador Paul Tsongas de Massachusetts. En su discurso después de las primarias de New Hampshire, Clinton se autodenominó "el Chico del Retorno", ejemplificando su capacidad de recuperarse de las situaciones complicadas. Y así fue. Arrasó en las primarias del Sur y superó a Paul Tsongas y al gobernador de California Jerry Brown, y se hizo con la candidatura demócrata a las elecciones presidenciales.

A medida que el proceso avanzaba, quedó claro que Bill Clinton sería un adversario formidable. Entendía la importancia de tener temas de campaña claros y sencillos. Uno de ellos era el cambio. Después de ocho años del dúo Reagan-Bush y de cuatro años de Bush-Quayle, Clinton sabía que los votantes estaban dispuestos dejar pasar a caras nuevas. También reconoció los cambios generacionales que estaban modificando al electorado. Clinton cultivaba sabiamente su imagen, tocando el saxo en los *late night shows* con Arsenio Hall y apareciendo con los estudiantes por la MTV. Por si no quedaba claro el tema del cambio, Clinton lo remató escogiendo como su compañero para la candidatura al senador Al Gore Jr. de Tennessee, otro hijo de la generación de *baby boomers*. El mensaje era diáfano: había llegado el momento de esa generación.

Clinton y Gore se concentraron en un segundo gran tema de campaña: la economía. Bill Clinton se dio cuenta de que si la política exterior protagonizaba las elecciones, tenía pocas oportunidades de vencer a George Bush. Acertó al diagnosticar que la economía era el punto débil de papá. Su campaña adoptó el lema "Es la economía, estúpido". Acusó a papá de estar desconectado de las necesidades del país e incluso logró volver sus éxitos de política exterior en su contra, sugiriendo que se había distraído fuera y que no había hecho lo suficiente por su país a nivel nacional. Por muy indisciplinado que Clinton fuera en otros aspectos de su vida, era implacablemente duro en la transmisión del mensaje de su campaña.

Bill Clinton también gozó de una actitud muy positiva por parte de la prensa. Debido a su juventud, sus puntos de vista más liberales y sus credenciales como abogados de una *Ivy League*, los Clinton encajaban con muchos de los periodistas que tenían su misma trayectoria. Con el tiempo, claro está, la prensa se volvería contra él. Pero en la campaña de 1992, sin embargo, me daba la sensación de que algunos medios permitían que sus ansias por el cambio obstruyeran sus altos estándares de objetividad periodística. (Lo mismo sucedería más tarde cuando se presentó otro candidato nuevo y que prometía un cambio, Barack Obama).

Un ejemplo clásico de la hostilidad mediática hacia George Bush tuvo lugar en febrero de 1992, cuando papá visitó una convención de tiendas de alimentos en Florida. Entre otros productos, papá examinó una nueva versión de un escáner de caja. Cuando alabó frente a sus anfitriones en el congreso la nueva tecnología, un periodista se inventó la historia de que jamás había visto un escáner electrónico. "Un político de carrera, que ha vivido recluido como burócrata de alto nivel en Washington durante décadas, lo tendrá difícil para presentarse frente a los electores como alguien que sabe cómo es la vida de la clase media", escribió en el *New York Times*. Más tarde se supo que el periodista que había presenciado el incidente ni siquiera estaba en esa convención.

La Convención Nacional Demócrata de julio de 1992 fue una oportunidad perfecta para que Clinton y Gore exhibieran su campaña frente al público nacional. La convención estaba cuidadosamente organizada para destacar el tema del cambio, hasta la canción de Fleetwood Mac que sonó después del discurso de Clinton: *Don't stop thinking about tomorrow*. El mensaje funcionó. Al principio, los demócratas estaban casi empatados en Nueva York con papá y Dan Quayle, y terminaron con una ventaja de veinticuatro puntos.

DESPUÉS DE LA convención demócrata, cundió el desaliento entre los seguidores de Bush. Yo también estaba preocupado, pero no había perdido las esperanzas. Recordaba que papá había superado el liderazgo de Michael Dukakis en 1988, y creía que al final se beneficiaría del hecho de que la campaña de 1992 finalmente se convirtiera en una competición entre dos hombres. Después de meses de ataques virulentos por parte de Buchanan, Perot y Clinton, por fin papá podría demostrar el contraste favorable que había entre él y su adversario en temas cruciales como su experiencia de líder y sus capacidades. Desde la convención republicana, se concentraría en inyectar energía en su campaña y desmontar la percepción de que estaba alejado de los problemas cotidianos del ciudadano; también sería una buena ocasión para explicar hacia dónde quería llevar al país.

Una manera de demostrar que su campaña sí tenía energía fue cambiar al director. En agosto, papá volvió a contar con Jim Baker en la Casa Blanca, donde sería jefe de gabinete y coordinaría la campaña de otoño. Sé que para Jim fue duro abandonar un trabajo que amaba, el de secretario de estado, pero lo hizo por lealtad hacia su amigo.

Papá decidió no hacer cambios en su elección de candidato a vicepresidente. Dan Quayle había servido al presidente de buena fe, y papá estaba cómodo con él. Aunque reconocía que si escogía un nuevo candidato podía darle la vuelta a las eleccio-

nes, también creía que un cambio de esa magnitud podía parecer desesperado y además avergonzar a su amigo. Así que la
candidatura Bush-Quayle siguió intacta.

Con Baker de nuevo al mando, papá y sus asesores desarrollaron una estrategia de campaña para el otoño. Desafortunadamente, lo primero que tenían que hacer era consolidar los
apoyos de las bases del partido republicano, una pieza básica en
toda campaña que debería haberse hecho meses antes, pero que
se había postergado a causa de los desafíos de Buchanan y Perot.
Para ello, la campaña se ciñó en gran parte a las reglas de las
elecciones de 1988, cuando papá se había concentrado en poner
énfasis en los valores que les importaban a los republicanos. Al
principio de la campaña, las declaraciones de Dan Quayle en
las que criticaba a Hollywood por reducir la importancia de las
familias habían tenido gran impacto. En concreto, denunció a
la popular serie de televisión *Murphy Brown* por glorificar a un
"personaje que supuestamente es el epítome de la mujer de hoy,
inteligente, que gana un buen sueldo y que tiene una carrera
exitosa, burlándose de la importancia de los padres al dar a luz
sola y decir que es simplemente un 'estilo de vida' diferente".
A mí me parecía un poco raro que Quayle optara por pelearse
con un personaje de ficción, pero no dejaba de tener razón en
algo: Hollywood no reflejaba los valores que les importaban a
la mayoría de los norteamericanos. George Bush y Dan Quayle
sí los entendían.

La mejor oportunidad de unir al partido contra Clinton fue
la Convención Nacional Republicana en Houston. La convención hizo hincapié en la importancia que papá le daba a los
valores familiares. El hijo adolescente de Jeb, George P., pronunció un gran discurso de apoyo a su abuelo, al que calificó
de "el hombre más grande que he conocido jamás" y concluyó

acompañando a los asistentes al son de "¡Viva Bush!". Mamá
también habló, emocionada, acerca del hombre con el que se
había casado casi cincuenta años antes. "Cuando George y yo
nos dirigimos al Oeste después de la Segunda Guerra Mundial,
ya habíamos tenido a nuestro primer hijo", afirmó. "George era
un veterano de guerra, se había graduado en la universidad y
había conseguido trabajo aquí en Texas. Eventualmente nos instalamos en Midland, una pequeña y honrada comunidad donde
los vecinos se ayudaban unos a otros, un lugar maravilloso para
criar una familia, que aún lo es. En muchos sentidos, fueron
los mejores años de nuestras vidas". Y describía: "Los días que
George pasaba en los campos de petróleo eran durísimos, trabajaba de sol a sol y volvía cubierto de polvo, pero no importaba lo
tarde que llegara. Siempre tenía tiempo para jugar con sus hijos
o escucharlos". Terminó diciendo: "Saben que para nosotros la
familia significa abrazarse el uno al otro y estar allí". Mamá
siempre fue de gran valor para papá incluso en el mundo de la
política. Hablaba en términos sencillos, amaba a su marido y
apelaba a muchos norteamericanos con su estilo directo y su
rápido ingenio.

Algunos de los otros participantes de la convención hablaron de los valores familiares en otro tono. Para intentar unir
las bases, los organizadores de la convención habían aceptado
dejar que Pat Buchanan pronunciara un discurso en horario
prime time. Buchanan apoyó firmemente a papá y apeló a su
"Brigada Buchanan" para que "regresaran a casa y lo dieran
todo por George Bush". Pero también proclamó que se había
desatado "una guerra religiosa" por la conquista del alma de
la nación, defendió "los valores judeocristianos y las creencias
sobre las que se fundó Estados Unidos", y acusó a Hillary Clinton de intentar imponer una agenda de "feminismo radical".

Quizá fue de ayuda para algunos elementos de la base, pero el discurso de Buchanan no transmitía la imagen de un partido republicano más amable y tranquilo. (Como los horarios de los discursos no se habían respetado, cuando terminó el discurso de Buchanan no hubo tiempo para emitir el del presidente Reagan, que iba a darle su firme apoyo a papá; el último discurso de la carrera pública de Ronald Reagan quedó fuera del *prime time*).

En su discurso la noche final de la convención, papá tuvo la oportunidad de acortar la ventaja que Clinton le llevaba. Como en 1988, trató de recordarles a los votantes por qué su experiencia, su integridad y su visión para el futuro de Estados Unidos lo convertían en el candidato ideal para la presidencia. Pero a diferencia del discurso de 1988, que se completó con mucha antelación y que papá tuvo mucho tiempo para ensayar, el de 1992 fue el resultado de un proceso caótico. Recuerdo que me quedé de piedra cuando entré en una sala de reuniones del hotel Houstonian y vi a los asesores de la campaña Bush tirándose de los pelos para terminar una primera versión del discurso apenas tres días antes del final de la convención. El proceso de escritura de ese discurso simbolizó uno de los errores de la campaña de papá de 1992: reaccionaba, no lideraba.

Mi padre empezó el discurso hablando de Iraq y de la Guerra Fría, y luego pasó a la economía. "Cuando cayó el Muro de Berlín", bromeó, "así esperaba ver el titular: *Cae el muro, tres guardias de aduanas pierden su trabajo*. Y debajo, probablemente diría *Clinton le echa la culpa a Bush*". En la frase clave del discurso, papá admitió que lamentaba haber aceptado el incremento de impuestos que los demócratas habían exigido para el pacto presupuestario. Se comprometió a realizar una nueva ronda de reducciones del gasto y de los impuestos durante el año siguiente. A diferencia del discurso de 1988, que se elevaba y presentaba una visión positiva, el de 1992 era defensivo y relativamente plano. Sin embargo, se produjo el tradicional repunte después de la convención. El dúo Bush-Quayle iba sólo diez puntos por detrás de Clinton-Gore. Aunque la recuperación de Bush había empezado, aún quedaba camino por recorrer.

Y ERA CAMINO cuesta arriba, que se hizo aún más empinado cuando Ross Perot anunció que se volvería a presentar el 1 de octubre. La reentrada de Perot quería decir que compartiría espacio en los debates presidenciales y que volverían a emitirse sus anuncios negativos acerca del candidato presidencial. Justo cuando papá empezaba a recuperar terreno, tenía que volver a enfrentarse a una guerra de dos frentes.

El regreso de Perot no fue el único revés. A finales de agosto, el huracán Andrew arrasó las costas de Florida y Louisiana, causando pérdidas por valor de veinticinco mil millones de dólares y dejando a decenas de miles de personas sin hogar. Inmediatamente papá declaró la zona catastrófica, lo cual permitió a los estados afectados solicitar ayudas federales. Pero como en cualquier esfuerzo de gran escala para paliar un desastre natural, los recursos tardaron en llegar a los que los necesitaban. Papá viajó a la Florida para dar muestras de su compromiso, envió tropas para que ayudaran en los centros de atención a las víctimas y encargó al secretario de transporte Andy Card que supervisara personalmente la operación. Pero eso no impidió que Clinton, los políticos demócratas de la Florida o los medios de comunicación castigaran al gobierno federal por su "lenta respuesta". La crítica recordaba el tema recurrente de que George Bush ya no conectaba con la vida cotidiana de los ciudadanos o que ya no le importaba. Por supuesto, cuando se trata de entregar hielo y camiones, el presidente llega donde llega. Aprendí esa lección años más tarde cuando tuve mi propia experiencia en el área de los desastres naturales, después del huracán Katrina en 2005. Fue frustrante ver cómo mis adversarios y los críticos explotaban la difícil tarea de hacer frente a la ira de la naturaleza para obtener ganancias políticas.

Cuando volvió al día a día de la campaña, papá siguió concentrándose en los valores. Criticó la posición de Clinton sobre temas sociales como el aborto y denunció su comportamiento durante la guerra del Vietnam, como evitar el reclutamiento y protestar en territorio extranjero durante el año que pasó en Oxford. Aun así, le costaba obtener el respaldo de los ciudadanos. Bill Clinton no era ningún Michael Dukakis. Aunque Clinton apoyaba la mayoría de las posiciones ideológicas tradicionalmente demócratas, también estaba a favor de la pena de muerte, de la reforma del estado del bienestar, del NAFTA (Acuerdo Norteamericano de Libre Comercio) y de una reducción de impuestos a la clase media (aunque cuando más tarde ocupó el Despacho Oval, esa promesa se transformó en un incremento de impuestos). Era difícil calificarlo de liberal de izquierda. Y lo más importante, Clinton raras veces dejaba sin contestar un ataque, y sus respuestas siempre reforzaban los dos grandes temas de su campaña: el cambio y la economía.

En otoño de 1992, muchos miembros del equipo de campaña esperaban que los debates presidenciales cambiaran la dinámica de las primarias. No era buena señal: es fácil perder un debate presidencial y muy difícil ganarlo. Pensé que el primero, que se celebró en San Luis, quedó esencialmente en un empate. Ross Perot pronunció la mejor frase de la noche, cuando terminó una respuesta acerca de su plan de reducción del déficit diciendo: "Si hay una manera mejor, soy todo oídos". (Las orejas de Perot eran una de sus características físicas más destacadas).

El segundo debate en Richmond fue el primer debate presidencial que adoptó un formato de reunión abierta al público, como los mítines en los centros o en los ayuntamientos. La mayoría de las preguntas las formulaban los miembros de la audiencia, en directo. En lugar de estar de pie tras un podio, los candidatos tenían sillas y los animaban a que se pasearan por el estrado. Una vez más, no asistí al debate. Pero viéndolo por televisión, parecía que papá no estuviera cómodo con el nuevo formato. Se estancó en una pregunta que no estaba muy bien formulada, acerca de cómo lo afectaba personalmente la deuda nacional. Se quedó clavado en la silla mientras profería una respuesta más bien defensiva. Clinton, en cambio, iba y venía por el estrado, miraba a las personas que le preguntaban a los ojos y dejó muy claro su mensaje económico. El momento más memorable de la noche tuvo lugar cuando Perot estaba ensimismado en una larga y aburrida respuesta y las cámaras mostraron a papá mirando su reloj. Eso proyectó una imagen de aburrimiento. (Al Gore no aprendió del error de papá, porque "perdió" un debate en el 2000 como resultado de lo fuerte que suspiraba durante mis respuestas. Por supuesto, tampoco yo aprendí esa lección, y "perdí" un debate en el 2004 porque hice muecas durante las respuestas de John Kerry. Es una señal de lo vacío que es el proceso del debate presidencial que los momentos más destacados se concentren en gestos o deslices y no en el contenido de las respuestas sobre los grandes temas que allí se abordan).

Para cuando se celebró el tercer debate, la historia estaba clara. Clinton era el favorito, Perot seguía siendo una curiosidad y George Bush tenía graves problemas. Las anotaciones en su diario muestran que hacia mediados de octubre se había planteado ya la posibilidad de la derrota. Escribió: "Si perdemos, hay una gran felicidad en el horizonte, pero será un proceso muy doloroso, no por la derrota sino por haber decepcionado a la gente". A pesar de sus dudas, George Bush no se dio por vencido. Terminó la campaña en una posición de fuerza. Durante el último mes de la campaña, finalmente llegaron las buenas noticias a nivel económico. Las estimaciones del tercer cuatrimestre del año mostraban que la economía había crecido un 2,7 por ciento, el mayor crecimiento en dos años. Las encuestas empezaban a recortar la ventaja de Clinton y papá estaba consiguiendo mejorar sus números. Los seguidores de Perot lo estaban pensando dos veces. A una semana de las elecciones, muchas encuestas cantaban un empate, casi sin margen de error. El empuje volvía a estar en manos de papá.

Entonces llegó un último golpe. El viernes antes de las elecciones, el fiscal especial Lawrence Walsh anunció que abría una investigación contra Caspar Weinberger, el secretario de defensa del presidente Reagan, por declarar en falso al Congreso durante la investigación del escándalo Irán-Contra. El día en que se publicó la noticia, papá tenía que aparecer en el programa de Larry King. En lugar de poder concentrarse en las buenas noticias de la recuperación económica, papá tuvo que contestar preguntas una vez más sobre el tema Irán-Contra. Y luego llegaron las llamadas. "Tenemos una llamada de Little Rock", dijo Larry King, "de George Stephanopoulos". Si había alguna duda de la preferencia de los medios durante la campaña de 1992, quedó clara cuando los productores de Larry King decidieron dejar pasar una llamada en abierto del director de Comunicación de la campaña de Bill Clinton. Un Stephanopoulos muy educado se dedicó a machacar a papá con más preguntas sobre el tema Irán-Contra. Fue un remate muy adecuado para la campaña. De Buchanan a Perot, del huracán Andrew a Perot (de nuevo) y finalmente al Irán-Contra, papá se había visto obligado a enfrentarse a una distracción tras otra. Podría haber superado cada una de ellas por separado, pero juntas fueron como la tormenta perfecta que destrozó Walker's Point el Halloween de 1991.

EL LUNES 2 DE NOVIEMBRE de 1992 fue el último día de la última campaña de la carrera política de George Bush. Lo acompañé en el Air Force One mientras saltaba de un evento a otro en los estados más disputados. Traté de animarlo, pero tenía el presentimiento de que un buen hombre sería derrotado. El grupo de música *country* favorito de papá, los Oak Ridge Boys, se vinieron con él en el avión. Cuando descendíamos hacia una de nuestras últimas paradas, papá y el equipo de campaña se reunieron para escuchar a los Oaks, como papá los llamaba, cantando "*Amazing Grace*". Al final de la canción, todos estábamos secándonos las lágrimas. Recuerdo que pensé que esa canción, que suele escogerse para los funerales, era una manera de que nuestros corazones se prepararan para las malas noticias.

El día de las elecciones, George Bush estaba físicamente agotado. Parecía aliviado de que la campaña hubiera terminado. Y también se sentía optimista acerca de su futuro, algo característico de él. Después de votar en Houston, él y mamá se instalaron en el hotel Houstonian, donde se había reunido toda la familia. Cuando el director de campaña Bob Teeter me llamó para comunicarme la primera ronda de cifras de las encuestas, supe que sería una noche dura. Cuando volvió a llamar, para la segunda ronda, supe que todo había terminado. Fui a la suite del hotel donde estaban mis padres. Estaban solos en la habitación.

—¿Cómo vamos, hijo? —preguntó en tono animado.

—No muy bien —dije amablemente—. Las encuestas de pie de urna han llegado, y parece que vas a perder.

Se quedó callado. Era como si se estuviera preparando para la decepción que lo esperaba. Había hecho todo lo posible, lo había dado todo. Pero simplemente, no estaba en las cartas que ganara. Después de décadas de servicio en cargos públicos, ocho años como vicepresidente y cuatro como presidente, el pueblo norteamericano había rechazado a George Bush. De todas las elecciones que perdió, no había ninguna duda de que esta derrota fue la que más lo hirió.

Como siempre, papá se comportó con elegancia. Llamó a Clinton poco después del cierre de las encuestas en la Costa Oeste, le confirmó que había perdido y dio un cálido discurso de agradecimiento a sus seguidores, felicitando al presidente-electo. Al completarse el recuento, se conoció que Bill Clinton ganó por el 43 por ciento de los votos, papá se llevó el 38 por ciento y Ross Perot un 19 por ciento. En total, casi veinte millones de personas habían votado por Perot. No podemos saber qué hubiera sucedido si esos veinte millones de votantes hubieran tenido que escoger entre dos candidatos. Entonces pensé, y sigo creyéndolo hoy en día, que si Ross Perot no hubiera estado en la papeleta electoral, George Bush habría ganado las elecciones de 1992. Sé que papá también sentía lo mismo. No es un hombre rencoroso, pero cuando le preguntaron por Perot para un documental que se emitió en 2012, papá dijo: "Creo que me costó las elecciones y no me gusta". (Curiosamente, a pesar de la campaña de 1992, me hice muy amigo del hijo de Ross Perot, Ross Jr., y de Bill Clinton).

Por supuesto, no toda la culpa fue de Perot. Después de doce años de George Bush como vicepresidente y presidente, los ciudadanos estaban listos para un cambio. La generación del *baby boom* dominó el electorado y Bill Clinton era el epítome de la cara nueva que muchos votantes buscaban. Y luego, la economía: Bill Clinton se equivocaba al decir que a George Bush no le importaba o que no la entendía. Papá entendía perfectamente la angustia económica a la que se enfrentaba el país. Había tomado medidas para arreglar las cosas. Y en 1993, el Departamento de Comercio revisó su estimación para el año anterior. Resultó que la economía creció durante los cuatro cuatrimestres de 1992, incluyendo una tasa de crecimiento del 5,7 por ciento en el último, cuando se celebraron las elecciones. Ese crecimiento sentó las bases del boom económico de los años 90, cuyo mérito suele atribuirse a Bill Clinton. En una de las ironías de la historia, Bill Clinton dejó en mis manos una economía que parecía fuerte pero que en realidad estaba en camino hacia la recesión. La lección es que la oportunidad es una parte importante de la política y que, para cuando la verdad de lo que sucedió a nivel económico se hizo pública, a George H.W. Bush ya se le había acabado el tiempo.

DOS SEMANAS DESPUÉS de su derrota, papá viajó a Greenwich, Connecticut. Aún estaba desanimado a causa del fracaso y ahora se enfrentaba a más malas noticias. Su querida madre, Dorothy Walker Bush, estaba muriendo. Durante la mayor parte de sus noventa y un años, mi abuela había sido una mujer activa, vigorosa, casi ajena a su edad. Nadaba y jugaba al golf hasta bien entrados los ochenta. Jamás perdió sus ganas de competir, la firmeza de su fe o su capacidad para amar. Papá y mi hermana Dorothy, que lleva su nombre por mi abuela, se sentaron en silencio al lado de su cama mientras ella dormía.

En un momento determinado, su madre le pidió a mi padre que le leyera la Biblia. Cuando abrió el Libro, un fajo de papeles cayó al suelo. Eran las cartas que él le había escrito, casi cincuenta años antes. Las había guardado durante todo ese tiempo en su Biblia y cada día rezaba por su hijo. Papá rezó con ella por última vez, se despidió de ella y viajó de vuelta a la Casa Blanca. Unas horas más tarde, mi abuela murió. Esa noche papá escribió en su diario: "Mamá, espero que sepas lo mucho que todos te queremos y lo que nos importas. Hoy descansa en los brazos de Dios y con papá".

A pesar de su duelo y de la derrota, George Bush decidió aprovechar al máximo los últimos días de su mandato como presidente. Quería utilizar el poder para ayudar a los demás, en un gesto muy propio de él. Cuando el secretario general de la ONU Boutros Boutros-Ghali le pidió ayuda a Estados Unidos para paliar la grave hambruna que asolaba a Somalia, papá no dudó. Envió a los marines a la nación de África del Este desgarrada por la guerra, para que ayudasen a proteger las infraestructuras y permitir que los envíos de alimentos entraran en el país. A principios de enero, papá viajó a Somalia para visitar a los miembros del ejército que se ocupaban de la misión. Era un comandante en jefe dedicado y quiso utilizar su último viaje al extranjero como presidente para dar las gracias a las tropas.

Papá no fue el único decepcionado por su derrota. Durante las semanas posteriores a las elecciones, los miembros del personal de la Casa Blanca también estaban cabizbajos. Para intentar animarlos, organizó la llegada de un invitado sorpresa. A lo largo de su presidencia, el cómico Dana Carvey lo había imitado en el programa *Saturday Night Live* y dicho actor había refinado una imitación de papá exagerando su acento, sus gestos y su reputación de ser "prudente". Para asombro del cómico, papá lo llamó unas semanas después de las elecciones e invitó a él y a su esposa Paula a que se alojaran en la habitación Lincoln de la Casa Blanca, para luego aparecer en un evento. Al personal le anunciaron que había una reunión importante y que el presidente les quería decir algo. Mientras sonaban las notas del *Hail to the Chief*, Dana Carvey entró en la Sala Este, se colocó en el podio y empezó a soltar sus bromas. Entre otras, una escena en la que papá informaba al Servicio Secreto que planeaba irse a correr desnudo. La sala se retorció de risa. La idea era puro George Bush: pensar en los demás, reírse de sí mismo y hacer que la gente que lo estaba pasando mal se recuperara.

También yo estaba sufriendo. Me dolió mucho ver a un buen hombre rechazado por los electores. Para dejar atrás las elecciones, decidí correr la maratón de Houston el enero siguiente. Durante las carreras de entrenamiento de dieciocho millas empecé a lidiar con el dolor de la derrota. También experimenté una cierta liberación después de que papá dejara la Casa Blanca. Ya no estaba bajo la protección y vigilancia del Servicio Secreto y podía conducir mi Lincoln por las calles de Dallas por primera vez en cuatro años. Lo hice durante dos años, hasta que me eligieron gobernador. No he conducido un coche desde 1995.

MAMÁ Y PAPÁ invitaron a toda la familia a Camp David para la Navidad de 1992. Fue un viaje agridulce. Disfrutamos del precioso entorno, y todos asumimos que sería la última vez que nos alojaríamos allí. Papá hizo todo lo posible por estar animado y no se quejó en ningún momento. En una carta a su hermano, recordó la historia del corredor de los Juegos Olímpicos que cruzó la meta cojeando, muy por detrás de los ganadores. Recordó que el corredor había dicho: "Mi país no me ha enviado hasta aquí para que empiece la carrera. Lo ha hecho para que la termine". Papá se sentía igual. "No logré terminar la carrera", escribió, "y siempre lamentaré eso".

Todos le recordamos que tenía mucho de qué enorgullecerse. Había logrado más en un solo mandato que muchos presidentes en dos. Históricamente se lo recordaría como el liberador de Kuwait y el presidente que había ayudado a que el final de la Guerra Fría fuera pacífico. En cierto sentido, era como Winston Churchill, que fue apartado del gobierno en 1945, meses después de ganar la Segunda Guerra Mundial. Los votantes británicos pensaron que Churchill había llevado a cabo su misión y que querían a alguien distinto para la siguiente etapa. Y eso fue lo que en definitiva le sucedió a George Bush en 1992. En Inglaterra, la gente lamentó esa decisión y Churchill regresó al gobierno. Eso no fue lo que le sucedió a papá. Sin embargo, su derrota en 1992 abrió nuevas posibilidades para otros, incluyéndome a mí y a Jeb. Y aunque parecía difícil de creer en ese momento, esa Navidad no sería la última de la familia Bush en Camp David.

Papá firmó esta fotografía nuestra en su lancha *Fidelity* en el verano de 1991. "George, ¡mi idea del paraíso! Con cariño, papá". También es la mía. *GBPLM / Carol Powers*

La tormenta que propinó una "histórica paliza" a la querida casa de mis padres en Walker's Point a finales de 1991 fue un presagio del tumultuoso año que le esperaba a George Bush. *GBPLM / David Valdez*

A pesar de su propia decepción por haber perdido la reelección, papá invitó a Dana Carvey, quien lo imitaba en el programa de televisión *Saturday Night Live*, a que fuera a la Casa Blanca para animar al equipo. *GBPLM / Susan Biddle*

Cuando el presidente-electo y la señora Clinton llegaron a la Casa Blanca el Día de la Inauguración, mamá y papá los recibieron con genuina amabilidad y calidez. Como escribió en la carta que le dejó a Bill Clinton en el escritorio del Despacho Oval, papá quería que a su sucesor le fuera bien.
GBPLM / Joyce Naltchayan

La mañana de mi inauguración como gobernador de Texas, mamá me trajo un sobre con una nota manuscrita de papá y su "posesión más preciada", unos gemelos que le habían regalado sus padres. *David Woo / The Dallas Morning News*

Cuando juré mi cargo como gobernador de Texas, papá se secó una lágrima.
Me di cuenta de que nuestros roles se habían intercambiado: después de años
ayudándolo en su carrera política, ahora era él quien me apoyaba a mí.
Fort Worth Star-Telegram / Rodger Mallison

Durante mis ocho años como presidente, mantuve numerosas reuniones
memorables en el Despacho Oval. Ninguna pudo compararse al hecho de estar
junto a mi padre en esa majestuosa sala el primer día de mi mandato.
Biblioteca y Museo Presidencial George W. Bush (GWBPLM / Eric Draper)

Después de pronunciar un discurso muy cargado de emociones en la Catedral Nacional tres días después del 11 de septiembre de 2001, papá alargó la mano y me apretó el brazo con cariño. Su gesto sencillo y lleno de amor me dio ánimos, fuerzas y me reconfortó. *GWBPLM / Eric Draper*

41 y yo no hablamos mucho de política durante mi presidencia. Papá sabía que yo contaba con buenos y abundantes asesores; también conocía de primera mano la presión del cargo. Me dio amor y risas para aliviar el estrés. (En la pared, un retrato del Presidente John Quincy Adams, el hijo del Presidente John Adams). *GWBPLM / Eric Draper*

Me encanta esta fotografía de mis padres durante un discurso de Laura en la Convención Nacional Republicana de 2004. Cuando me reeligieron, la herida de papá de 1992 se curó un poco más. *GWBPLM / Paul Morse*

Pedí a los antiguos rivales George H. W. Bush y Bill Clinton que unieran sus fuerzas para recaudar fondos y hacer frente a los desastres naturales que tuvieron lugar durante mi presidencia. Lo hicieron varias veces, y la extraña pareja logró recaudar cientos de millones de dólares. Así se forjó una notable amistad entre ambos. *GWBPLM / Eric Draper*

Nuestra familia en Camp David en Navidad de 2008. *GWBPLM / Eric Draper*

Para una de mis últimas reuniones en el Despacho Oval, recibí a los cuatro ex presidentes vivos y al Presidente-electo Barack Obama, quien exhibió un comportamiento elegante y con especial deferencia hacia mi padre, al que más tarde honraría con la Medalla Presidencial de la Libertad.
GWBPLM / Joyce N. Boghosian

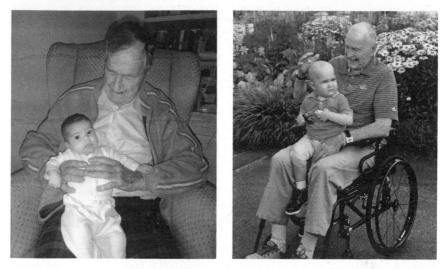

IZQUIERDA: George Herbert Walker Bush y su primera bisnieta, Georgia Helena Walker Bush, en 2011. *Barbara Bush*. DERECHA: Cuando papá descubrió que uno de sus agentes del Servicio Secreto tenía un hijo de dos años con leucemia, se afeitó la cabeza (a sus ochenta y nueve años) para demostrar su solidaridad con el niño. *Barbara Allison*

En la ceremonia de inauguración del Centro Presidencial George W. Bush en el campus de SMU en Dallas. Durante toda mi vida, siempre me he reído con George H. W. Bush. *Centro Presidencial George W. Bush / Eric Draper*

Setenta años después de que su bombardero fuera abatido por la artillería anti-aérea y papá se precipitara al océano Pacífico, al cumplir los noventa años ejecutó un salto desde un helicóptero en perfecto estado. *CA Smith Fotografía*

LA VIDA DESPUÉS

Ahora ya no busco la felicidad . . . He hallado la felicidad. Ya no
la busco, porque es mía.

George H.W. Bush, agosto de 2001

E L 21 DE ENERO DE 1993, George H.W. Bush se despertó en
una casa de alquiler en Houston. Por primera vez en doce
años no tenía que leer el informe de inteligencia matutino ni una
abarrotada agenda del día que revisar. Todo el que ha tenido el
privilegio de vivir en la Casa Blanca se enfrenta a un ajuste al
abandonarla, una transición que Laura llamó en una ocasión
"la vida después".

La transición fue especialmente dura para papá, pues su partida fue prematura. La derrota siguió doliendo más allá de la
inauguración de Clinton. En su mayor parte, papá no mostró su
decepción. Había sido educado para saber perder con elegancia
y detestaba la autocompasión. Cuando Bill y Hillary Clinton
llegaron a la Casa Blanca el día de la toma de la inauguración,
mamá y papá les dieron un recibimiento auténticamente ama-

ble y cálido. Años después le pregunté cómo había conseguido reunir la fuerza necesaria para conducirse de ese modo. "No tenía elección", dijo. Pero lo cierto es que sí tenía elección. Podría haber escogido el camino de la amargura o el resentimiento. En lugar de ello, como escribió en una carta que dejó para el presidente Clinton en el escritorio del Despacho Oval, deseaba que a su sucesor todo le fuese de la mejor manera posible.

El ajuste a la vida de ciudadano privado no le vino a papá de forma natural. Mi padre tenía sesenta y ocho años y la energía de un hombre de treinta y algo. Parecía que sus anteriores problemas de salud se habían mitigado. Había pasado toda la vida saltando de una misión a la siguiente. Durante los últimos cuatro años había mantenido el trabajo más estimulante mentalmente, desafiante y vivificante del mundo. Durante los últimos treinta años había dedicado toda su energía a diversas causas. Y ahora, de repente, no tenía nada que hacer. Como luego explicaría yo, dejar la presidencia es como pasar de ir a ciento sesenta por hora a diez por hora.

En Houston, papá llegaba a su oficina a las siete de la mañana y se pasaba la mayor parte del día revisando su correo. Hacía llamadas para recaudar dinero para su biblioteca presidencial. Empezó a participar en el circuito de conferencias pagadas, una tarea a la que se refería jocosamente como un "delito de cuello blanco".

Una ventaja del retiro involuntario fue que mamá y papá pudieron hacer algunos viajes por placer. Poco después de que él dejara el cargo, realizaron un crucero comercial en los barcos *Love Boat*. Cada vez que salían de su camarote se veían rodeados de pasajeros asombrados de verlos allí. A papá le divirtió particularmente el que un día, cuando salía desnudo del sauna, un hombre le dijera: "¿Le importa si le saco una foto?". Viéndolo desde el lado positivo, era bueno saber que todavía tenía muchos seguidores. Como continuación de ese viaje unos pocos años después, papá planeó una fiesta sorpresa para mamá para su aniversario de casados número cincuenta en el Grand Ole Opry de Nashville. Como dijo mamá: "Tu padre tiene la costumbre de planificar eventos sin mi aprobación".

Papá también pasó tiempo escribiendo. Decidió escribir un libro sobre su política exterior conjuntamente con Brent Scowcroft. La decisión de escribirlo a cuatro manos fue reveladora. Ningún presidente había dividido jamás su autoría con un asesor. Pero papá quería compartir el crédito con su amigo. También quería evitar que el libro se convirtiera en una memoria centrada en sí mismo. Sospecho que la decepción de la derrota también jugó un papel. En ese momento puede que no pudiera reunir la energía necesaria para escribir un libro que no tenía un final político feliz. Nunca escribió unas memorias de su presidencia.

Aunque las conferencias y la escritura ocupaban el tiempo de George Bush y llenaron su cuenta bancaria, contribuyeron poco a llenar el vacío de intensidad y excitación que había dejado su retiro de la presidencia. Y no sanaron el dolor que había supuesto su derrota. Las cosas empeoraron porque Ranger, el perro de papá, un animal al que adoraba, murió unos pocos meses después de que regresara a Houston. Poco después papá y James Baker visitaron al presidente François Mitterrand en París. Al principio de su presidencia, las relaciones entre los líderes de Francia y Estados Unidos habían sido gélidas. Eso empezó a cambiar cuando papá invitó al presidente francés a Kennebunkport. La diplomacia personal dio sus frutos y ambos líderes se convirtieron en buenos amigos. En la cena en Francia en 1993, Miterrand pronunció un brindis por papá y a su amistad con él. Cuando George Bush se levantó para devolver el brindis, corrieron las lágrimas. Ese momento le había recordado lo mucho que amaba la presidencia. Creo que la efusión de emotividad de ese día —y de otras ocasiones poco después de que dejara la Casa Blanca— reflejaba un cierto abatimiento. Yo me sentí bajo de moral cuando dejé el cargo y estoy seguro de que lo mismo les ha sucedido a otros presidentes. A papá el dolor del rechazo le agudizó ese sentimiento.

Mi madre, por su parte, parecía haber superado el desafío con mayor suavidad . . . y con su habitual franqueza. Poco después de las elecciones, anunció a la familia: "Bueno, pues esto ya es el pasado. Ha llegado la hora de pasar a otra cosa". Y lo hizo. Se mantuvo ocupada planificando la construcción de su nueva casa en Houston. Empezó a trabajar en sus memorias, que se convertirían en un bestseller. Y se compró un automóvil familiar Mercury Sable y condujo ella misma por primera vez desde finales de la década del 70. Papá solía bromear diciendo que el lugar más peligroso de Estados Unidos eran las calles del barrio.

Mamá incluso se atrevió a cocinar. Yo fui el destinatario de una de sus primeras comidas la noche antes de la maratón de Houston, que corrí cuatro días después de que mis padres volvieran de Washington. Para cargar carbohidratos para la carrera, le pedí a mi madre que me hiciera pastas. Accedió generosamente a hacerlo. Puso a hervir el agua con éxito. Echó los espaguetis. Luego se le ocurrió intentar tapar la olla con el agua hirviendo, lo que hizo que rebosaran el agua y los espaguetis. Como observó papá, el plato estaba bastante bien, si te gustaba la pasta casi cruda. Al día siguiente mis padres vinieron a animarme durante la maratón. Cuando pasé frente a ellos, papá gritó "¡Ese es mi hijo!". Mamá optó por animarme de forma distinta. "¡Corre más rápido, George!", gritó. "¡Hay gente que está gorda y aun así te está ganando!".

EN VERANO DE 1993 llamé a mis padres para darles una noticia: "Voy a presentarme como candidato a gobernador de Texas".

La respuesta de mi madre fue fulminante: "Es imposible que ganes, tu rival es demasiado popular", soltó.

Papá se quedó callado. No me sorprendió que papá no tuviera ningún consejo que darme. Nunca en mi vida había intentado dirigirme hacia un camino u otro. Su forma de ser padre era enseñar valores, predicar con el ejemplo y apoyarnos en cualquier cosa que decidiéramos hacer.

A pesar de su silencio sobre este tema, George Bush tuvo una gran influencia en mi decisión de presentarme a la candidatura a gobernador. A través de sus palabras y de su vida había enseñado a todos sus hijos el valor del servicio público. Ayudándolo a lo largo de los años aprendí mucho sobre campañas electorales. Y durante su presidencia aprendí que las buenas políticas son buena estrategia política, y no al revés. Yo estaba convencido de que había cambios que había que hacer en Texas, especialmente en las áreas de educación, responsabilidad civil, prestaciones sociales y justicia de menores. La única cuestión era saber si el momento era adecuado.

La derrota de papá contribuyó en parte a responder esa pregunta. Si hubiera sido reelegido en 1992, yo no me habría presentado a gobernador en 1994. Me presentaba contra un gobernador en ejercicio muy popular y, siendo el hijo del presidente, me habría visto abocado a contestar constantemente si estaba de acuerdo o no con cada decisión que tomara su administración.

Sabía que era muy posible que fracasara. Tal y como lo veía yo, podía presentarme y perder, caso en el que la gente diría "Qué candidato más malo", o presentarme y ganar, caso en que la gente diría "Qué gobernador más malo". Pero nada de eso importa si tienes el amor incondicional de un hombre al que admiras. Y yo admiro a George H.W. Bush por encima de cualquier otra persona.

Y no fui el único al que George Bush sirvió de ejemplo e inspiración. Más o menos al mismo tiempo, mi hermano Jeb anunció que se presentaba a gobernador de la Florida. Tanto Jeb como yo sentíamos —y papá estuvo de acuerdo— que él no debía intervenir públicamente en nuestras campañas. Era importante que los votantes nos vieran como lo que éramos: hombres independientes. Papá se abstuvo de interferir y no nos ofreció consejos si no se los pedíamos, pero estaba claro que seguía nuestras campañas muy de cerca. De vez en cuando hablaba con él y siempre hallaba la forma de felicitarme por alguno de mis últimos actos o de animarme después de un editorial particularmente crítico. Me sorprendió la forma en la que se habían invertido nuestros papeles. Después de años de apoyarlo a él en la arena política, ahora era él quien me apoyaba a mí.

Creo que mi campaña y la de Jeb en 1994 jugaron un papel importante en ayudar a papá a adaptarse al nuevo capítulo de su vida. Igual que su padre había hecho cuando se había retirado del Senado en 1964, abrazó su nueva posición como fuente de ánimo y apoyo para la siguiente generación. Y encontró algo positivo en su derrota de 1992: había permitido que despegaran las carreras políticas de dos personas a las que había criado y a las que amaba.

La noche de las elecciones en 1994 me dijeron que había

ganado en Texas. Jeb perdió unas elecciones muy ajustadas contra el gobernador demócrata, Lawton Chiles. Cuando llamé a papá para decirle que estaba a punto de pronunciar mi discurso de victoria, me dijo lo contento que estaba. "La alegría está en Texas", dijo papá a los periodistas, "pero nuestro corazón está en la Florida". Para algunos, esta reacción fue sorprendente, pero no para mí. Era característico de George Bush preocuparse más por la persona que peor lo estaba pasando.

La mañana de mi inauguración como gobernador —casi exactamente dos años después de que mamá y papá dejaran la Casa Blanca—, mi madre me entregó un sobre. En él había una tarjeta manuscrita y dos pequeños objetos de metal:

Querido George:

Estos gemelos son mi tesoro más preciado. Me los dieron mamá y papá el 9 de junio de 1943, el día en que gané mis alas navales en Corpus Christi. Quiero que ahora los tengas tú; pues, en cierto sentido, aunque te ganaste tus alas con la Fuerza Aérea al pilotar aquellos cazas, estás de nuevo "ganando tus alas" al jurar tu cargo como gobernador . . .

Nos has dado mucho más de lo que jamás pensamos merecer. Te has sacrificado por nosotros. Nos has entregado tu inquebrantable lealtad y devoción. Ahora es nuestro turno.

LA NOTA DE papá me conmovió profundamente. Sabía lo mucho que los gemelos —y la conexión con su padre que representaban— significaban para él. Al pasarme los gemelos me pasaba el amor y el apoyo que él había recibido de su padre. Cuando llegó el momento de jurar el cargo, Laura sostuvo una biblia de la familia y Barbara y Jenna estuvieron de pie a mi lado. Mis padres estaban sentados a mi espalda. No me sorpren-

dió cuando después, al ver una foto que capturaba el momento,
noté que mientras yo pronunciaba el juramento papá se secaba
una lágrima.

UNOS POCOS AÑOS después recibí una nota distinta de papá.
"Queridos hijos", escribió. "De acuerdo, pensarán que he perdido la cabeza, pero pienso saltar en paracaídas. ¡Ahí está!". La
verdad es que no puedo decir que esperase una nota así de mi
padre de setenta y dos años. El último salto en paracaídas de
papá había sido en 1944, cuando había escapado de su TBM
Avenger en llamas entre el fuego antiaéreo japonés. Ese día se
había golpeado la cabeza al salir del avión y había tirado de la
cuerda demasiado pronto. Bromeaba diciendo que quería otra
oportunidad para hacerlo bien esta vez. Pero lo que realmente
quería era cerrar el tema: repetir la experiencia de saltar desde
un avión en sus propios términos.

Mamá no estaba tan segura. Su primera respuesta fue decirle
a papá y a todos los demás que creía que se había vuelto loco. A
pesar de sus aparentes reticencias, sabía lo importante que era
para él ese salto. La hacía feliz saber que él iba a hacer realidad
su sueño. Papá pidió a los Golden Knights, el escuadrón de paracaidistas de élite del ejército, saltar con ellos. Colin Powell preguntó a papá si lo decía en serio. "En el Pentágono no se habla
de otra cosa", dijo Powell, antes de empezar un interrogatorio
muy en serio: ¿Había considerado papá los riesgos? ¿Estaban en
buena condición física sus tobillos y sus rodillas? ¿Y qué pasaría
si había viento? Al parecer, a los altos oficiales del ejército no
les hacía la menor gracia arriesgarse a que el anterior comandante en jefe tuviera un accidente. No sabían con quién estaban
hablando: George Bush tenía una misión y no iba a ceder.

Un día, estando en el despacho del gobernador, recibí una llamada de papá informándome que el salto tendría lugar en la base militar de Yuma, Arizona, el 25 de marzo de 1997. Lo felicité por hacer realidad su sueño. "Pero ahora no le cuentes a todo el mundo lo de tu novia de dieciocho años", bromeé.

El gran día, papá se vistió con lo que él llamaba su "traje de Elvis" —casco y guantes blancos— y saltó en solitario (sin ningún Golden Knight atado a su espalda) desde unos doce mil pies de altura. Esta vez no se golpeó la cabeza contra el avión. Gracias a la excelente preparación que le habían brindado los Golden Knights, tiró de la cuerda en el momento exacto y flotó de forma segura hasta el suelo. Mi madre estaba allí cuando aterrizó. Según papá lo narraría después: "Estaba en tierra. Todo había ido bien. Había cumplido uno de mis sueños. Bar me abrazó y sonrió. Todo estaba bien en el mundo".

Resultó que aquel salto en paracaídas no sería el último. Volvió a saltar al cumplir los setenta y cinco, ochenta, ochenta y cinco y noventa años. Sus aventuras enviaron una señal a los ciudadanos de su generación: hacerse mayor no es obstáculo para mantenerse activo ni para probar cosas nuevas. Puede que seas un poco más lento o que tengas el pelo un poco más gris, pero la vida es tan exuberante que siempre hay nuevas áreas que explorar y nuevas formas de ir un poco más allá. Me gusta pensar que estaba siguiendo el ejemplo de papá cuando cogí por primera vez un pincel a la edad de sesenta y seis años.

Dos de los saltos en paracaídas de papá fueron en su biblioteca presidencial, que abrió en Texas A&M en noviembre de 1997. Las inauguraciones de bibliotecas son una de las pocas ocasiones en que se reúnen ex presidentes y presidentes en ejercicio. Todos los miembros del club acudieron ese día: el presidente Clinton, que venía de ganar su reelección contra Bob

Dole en 1996, y los ex presidentes Carter y Ford. Las señoras Bird Johnson y Nancy Reagan acudieron en representación de sus maridos. El presidente Reagan, que había anunciado unos pocos años antes que sufría de Alzheimer, no pudo asistir.

Como presidente de la fundación de la biblioteca de papá, Jeb ejerció de maestro de ceremonias. Como gobernador de Texas en ejercicio, yo tuve el honor de pronunciar el discurso de bienvenida. Aproveché la oportunidad para resumir el legado de mi padre como presidente y como hombre:

> El presidente Bush era un hombre que entró en la arena política con su integridad intacta y salió de ella del mismo modo. El presidente Bush era un líder que miró a los ojos a la tiranía y no pestañeó jamás. George Bush fue un gran presidente de los Estados Unidos de América porque es, antes que ninguna otra cosa, un gran hombre, un hombre que en todo momento supo lo que es verdaderamente importante en la vida: la fe y la familia. A lo largo de cuatro años de crisis mundiales y enormes exigencias sobre su tiempo, nunca dejó de responder a ninguna de mis llamadas, ni a las de mis hermanos y hermanas. El mundo conoce a George Bush como un maestro de la diplomacia personal. Nosotros conocemos a George Bush como el mejor padre del mundo.

EL DISCURSO DE papá fue puro George Bush. Le dio las gracias al presidente Clinton, quien "se había encargado de facilitar que tuviera más tiempo para su vida privada". Se disculpó por si su biblioteca presidencial infringía la norma de su madre que decía que era malo alardear de lo que uno había hecho. No intentó embellecer su legado y sólo dijo que los archivos que allí se guardaban permitirían a las generaciones futuras formar su propia opinión. Y cerró su intervención diciendo. "Ahora que mis días en la política han terminado, puedo decir con conocimiento de causa que los mejores títulos y cargos que jamás he ostentado son los tres que todavía tengo: marido, padre y abuelo [. . .] No sé si Lou Gehrig, mi gran ídolo, lo dijo primero, pero sé que lo dijo mejor que nadie: hoy me siento la persona más afortunada del mundo".

A MEDIDA QUE pasaron los años y se mitigó el dolor de la derrota, papá abrazó su nueva vida. Nada lo hacía más feliz que estar en Walker's Point con su familia. Le encantaba organizar partidos de tenis, lanzar herraduras, jugar al golf en Cape Arundel (la puntuación se basaba en una combinación de golpes y tiempo) y ser anfitrión de una constante procesión de familiares y visitantes. Quizá lo que más le gustaba era conducir su lancha Fountain con motores Mercury, la *Fidelity*, y surcar las aguas a toda máquina. A la edad de setenta y nueve años envió un correo electrónico a sus nietos jactándose de que había superado las sesenta millas por hora. "Me sentí como si tuviera 19 años", escribió. Aunque seguía la política de cerca, estaba feliz de no estar ya en ella. Le gustaba describir su papel con las palabras de un antiguo proverbio chino: "Quédate a un lado con las manos en los bolsillos".

Aunque papá estaba retirado del gobierno, no había dejado todavía de estar al servicio del público. Entregaba su tiempo y cedía su nombre a causas que le importaban, como había hecho toda su vida. Presidía la Junta de Visitantes del Centro Contra el Cáncer MD Anderson en Houston, un hospital muy prestigioso en la investigación oncológica. Fundó la Escuela de Gobierno y Servicio Público Bush en la Texas A&M, y le encantaba dejarse caer por las clases como conferenciante sorpresa. Prestaba su apoyo a las organizaciones benéficas militares y visitaba a las tropas por todo el mundo. Mamá también continuó trabajando para los demás. Creó la Fundación Barbara Bush para la Alfabetización Familiar y leía libros a los niños cada verano en el Centro Médico de Maine en Portland. A lo largo de todas sus vidas, George y Barbara Bush han sido dos puntos de luz brillante.

Mamá y papá han viajado por todo el mundo después de jubilarse. A papá le encanta pescar con mosca y ha visitado algunos de los mejores lugares del mundo para hacerlo: Islamorada, Florida, con su amigo Ted Williams; Canadá, con su nieto Jeb Jr.; y el río Test en Inglaterra. Mantuvo viva la tradición golfista de la familia trabajando como presidente de honor del Primer Tee y asistiendo a la Ryder Cup y a los enfrentamientos de la Presidents Cup. De vez en cuando utilizaba su estatus como ex presidente para que lo invitaran a grandes campos de golf como Augusta o Pine Valley. Y le encantaba reunir cuartetos interesantes para jugar, como la ocasión en que él y Jeb jugaron contra Arnold Palmer y Joe DiMaggio.

En noviembre de 1998 mamá y papá realizaron uno de sus viajes más significativos cuando alquilaron un vuelo chárter a Florida para estar con Jeb la noche en que se hacía el recuento de los votos durante las segundas elecciones a las que se presentaba para gobernador de la Florida. Jeb hizo una gran campaña y ganó con el 55 por ciento de los votos. Por primera vez en más de dos décadas, dos hermanos servían juntos como gobernadores. A mi madre le gustaba señalar que uno de cada ocho estadounidenses vivía en un estado gobernado por uno de sus hijos. Papá expresaba su orgullo de forma más discreta. La víspera de la elección de Jeb, escribió: "La gente nos llamará para felicitarnos, pero nunca podrán ni empezar a saber lo mucho que amo a mis hijos. Ahora mismo son la vida misma para mí".

A mí también me hizo muy feliz la victoria de Jeb. Cuando éramos pequeños los siete años que nos separaban parecían muchos, pero al hacernos mayores, nos convertimos más que en hermanos en amigos. Él es un hombre de fuertes convicciones con una increíble fuerza interior. Yo estaba seguro de que los habitantes de la Florida se beneficiarían de su liderazgo, y tenía razón. Fue un gobernador fuerte que consiguió grandes cosas.

DESPUÉS DE MI elección en 1998 como gobernador, papá predijo que se empezaría a especular con una posible campaña presidencial. Desde luego, tenía razón. Futuros asesores, recaudadores de fondos y organizadores políticos de todo el país me animaron a presentarme. Como le expliqué al periodista del *Washington Post* David Broder, me sentía como un corcho en los rápidos de un río. Estaba decidido a no dejarme empujar. Si decidía presentarme, tomaría esa decisión por los motivos correctos y cuando lo considerara adecuado.

Más que ningún otro candidato presidencial en la historia reciente (con la excepción de Hillary Clinton), sabía exactamente dónde me estaba metiendo. Pero a pesar de las supuestas cargas pesadas de la presidencia, yo sabía lo mucho que papá había amado ese trabajo, el honor que había sentido al liderar a un gran país y al tomar decisiones que cambiarían el curso de la historia. Después de mi experiencia como gobernador, sentía que estaba capacitado para ser presidente. Comprendía el escrutinio que iba a sufrir mi familia; me preocupaban nuestras hijas. Pero había aprendido de la experiencia de mi padre que era posible servir como presidente y abandonar el cargo con la familia más unida y fuerte que nunca.

El ejemplo de mamá también me infundió confianza. Una de sus grandes contribuciones a la carrera política de mi padre fue asegurarse de que nunca tuviera que preocuparse por la presión de la presidencia y por mantener unida a la familia a la vez. La confianza en que la familia está bien es muy liberadora. Yo conté con la bendición de que Laura me aportara la misma paz de espíritu.

Finalmente creía, como creía papá, en vivir la vida al máximo, en esforzarme lo más posible y en trabajar decididamente por las causas en las que creo. Yo estaba profundamente convencido de que Estados Unidos necesitaba un nuevo rumbo en temas como educación, impuestos y preparación militar, y creía que podía aportar el liderazgo que buscaba el pueblo norteamericano.

Nunca sentí la necesidad de preguntarle a papá si creía que debía presentarme. Sabía que me apoyaría fuera cual fuera mi decisión. Y sabía, después de haberlo observado toda mi vida, que creía que todo el mundo tiene el deber de servir a su país. Después de pensarlo a fondo, decidí intentarlo. Anuncié mi candidatura el 12 de junio de 1999 (que, por casualidad, fue el cumpleaños número setenta y cinco de mi padre).

Era perfectamente consciente de que serían inevitables las comparaciones entre papá y yo, algunas buenas y otras no tanto. Él me había asegurado que debía sentirme con total libertad para criticar cualquiera de las decisiones que él había tomado y que no se ofendería en lo más mínimo por ello. Como escribió en 1998 en una carta a Jeb y a mí: "En algún momento puede que cualquiera de los dos tenga ganas de decir, 'Bueno, pues no estoy de acuerdo con mi padre en ese punto' o 'Francamente, creo que papá se equivocó en esto'. Háganlo. Decidan su propio rumbo, no sólo sobre cada tema sino al definirse ustedes mismos. Nadie cuestionará nunca su amor por la familia ni su devoción a sus padres".

Cuando los periodistas me preguntaban cómo creía que mi padre afectaría mi candidatura, yo bromeaba diciendo que había heredado la mitad de sus amigos y todos sus enemigos. Lo cierto es que no tenía muchos enemigos y que sí pude contar con el apoyo de muchos de sus amigos. No tenía problema en que me apoyaran los amigos de papá. Me presentaba contra el vicepresidente en ejercicio en un momento en que el país parecía seguro y la economía iba bien. Y, como resultó pasar, sabía que iba a necesitar hasta el último voto que pudiera conseguir.

La noche de las elecciones mamá y papá encabezaron un gran convoy familiar a Austin. Empezó la celebración más tarde esa noche cuando el vicepresidente Gore llamó para conceder su derrota y felicitarme. Luego llamó un poco más tarde para retirar su concesión. Mi ventaja en el estado clave de la Florida era de menos de mil votos, demasiado pocos como para estar seguro. Empezó un recuento que duró varias semanas. Le pedí a James Baker que liderara mi equipo de abogados en la Florida, mientras que Laura y yo nos retiramos a nuestra finca en Crawford, Texas, a esperar a saber cuál sería mi destino. Papá, en cambio, se obsesionó con las noticias. Llamaba constantemente a Karl Rove y a Jim Baker para que lo tuvieran al tanto de las últimas novedades. A mí también me llamaba con frecuencia. Por su tono de voz sabía que estaba preocupado. "Papá, yo estoy tranquilo", le dije. "Deja de ver tanto las noticias".

Al final la disputa legal llegó a la Corte Suprema. El 12 de diciembre de 2000, treinta y cinco días después de las elecciones, la corte dictó sentencia. Por una votación de siete contra dos,

los jueces decidieron que el recuento irregular de votos en la Florida violaba la cláusula de la Constitución que garantizaba la
igualdad de protección. Y por una votación de cinco contra cuatro, concluyeron que la Florida no podía completar un recuento
fehaciente de los votos a tiempo de cumplir la fecha límite exi-
gida por el Colegio Electoral. Por lo tanto, el recuento de la
noche de las elecciones se mantenía: había ganado. Después de
recibir la noticia de que había sido elegido presidente, la primera llamada que hice fue a mamá y papá. Estaban eufóricos.

Al día siguiente me dirigí a la nación desde el capitolio estatal de Texas. Al ver mamá y papá el discurso por televisión
desde la cama en su casa de Houston, se dieron cuenta de que
todo aquello era real. Papá escribiría más adelante: "Vi un par
de tomas de George y Laura cogidos de la mano. Vi en su postura, en la forma en que caminaba, en su sonrisa, los mismos
gestos y expresiones que le habíamos conocido desde que era
un niño pequeño". Continuó diciendo: "Cuando la imagen se
centró en George y Laura caminando hacia la cámara unos
sollozos incontrolables se apoderaron de todo mi cuerpo. Sin
previo aviso, sin ponerme a pensar que aquello podría ser muy
emotivo para un padre o una madre... simplemente una erup-
ción desde lo más profundo de mi ser que, literalmente, hizo
temblar todo mi cuerpo. Barbara también lloró. Nos cogimos
de la mano. Justo antes de que empezara a hablar, vimos en los
ojos de George que estaba muy emocionado. Lo conocemos tan
bien. No se 'dejó llevar', pero claramente estaba emocionado y
su madre y su padre lo sabíamos a ciencia cierta".

Poco antes del momento que tanto conmovió a papá, el vicepresidente Gore había pronunciado un elegante discurso de
concesión. Eso provocó una llamada inesperada. George H.W.
Bush llamó a Al Gore para felicitarlo por su gran campaña y su

valiente discurso reconociendo la derrota. "Yo también he perdido unas cuantas veces", le dijo papá, "y sé lo que se siente".

SÓLO DOS VECES en toda la historia de los Estados Unidos ha jurado un presidente el cargo con su padre y su madre como testigos del momento. La primera fue en 1961, cuando Joseph y Rose Kennedy contemplaron como su hijo juraba el cargo ante el presidente de la Corte Suprema, Earl Warren. La segunda llegó en 2001, cuando mis padres asistieron a mi inauguración. Me reconfortaba saber que mamá y papá estaban sentados detrás de mí mientras el presidente de la Corte Suprema, Rehnquist, me tomaba juramento como presidente.

Después del jurar el cargo, del almuerzo en el Capitolio y del tradicional desfile inaugural por la avenida Pennsylvania, entré por primera vez en el Despacho Oval como presidente. Papá había subido al piso de arriba, la parte residencial de la Casa Blanca, para darse un baño y quitarse el frío del desfile, pero cuando le dijeron que el presidente lo esperaba en el Despacho Oval, saltó del baño, se puso un traje y bajó. A los pocos minutos se abrió la puerta y entró. Pasamos unos pocos minutos juntos compartiendo ese momento. Durante los siguientes ocho años tendría muchos encuentros memorables en el Despacho Oval. Ninguno puede compararse a lo que sentí estando en esa sala con mi padre en el primer día de mi presidencia.

Dejé claro a mamá y papá que podían venir a la Casa Blanca siempre que quisieran. A Laura y a mí nos hacía felices que visitaran Washington con frecuencia, como hicieron, por ejemplo, el 10 de septiembre de 2001 para asistir a la junta de una coalición nacional contra el cáncer que habían contribuido a fundar. Ese día yo viajé a la Florida, donde tenía un acto en una escuela de Sarasota la mañana siguiente. Mamá y papá se marcharon de Washington temprano el 11 de septiembre para ir a una conferencia que debían pronunciar en Minnesota. Más adelante esa mañana, Estados Unidos sufrió el peor ataque terrorista de nuestra historia, la primera agresión importante en suelo patrio desde el ataque contra Pearl Harbor en 1941.

Sabía que mamá y papá estarían muy preocupados por mí. Mientras regresaba a Washington, los llamé varias veces desde a bordo del Air Force One. Cuando finalmente pude dar con ellos, les pregunté dónde estaban. "En un motel en Brookfield, Wisconsin", contestó mi madre. "Pero ¿qué diablos hacen ahí?", pregunté. "Hijo, has obligado a nuestro avión a tomar tierra", me dijo mamá. Algunas cosas nunca cambian. Su ocurrencia fue un momento ligero en un día muy oscuro.

Tres días después de los ataques del 11 de septiembre, Laura y yo asistimos a un servicio en la Catedral Nacional. Estaban allí los ex presidentes Clinton, Carter y Ford, junto con los jueces de la Corte Suprema, los miembros del Congreso y —lo que era más importante para mí— Laura y mis padres. "Han pasado sólo tres días desde los hechos, y los norteamericanos no tenemos todavía la distancia que da la historia", dije. "Pero nuestra responsabilidad ante la historia ya está clara: responder a estos ataques y librar al mundo del mal. Se nos ha hecho la guerra por medios engañosos, furtivos y asesinos. Este conflicto ha empezado según la agenda y condiciones de otros. La forma y la hora en que terminará las escogeremos nosotros".

Fue muy difícil pronunciar ese discurso sin perder el control. A mucha gente, incluso a algunos militares, le caían lágrimas por las mejillas. Decidí no mirar ni a Laura ni a mis padres porque sabía que, si lo hacía, no podría contener la emoción. Por fortuna, logré terminar mi discurso y regresar a mi banco. Los

ex presidentes y sus familias estaban sentados en orden cronoló-
gico, pero papá había pedido a Bill Clinton si estaría dispuesto
a cambiarle el sitio para que él y mi madre pudieran sentarse
junto a Laura y a mí. Bill accedió con generosidad. En cuanto
me senté, papá alargó la mano por encima de Laura y me apretó
con suavidad el brazo. Tenía las emociones a flor de piel, y su
sencillo gesto de amor me dio fuerzas y ánimos.

MAMÁ Y PAPÁ realizaron otras visitas a la Casa Blanca en el
transcurso de los años. Una de las más agradables sucedió en
enero de 2005, cuando Laura y yo hicimos una fiesta para celebrar el aniversario de boda número sesenta de mis padres. Toda
la familia asistió a una cena de gala en la que no faltaron brindis cariñosos ni risas. Tras su aniversario de boda número cincuenta y cuatro, mis padres habían superado a John y Abigail
Adams y habían ganado el título de matrimonio presidencial
más longevo. Ahora están a sólo unos pocos meses de ampliar
su record a setenta años. Como es típico de él, papá me escribió
una amable nota después de la fiesta. "Creo que es justo decir
que a mis 80 años y medio de edad he asistido a una buena cantidad de actos maravillosos pero, para nosotros, ninguno puede
competir con la gala . . . Jóvenes y viejos, parientes y no parientes, sofisticados y sencillos, todos lo pasaron fantásticamente
bien. Muchísimas gracias desde el fondo de mi viejo corazón".

Papá y yo hablamos frecuentemente a lo largo de mi presidencia, aunque no necesariamente sobre los temas que la gente
asume. En la limusina después de un discurso del Estado de la
Unión o de algún otro gran discurso, muchas veces recibía una
llamada del operador de la Casa Blanca: "Señor Presidente, tiene
una llamada de su padre". Papá siempre me ofrecía palabras de

aliento y consuelo. No utilicé el correo electrónico durante mi presidencia, pero papá a menudo reenviaba algún chiste cursi o frase graciosa a mis asesores principales, sabiendo que la llevarían al Despacho Oval para alegrarme el día. Por ejemplo, en 2007 envió lo siguiente: "Un hombre de ochenta años ha sido arrestado por robar en una tienda. Cuando fue ante el juez, éste le preguntó qué había robado. Él hombre contestó: 'Una lata de melocotones'. El juez le preguntó cuántos melocotones había en la lata: 'Seis', contestó el hombre. 'Entonces pasará usted seis días en la cárcel', dijo el juez. Entonces se levantó la mujer del ladrón y dijo: ¡Eh, también robó una lata de guisantes!'". George Bush comprendía la presión de la presidencia y el poder de la risa para liberar el estrés. Su humor era a menudo exactamente lo que yo necesitaba.

Mi padre y yo sí hablábamos de trabajo de vez en cuando. Uno de los temas más habituales eran las decisiones sobre personal. Cuando consideraba mis opciones para vicepresidente, lo llamé para preguntarle su opinión sobre su antiguo secretario de Defensa, Dick Cheney. Sin dudarlo un instante, me dijo: "Dick sería una elección excelente. Te aconsejará de forma sincera y bien fundada. Y jamás tendrás que preocuparte por lo que haga a tus espaldas". Tuvo toda la razón y, durante ocho años, fue un placer tener al vicepresidente Cheney a mi lado.

Poco después de mi elección, llamé a papá para preguntarle por otro miembro de su equipo de seguridad nacional, el antiguo presidente de la Junta del Estado Mayor, Colin Powell. Estaba considerando a Colin para secretario de Estado, mi primera elección de un miembro del gabinete. "Powell es muy respetado en todo el mundo", dijo papá. "Será un secretario de Estado magnífico".

Años después, cuando me planteé un cambio de secretario de

defensa, le pregunté su opinión sobre Bob Gates, su antiguo vice asesor de Seguridad Nacional y director de la CIA, que estaba trabajando entonces como presidente de la Texas A&M.

—Papá, me estoy planteando a Bob Gates como secretario de Defensa —dije—. ¿Qué te parece?

—Tengo el mayor respeto por Bob Gates —me dijo—, y creo que haría un trabajo excelente. ¿Crees que lo aceptará? —añadió.

—Todo indica que así será —dije yo.

—Será una gran pérdida para la A&M, pero una gran ganancia para el país —dijo papá.

Tenía razón. Bob Gates hizo un trabajo excelente como secretario de defensa. Y el presidente Obama lo mantuvo en el cargo después de ocupar la presidencia, lo que convirtió a Bob en el único secretario de defensa que ha servido a dos presidentes de distintos partidos políticos.

Durante mi presidencia, papá y yo no hablamos mucho de política. Él entendía mejor que nadie que el presidente está rodeado de expertos que poseen información exhaustiva sobre los temas clave. Si le hubiera pedido su consejo en un tema relativo a una política, me habría dicho: "Envíame a tus asesores, así sé de qué estoy hablando". Sabía que yo contaba con toda una plétora de opiniones externas. Como padre del presidente, él podía aportarme algo distinto: el amor y apoyo que necesitaba para soportar la presión del cargo.

Un área que le interesaba a papá eran mis relaciones con los líderes extranjeros. A lo largo de su carrera, él había sido un maestro de la diplomacia personal, de conocer a las personas y ganarse su confianza. Yo había presenciado personalmente lo efectivo que era este enfoque. Mantuve cientos de encuentros cara a cara (y realicé muchísimas más llamadas) con mis colegas clave por todo el mundo. Invité a otros líderes mundiales no sólo a la Casa Blanca, sino también a Camp David, a nuestra finca de Crawford y a Walker's Point.

A principios de 2007 llamé a papá y le pregunté si invitaría al presidente Vladimir Putin de Rusia a Walker's Point. Yo creía que aquel sería el lugar ideal para hablar de los sistemas de defensa antimisiles que planeábamos construir en Polonia y en la República Checa.

A papá le encantó la idea. "Sólo dime lo que necesitas, hijo", me dijo.

Cuando Putin llegó el 1 de julio de 2007, papá fue a recibir su avión al aeropuerto de New Hampshire y lo acompañó en el trayecto en helicóptero hasta Walker's Point. Entonces nos llevó a los dos a dar una vuelta en su lancha a motor. Aunque al principio le sorprendió la idea de que un ex presidente de ochenta y tres años fuera a conducir una lancha a toda velocidad, a Putin le encantó el viaje en lancha. (Pero su intérprete parecía a punto de saltar del bote.) A la mañana siguiente hablamos largo y tendido sobre defensas antimisiles y conseguimos llegar a algunos acuerdos. Luego nos fuimos a pescar. Como no podía ser de otra manera, Putin fue el único que pescó algo.

SEGÚN SE ACERCABAN las elecciones de 2004, inevitablemente pensé en la derrota de mi padre en 1992. En cierto sentido yo me hallaba en una situación similar. Como él, mi primer mandato había llegado a tener índices de aprobación superiores al 90 por ciento: después del 11 de septiembre, en mi caso, y después de la Guerra del Golfo, en el suyo. Estos números habían bajado con el tiempo, y mi enfrentamiento con el candidato demócrata, el senador John Kerry de Massachusetts, parecía muy reñido.

La noche electoral toda la familia se reunió en la Casa Blanca. Creo que papá estaba más nervioso esta vez que cuatro años antes. Recordaba la agonía de 1992 y no quería que yo sufriese el mismo dolor. Al final de la noche yo tenía una sólida ventaja, pero Kerry no había concedido la elección todavía. Temprano la mañana siguiente recibí una llamada de John Kerry, que reconoció con elegancia su derrota. Me convertí en el primer presidente en conseguir la mayoría del voto popular desde que lo había hecho papá en 1988. Cuando lo llamé para darle las buenas noticias, su reacción fue más de alivio que de excitación. La herida de 1992 se había cerrado un poco más.

EL DÍA DESPUÉS de Navidad de 2004 un gigantesco *tsunami* en el océano Índico devastó varios países asiáticos. Las olas, que en algunos lugares llegaron a los treinta metros de altura, arrasaron grandes franjas de las áreas costeras y mataron a más de doscientas mil personas. Desplegué inmediatamente efectivos navales estadounidenses para colaborar con los esfuerzos de socorro y reconstrucción. Decidí pedir a papá y Bill Clinton que lideraran una campaña privada de recaudación de fondos. Creía que una recaudación de fondos liderada por aquellos dos antiguos rivales enviaría un mensaje importante sobre el compromiso de Estados Unidos con todos aquellos que sufrían las consecuencias de aquel terrible desastre natural.

Llamé a papá y a Clinton y les conté mi idea. Ambos accedieron inmediatamente a colaborar y recaudaron una impresionante cantidad de dinero. Como parte de sus esfuerzos, papá y Clinton realizaron un largo viaje a los lugares más devastados. Se habían visto ya en actos oficiales a lo largo de los años, pero en realidad no se conocían bien. Eso cambió durante su viaje a

Asia. El avión militar sólo tenía una cama, y Clinton generosamente se la cedió a George Bush para que durmiera allí por la noche. Papá agradeció la consideración de Clinton. Como muchos, se maravilló ante la inagotable energía de Clinton y su genuino interés por la gente. Fuera de la olla a presión que es una campaña electoral, era muy difícil que no te gustase el hombre. La amistad que floreció entre ambos era algo que yo no esperaba.

Después de que los huracanes Katrina y Rita golpearan la costa del golfo en 2005, decidí desplegar nuevamente a la extraña pareja. De nuevo respondieron a la llamada a servir, realizaron múltiples visitas a la región y grabaron anuncios para que la gente fuera consciente de las necesidades de las víctimas. Su atractivo bipartito consiguió recaudar más de cien millones de dólares en donaciones privadas. Cuando el huracán Ike azotó en 2008, llamé a los presidentes 41 y 42 y les pedí que entraran en acción por tercera vez. Y, de nuevo, hicieron un trabajo magnífico.

La amistad que forjaron durante su servicio público conjunto ha perdurado. Bill Clinton visita a mis padres regularmente en Maine. Con el tiempo, me ha quedado claro que Clinton trataba a mi padre como una especie de figura paterna, quizá porque Clinton nunca conoció a su padre. A mi madre le dio por llamar a Clinton su quinto hijo perdido hacía tiempo o, como dijo Marvin, "un hermano de otra madre". A Clinton le encantó la imagen y empezó a llamarse a sí mismo la oveja negra de la familia Bush. Bromeaba diciendo que Barbara Bush estaba dispuesta a cualquier cosa con tal de que en la familia hubiera otro presidente. En retrospectiva, comprendo que no debió sorprenderme la amistad entre George Bush y Bill Clinton. Papá es un hombre generoso que siempre ha visto lo mejor en los demás.

Ni siquiera el momento más doloroso de su carrera política fue un impedimento para que entablara amistad con el hombre que lo había derrotado.

Cuando terminó mi segundo mandato en 2009 tuve la fortuna de convertirme en el primer presidente que abandonaba el cargo con sus dos padres todavía vivos. En una de mis últimas reuniones en el Despacho Oval, agasajé a los tres presidentes vivos —Bill Clinton, papá y Jimmy Carter— y al presidente electo, Barack Obama. Aunque teníamos nuestras diferencias políticas, todos disfrutamos de la oportunidad de estar juntos en la oficina que habíamos compartido y de dar algunos consejos al miembro más joven de nuestro club. El presidente electo estuvo muy elegante, y me di cuenta de que trataba a papá con especial deferencia. Estaba claro que respetaba y admiraba sinceramente a George Bush. Dos años después, el presidente Obama le concedió la Medalla Presidencial de la Libertad, el mayor honor civil que puede conceder el presidente. Después de enumerar los logros de papá, el presidente Obama dijo: "Su vida es testimonio de que el servicio público es una noble vocación".

En una era caracterizada por un agriado bipartidismo, George Bush estableció el ejemplo de un hombre que ponía la educación y la decencia por encima de los aspectos más turbios de la política. Cuando el poderoso congresista demócrata Dan Rostenkowski fue condenado y enviado a la cárcel por su papel en el escándalo de correos de la Cámara de Representantes, la mayoría de sus colegas en Washington lo abandonaron. Pero no George Bush. Él y Rosty se conocían desde que habían trabajado juntos en el Comité de Presupuestos en la década de 1960. Papá llamaba a Rosty a la cárcel con la esperanza de animarlo y ayudarlo a que el tiempo pasara más rápido. Y probablemente ayudó a Rosty en prisión el hecho de que el guardia supiera que podía recibir una llamada del ex presidente en cualquier momento.

Antes ese año, Obama (que no es muy popular en Texas) visitó Houston para un acto político de recaudación de fondos (iba de camino a un acto de celebración del legado en defensa de los derechos civiles de Lyndon Johnson). Cuando bajó las escaleras del Air Force One, allí estaba George H.W. Bush esperándolo en la pista en su silla de ruedas. "Cuando el presidente viene a tu ciudad", dijo, "tienes que presentarte e ir a recibirlo".

Papá dio el ejemplo de muchas otras formas. Siguió jugando al golf, pescando y dando largos paseos hasta bien entrados los ochenta. Como dijo en una entrevista después de un salto en paracaídas el día en que cumplió ochenta y cinco años: "Sólo porque seas un tipo de muchos años no tienes por qué quedarte sentado babeando en un rincón. Sal y haz cosas. Disfruta de la vida".

Alrededor de 2010 el atlético cuerpo de papá empezó a fallarle. Le diagnosticaron parkinsonismo, una enfermedad similar al mal de Parkinson que afecta la capacidad de mover la parte inferior del cuerpo. Ya no puede hacer ejercicio como le gustaba. Al final dejó de poder caminar y tuvo que usar una silla de ruedas. Aun así, vive feliz. Al verse sentado en su silla de ruedas comprendió que la parte más visible de su guardarropas son los calcetines. Así que empezó a usar calcetines de colores muy vivos. Sus favoritos son los rojos, blancos y azules. Aunque le cuesta mucho sentarse y levantarse de la silla de ruedas, acepta invitaciones a actos públicos. Después de todo, él es el presidente que firmó la Ley de Americanos con Discapacidades. Sigue manteniendo una correspondencia prolífica y constantemente recibe a gente en Houston y especialmente en Walker's Point. Como siempre, guarda un lugar especial en su corazón para los que sufren. Cuando supo que uno de sus agentes del Servicio Secreto tenía un niño de dos años que tenía leucemia, mi padre de ochenta y nueve años se afeitó la cabeza en un acto de solidaridad hacia el niño.

Papá no hace cosas así para llamar la atención. Simplemente aplica en su vida los valores que han definido toda su existencia. Una de sus citas favoritas es: "Predica el Evangelio en todo momento; si es necesario, utiliza palabras". Con el tiempo, la gente empezó a notar su personalidad y se produjo una explosión del afecto público por papá. Estoy muy contento de que los logros y el carácter de George Bush estén recibiendo el reconocimiento que merecen, y de que él viva para verlo. Numerosas instituciones han bautizado a lugares con su nombre: el Aeropuerto Intercontinental George Bush de Houston; el Centro de Inteligencia George Bush en Langley, Virginia (el cuartel general de la CIA); la Autopista Presidente George Bush en Dallas y —quizá su favorito— el *USS George H.W. Bush*, un portaviones de la clase Nimitz.

POR MÁS DEVOTO que haya sido siempre del servicio público, lo que más le importa a George H.W. Bush es su familia. Cuando dijo que ya no buscaba la felicidad porque la había encontrado, es la familia lo que tenía en mente. Es especialmente cariñoso con sus nietos y bisnietos. Dedica una gran cantidad de tiempo y energía a cultivar una relación con cada uno de ellos, envolviéndolos en su amor como si fuera una manta. Les envía postales o correos electrónicos sobre sus actuaciones en las obras de teatro de la escuela o sobre algún juego ganador en la Pequeña Liga. Y es feliz cuando vienen a verlo en verano en Maine.

En noviembre de 2012 papá ingresó en el Hospital Metodista

de Houston con una tos muy fuerte. Cuando Laura y yo fuimos a visitarlo unos días después, llevaba una faja en el abdomen y obviamente sufría intensos dolores. "¿Cómo te encuentras, papá?", le pregunté. Él me sonrió: "No es la tos lo que se te lleva, es el ataúd",[1] bromeó. De esta forma tan típica de él, nos animó a los demás.

Su estado empeoró a principios de diciembre. La tos brutal y desgarradora derivó en una neumonía. Yo lo llamaba a menudo. Quería oír su voz para calibrar sus fuerzas. Al final de cada llamada le decía "te quiero". Y él siempre contestaba "y yo a ti más".

Temiendo lo peor, la familia se reunió alrededor de papá. Mi hermano Neil se sentaba durante horas a su lado y le leía en voz alta. Jeb, Marvin y Doro lo visitaron con sus familias. Laura y yo hicimos otro viaje al hospital en diciembre. Esta vez trajimos con nosotros a Barbara y Jenna, que estaba embarazada de cinco meses. Antes de entrar, dije a todos que no debíamos llorar. No quería que papá percibiera nuestra desesperación. Cuando entramos en la habitación apenas podía abrir los ojos y tenía la voz muy débil.

—Hola, George, ¿cómo estás? Y aquí está Laura. Hola, preciosa.

Se quedó tendido feliz mientras Barbara y Jenna le acariciaban la cabeza. Luego alargó la mano y la puso sobre el vientre embarazado de Jenna.

—Hay muerte —dijo— y hay vida nueva.

Todos salimos de la habitación sin poder contener los sollozos.

Hacía mucho tiempo, el teniente George Bush había esca-

---

1 Juego de palabras por la similitud fonética en inglés de *cough* (tos), y su gerundio *coughing*, y *coffin* (ataúd). (N. de la T.)

pado por los pelos de la muerte en el Pacífico. Durante los siguientes setenta años había vivido al máximo la vida que Dios le había concedido. Él y mi madre habían criado y amado a seis hijos. Había servido a sus conciudadanos en el puesto más alto, esforzándose sobre todo por hacer avanzar la causa de la paz. La suya había sido una vida de fe y de devoción a la familia. En el invierno de 2012, cuando estaba todavía muy débil, le recordé que la inauguración de mi biblioteca presidencial estaba programada para el próximo abril.

—Hijo, allí estaré —me dijo.

Y cumplió su palabra. Cuando, un día bello y soleado en Dallas, el actual presidente y los ex presidentes se reunieron en la SMU, allí estaba George H.W. Bush. Había combatido su enfermedad y recuperado sus fuerzas. Estaba sentado en su silla de ruedas, con la espalda muy recta. Cuando llegó su turno de hablar, su voz sonó fuerte. "Es un gran placer estar aquí para honrar a nuestro hijo, nuestro hijo mayor", dijo, haciendo un esfuerzo por controlar sus emociones. "Este acto es muy especial para Barbara y para mí... Estamos encantados de estar aquí. Que Dios bendiga a Estados Unidos y muchas gracias a todos". El público se puso de pie para aplaudirlo. Guardo ese momento, que tan improbable parecía sólo unos meses antes, como un tesoro. Entonces se volvió hacia mí.

—¿Ha sido muy largo? —me preguntó, con un brillo en los ojos.

—Ha sido perfecto, papá —dije.

AGRADECIMIENTOS

UNA DE LAS LECCIONES DE MI padre es que hay que repartir los méritos, y tengo la suerte de poder agradecer a mucha gente por su ayuda con este libro. La lista empieza, por supuesto, el objeto del mismo: George Herbert Walker Bush. Para cuando empecé a trabajar en este proyecto, la memoria de mi padre ya no era buena. Aparte de un recuerdo repentino y ocasional, no pudo contribuir a la investigación ni a la redacción del texto. Pero su colección de cartas y diarios, que abarcaban toda su vida, fueron una fuente muy valiosa de información. A menudo solía reírme en voz alta o secarme una lágrima mientras las leía.

Para este libro le hice a mi madre muchas preguntas. Me dio algunos datos y muchas opiniones. Conserva un recuerdo asombroso de sus casi setenta años como la señora Barbara Bush y su ingenio no se ha apagado ni un ápice. Se merece un lugar en la historia que sólo puede compartir con Abigail Adams, y también debería escribirse un libro sobre ella. No pienso hacerlo, pero diré lo siguiente: mi madre influyó en mí tanto como mi padre. Cada día de mi vida le agradezco su devoción, su humor y su afecto.

No soy el primero de los hijos de George Bush que ha escrito

una biografía de él. Mi hermana Dorothy escribió un libro
muy bueno titulado *Mi padre, mi presidente*, en el que encontré ideas e inspiración. Mi hermano Marvin leyó el manuscrito
de este libro y resultó ser un muy buen editor. Algunos de los
comentarios más profundos y útiles provienen de él. Mis hermanos Neil y Jeb también aportaron anécdotas y recuerdos,
aunque Jeb tiene algunas cosas más entre manos estos días. Y
los hermanos de mi padre —mi tía Nancy, mi tío Jonathan y
mi tío Bucky— dedicaron tiempo a hablar conmigo acerca de
este proyecto. (Desafortunadamente, mi tío Prescott falleció en
2010.) Les agradezco los recuerdos que compartieron conmigo
y la amabilidad que me han demostrado a lo largo de su vida.

Como todo en mi vida, este libro es mejor gracias a mi esposa
y a mis hijas, que participaron en él. Laura, Barbara y Jenna
contestaron preguntas, aportaron ideas y su amor y apoyo cons-
tantes. También lo hicieron mi yerno Henry y mi nieta Mila,
que se unieron a nuestras vidas el 13 de abril de 2013 (unos dos
meses antes de que su bisabuelo cumpliera ochenta y nueve
años). Como papá suele decir, la familia es lo más importante.
Eso me convierte en un hombre muy afortunado.

También tuve la suerte de contar con ayuda de gente de fuera
de la familia para este libro, empezando por mi querido amigo
Chris Michael. Chris posee una de las grandes mentes de este
país, y le doy las gracias sinceramente por su ayuda.

También querría dar las gracias a Bob Barnett. En el mundo
de la edición de libros políticos está Bob Barnett, y luego todos
los demás. Le agradezco su sentido del humor, sus consejos y su
paciencia (que casi siempre resulta más fácil tener cuando uno
factura por horas). Bob es más que un agente; es un amigo.

Cuando empecé a escribir este libro, no estaba seguro de
cuándo (o incluso de si) lo publicaría. Una de las razones por

las que se ha publicado es el impresionante equipo editorial de Crown Publishers. Por segunda vez en cuatro años, he tenido la gran suerte de trabajar con Maya Mavjee y Tina Constable. Me ayudaron a convertir mi último libro en un bestseller y me animaron a intentar el equivalente literario de una reelección. Esta vez, también me beneficié de la espléndida guía editorial de Mary Choteborsky y Molly Stern. Mary y Molly siempre tuvieron recursos, ideas, ánimos y reaccionaban sin fallar nunca, a menudo con plazos muy cortos. Quiero darles les gracias a ellas y a todas las personas de Crown que contribuyeron a que este proyecto llegara a buen puerto, incluyendo al editor adjunto David Drake y al productor de audio Dan Zitt, así como a todo el equipo de diseño y de producción: Emma Berry, Amy Boorstein, Chris Brand, Linnea Knollmueller, Rachel Meier, Aja Pollock, Elizabeth Rendfleisch y Neil Spitkovsky.

Este libro también contó con la investigación y la ayuda de muchos otros. Emily Kropp Michel rastreó hasta los más recónditos datos históricos, descubrió interesantes anécdotas y citas y verificó incontables hechos. Dos buenos amigos, la ex secretaria de Estado Condi Rice y ex asesor de Seguridad Nacional Steve Hadley leyeron el manuscrito y me ofrecieron muchas y valiosas sugerencias.

Otro lector de confianza fue la incomparable Jean Becker, jefe de gabinete de mi padre durante los últimos veinte años y miembro de la familia Bush a todos los efectos. Jean apoyó este proyecto desde el primer día y no estaría hoy publicado de no ser por ella. También querría agradecer a los demás miembros del equipo actual y de los pasados de mi padre, que atendieron mis llamadas, incluyendo a Jim McGrath y a Coleman Lapointe. Y también a los profesionales de las Bibliotecas Presidenciales George Bush y George W. Bush, que se pasaron muchas horas en los archivos ayudando con este libro, especialmente Bob Holzweiss, Debbie Wheeler y Mary Finch en la Biblioteca 41, y Jodi Steck y Sarah Barca en la Biblioteca 43.

Finalmente, quiero agradecer al equipo del despacho de George W. Bush, dirigido por mi eficiente jefe de gabinete Mike Meece, que me dio muy buenos consejos para el libro. Freddy Ford no sólo fue un buen editor; también compiló la maravillosa sección de fotografías mientras seguía trabajando como mi director de comunicación y ayudante personal. Logan Dryden y Caroline Nugent hicieron importantes contribuciones a lo largo del proyecto, y todos en la oficina ayudaron a que se convirtiera en realidad: Brian Cossiboom, Harrison Horowitz, Christina Piasta, Carol White y Tobi Young, así como Caroline Hickey y Audrey Akers, del equipo de Laura.

Cuando me embarqué en este proyecto, sabía que a mucha gente le gustaba George H.W. Bush. Lo que no sabía es lo mucho que la gente lo adora. Mi mayor reto ha sido capturar el profundo impacto que mi padre ha tenido en mi vida y en la de muchos otros. Siguiendo el consejo que su madre le dio, he tratado de hacerlo lo mejor posible. Espero que el resultado sea un buen libro; sé que es una gran historia.

ÍNDICE ALFABÉTICO

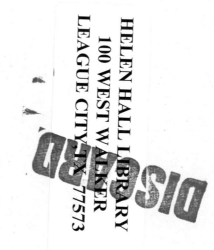